아동극 창작과 교육

아동극 창작과 교육

1쇄 발행 2020년 3월 25일

지은이 오판진
펴낸이 정봉선
책임편집 심재진

펴낸곳 정인출판사
주소 서울시 동대문구 천호대로 16가길 4
전화 02) 922-1192~3
팩스 02) 928-4683
홈페이지 www.pjbook.com
이메일 junginbook@naver.com
등록 1999년 11월 20일 제303-1999-000058호
ISBN 979-11-88239-21-4 93370

• 책값은 뒤표지에 있습니다.

아동극 창작과 교육

오판진 지음

정인출판사

 머리말

한국의 아동극은 공연장과 학교에서 주로 펼쳐졌다. 이 두 곳에서 어떤 창작 원리가 작동하였고, 교육 현상이 나타났는지 살펴보는 연구가 필요하다. 여기에 실은 글들은 한국 아동극의 다양한 모습 가운데 일부를 간략하게 살펴보았다. 앞으로 더 촘촘히 과학적으로 살펴야 한다. 아동극 고수들의 지도 편달을 바라며, 이메일(panjin87@hanmail.net)로 고견을 보내주시면 감사하겠다.

필자는 교육대학에 다니면서 연극 동아리 활동을 하였다. 4학년이 되면서 동아리 동기들과 아동극을 공부하는 모임을 만들었고, 졸업 후에 1991년 교사연극모임 '소꿉놀이'를 만들었다. 그래서 '소꿉놀이' 모임을 통해 초등학생들이 연극을 통해 성장하고 행복해지는 길을 찾기 위해 '혼자'가 아닌 동료 교사들과 '함께' 연구하기 시작했다.

이 책의 Ⅰ부는 아동극의 창작 원리를 모색하는 연구로 이루어져 있다. 어떤 글은 이를 위한 이론적 근거가 되는 연구이고, 또 다른 글은 직접 관련된 주제를 다루었다. 첫 번째와 두 번째 연구는 아동극 창작의 배경이 되는 글이다.

한국아동문학학회에서 아동문학 백년사를 주제로 학술대회를 할 때 아동극 분야를 맡아서 발표해 달라는 부탁을 받았다. 그래서 '한국아동극의 사적 전개'라는 제목으로 발표를 준비하게 되었고, 우리 아동극 백년의 역사를 살펴보았다. 이를 계기로 방정환 선생님께서 동화극을 쓰셨다는 것도 알게 되었고, 『어린이』지에 수록된 동극을 읽게 되었으며, 그 결과 『어린이』지 수록 동극의 장르명과 특징'이라는 글을 썼다. 한국 아동극의 뿌리와 역사를 알아야 한다는 생각을 하였고, 용어가 중요하다는 생각도 하게 되었다.

아동문학가 이원수의 전집을 읽으면서 그 분이 동화와 동시뿐만 아니라 동극도 쓰셨다는 것을 알게 되었다. 그리고 그 책에 수록된 〈얘기책 속의 도깨비〉를 희곡으로 각색하여 〈도깨비와 람보맨〉이라는 제목으로 소꿉놀이 선생님들과 함께 서울교대에서 어린이날 축하 공연도 하였다. 이런 일이 계기가 되어 '이원수 아동극에 나타난 아동관'이라는 소논문을 썼다. 아동극을 쓸 때 어린이를 보는 관점이 중요하다고 생각하게 되었다.

대중음악가로 알려진 김민기 선생님께서 아동극에 관심이 많으시고, 훌륭한 아동극 레파토리를 많이 만드셔서 극단 학전에서 계속 공연하고 있다. 그가 만든 수준 높은 아동극 공연을 본 후에 그가 번안한 아동극 「우리는 친구다」를 독일 원작과 비교하여 그 원리를 고찰한 것이 '아동극 번안의 원리'이다. 이 연구를 하면서 독일의 뮤지컬 'Line 1'을 한국의 뮤지컬 '지하철 1호선'으로 번안하여 성공한 원인이 '아동극 번안의 원리'에서도 나타나고 있다는 것을 알게 되었다.

　아동극 분야에서 기존 작품을 각색하여 공연하는 경우도 많은데, 실망하는 일이 많았다. 그래서 아동극 극단에서 각색 공연을 준비할 때 참고할 만한 원리를 찾고 싶었다. 각색의 모범 사례를 찾다가 브레히트가 쓴 '어머니'를 원작인 고리끼의 '어머니'와 비교하는 연구를 하게 되었다. 대학 졸업하면서 연극 동아리 50회 공연 연출로 브레히트의 '어머니'를 했는데, 그것이 떠올라서 연구를 시작했다. 각색이 원작을 뛰어넘을 수 있고, 아동극 각색 또한 이처럼 새로운 창작이 되었으면 좋겠다는 생각에서 논문으로 그 원리를 밝혔다.

　서울의 한 혁신초등학교에서 교사들이 학년 연극제를 지도하고 있었다. 5학년과 6학년에서 동화를 각색하여 연극 공연을 하는데, 이를 고찰하여 각색 과정에서 어떤 문제가 있는지 살펴보았다. 초등학교 고학년 학생들에게 동화를 각색하여 공연할 때 어떤 점에 주의하면 더 나은 공연을 할 수 있고, 희곡을 더 잘 쓸 수 있는지 그 원리를 연구하였다. '희곡 각색 교육의 내용'이 그것이다.

　박사과정에서 '한국가면극 교육'을 연구하여 논문을 썼는데, 그 과정에서 한 기초연구로 전국에서 활동하는 가면극교육 전문가들의 현황을 조사하여 분석한 후에 그 교육의 목표와 내용, 방법, 평가에 관해 고찰하였다. '가면극교육의 현황과 국어교육적 설계'가 그것이다. 이 과정에서 가면극 보존회에 소속된 여러 연구자가 열과 성을 다해 어린이들을 지도하고 있다는 것도 알게 되었고, 그들의 땀과 눈물에 감동도 받았다. 그런 연구자 가운데 한 사람인 정재일은 광주, 전남 지역에서 전통연희교육으로 매우 활발하게 활동하는데, 그가 학생들을 지도한 수업을 분석하여 '한국 가면극 패러디 교육의 원리'를 썼다. 가면극을 전승하기만 하지 않고, 학습자가 주체적으로 패러디하도록 징검다리를 놓아주는 모습이 참 훌륭했다.

2019년 11월 말에 제27회 전국어린이연극잔치가 종로아이들 극장에서 펼쳐졌다. 역사가 오래된 이 대회에 참가한 단체의 작품 가운데 선별하여 2012년에 만든 책이 '학교야, 연극하자'이다. 이 책에 수록된 희곡을 분석하여 특징을 고찰한 연구가 '한국 어린이연극의 희곡에 관한 비판적 고찰'이다. 책에 수록된 희곡의 주제나 인물, 사건, 대사 등을 분석하면서 한국 아동극의 특징을 파악할 수 있었다. 이 연구의 내용을 참고하여 책의 해당 희곡을 읽어 본 후에 아동극을 만들면 좋겠다고 생각하였다.

이 책의 Ⅱ부는 학교 교육의 현장에서 아동극이 공연의 형태를 띠지 않더라도 다양하게 변형되어 어린이들과 만나는 교육 사례를 연구한 내용으로 구성하였다. 먼저 개념의 폭을 좁히면 아동극이라고 하기는 어렵겠지만, 동화구연이나 인형을 활용한 동화구연도 넓은 의미에서 아동극의 범주에 포함된다고 보았다. 그래서 전래동화를 공부하는 방법으로 구연하는 사례를 살펴보았다. '학습자 구연을 통한 전래동화교육이 방법'은 학습자가 활용할 수 있는 교육 방법으로 이어지길 기대하며 쓴 글이다.

이 책에 실린 글이 아동극을 공연하거나 연극을 활용해서 수업하려는 사람들에게 도움을 주면 좋겠다. 지금까지 우리 아동극은 외국의 연구 사례나 이론에서 도움을 많이 받았다. 그렇지만, 앞으로 한국의 아동극 사례나 이론이 다른 나라에 소개되어 그들에게도 지식이나 경험으로뿐만 아니라 영감을 줄 수 있기를 기대한다.

◀◀차 례

1부

아동극 창작 원리

◀ 한국아동극 백년사

I. 서론

한국아동문학 100년을 맞이하여 한국아동극의 역사를 회고하고, 그 과정을 성찰하며, 미래를 위해 함께 고민하는 자리를 마련하게 된 것은 분명히 기쁘고, 축하해야 마땅한 일이다. 그러나 발표자가 이 발표를 감당하기에는 능력이 부족하여 발표를 고사함으로써, 더욱더 능력 있는 연구자가 맡았어야 했다. 그렇게 하지 못하여 발표자가 이 원고를 준비하는 과정은 '무식하면 용감하다'는 우스갯소리처럼 필자의 무식과 게으름을 확인하는 과정이 되고 말았다. 한국아동극과 관련된 문자로 기록된 자료만 하더라도 단시일 내에 검토할 수 없을 만큼 그 분량이 방대하였다. 더불어 문자 외 자료로 남겨진 수많은 연구물과 한국아동극계의 산증인들이 곳곳에서 여전히 활발하게 활동하고 있어서 감히 살펴볼 엄두조차 내지 못했던 것도 있었다. 이 발표로 인해 생을 바쳐가며 한국아동극의 발전을 위해 노력해온 수많은 연구자와 그들의 업적이 평가절하되는 일이 있어서는 안 될 것이다.[1]

이 발표는 아동극본과 함께 이를 공연하는 방법과 이론에 대한 논저들 가운데, 이미 논저로 출판된 자료들을 요약하고, 거기에서 제기된

---

1 _ 발표 주제는 단행본 이상의 분량으로 소화해야 할 내용이지만, 발표해야 하는 학술대회의 속성상 한국아동극 100년을 회고하고 전망해야 하는 발표를 해야 하는 만큼 발표 시간과 분량에 제한이 있을 수밖에 없다는 점을 충분히 고려하여 널리 이해해 주시기 바란다.

한국아동극의 문제점과 발전을 위해 해결해야 할 과제들을 정리하였다. 이를 통해 한국아동문학 100년을 바탕으로 앞으로 무엇을 왜 어떻게 해야 하는지 함께 성찰할 수 있는 계기를 마련하고자 한다.

Ⅱ. 한국아동극의 개념 및 시대 구분

1) 한국아동극의 개념

아동극이란 용어는 근대 이후 이루어진 '아동'의 발견과 함께 성인에 대한 상대적인 개념으로 생겨난 것이었기 때문에, 처음부터 '아동극'의 범주는 불분명한 것이었다.[2] 그래서 아동극의 범주 속에는 지금의 유아 연극, 청소년연극이 포함되어 있었다. 이재철이 아동문학의 독자를 초·중등 학생으로 보았던 것은 그 대표적인 사례 가운데 하나이다.[3] 그러나 지금은 아동극 관람객의 연령이 초등학교 입학 이전 시기인 유치원에서부터 초등학교 2~3학년 정도까지 대략 5세~10세 정도의 아동으로 규정하는 것이 일반적이다. 그래서 아동극이 어느 정도 활성화된 이후에는 중·고등학생들인 청소년들이 볼만한 연극이 없다는 얘기가 많았지만, 요즘에는 초등학교 3, 4학년 이후부터 볼만한 연극이 없다는 얘

---

2 _ "'아동문학'이란 아동을 대상으로 한 문학이며, 시인이나 작가가 아동들이 읽기에 알맞게 제작한 문학 작품이라고 정의하였다. 이런 아동문학이 필요한 까닭은 아동들의 이해력이 어른들의 그것과 큰 차이를 가지고 있기 때문에 아동이 쉽게 이해할 수 있는 형식과 내용을 필요로 한다." 이원수, 『아동 문학 입문 - 아동문학론』, 웅진출판, 1984, 8-17쪽. '아동문학'을 성인문학과 구별하려는 편의적 용어로 보고, 다음과 같이 정의하였다. "兒童文學(Children's Literature: Juvenile Literature, Littrature enfantine, Kinderliteratur)이란 作家가 兒童이나 童心을 가진 成人에게 읽힐 것을 목적으로 창작한 특수 문학으로서 童謠·童詩·童話·兒童小說·兒童劇 등의 장르를 총칭하는 명칭이다." 이재철, 『한국현대아동문학사』, 일지사, 1978, 23쪽.

3 _ 이재철, 『한국현대아동문학사』, 일지사, 1978, 23쪽.

기도 적지 않다. 이처럼 아동극이란 용어는 연극의 본질적인 측면과는 달리 공연의 대상이 아동인 연극을 지칭하므로 모호하게 출발하였다. 그래서 아동이란 대상이 정확히 누구이고, 아동의 무엇을 다루고 있는 지는 논자마다 조금씩 견해가 다른 것이 사실이다.[4] 앞으로 더 세밀하게 파고들어야 할 문제 가운데 하나라고 할 수 있다.

2) 한국아동극의 시대 구분

한국아동극의 역사에 대한 논의는 여러 논저에서 살필 수 있다.[5] 이 가운데 시대 구분에 대한 이론적인 분석으로서 가장 체계적인 것은 아동문학사에 관한 이재철의 논의라고 할 수 있다. 그는 1908년을 한국아동문학의 시작으로 보고, 한국아동문학의 역사를 최남선, 방정환을 중심으로 구분하여 논의한 바 있다.[6]

이런 시대 구분을 참조하여 최초의 한국아동극을 집필한 방정환과 한국아동극에 가장 큰 역할을 한 주평을 기준점으로 설정해 보았다. 주평이 주도적으로 활동하던 시기를 한국아동극의 황금기로 보고, 그가 미국이민을 감으로써 한국아동극에 공백이 초래되었지만, 그가 떠난 이후 2008년 현재까지를 한국아동극이 다시 일어난 시기로 규정하고자

---

4 _ "이런 아동문학의 논의 대상에서 아동이 지은 아동문예작품은 제외하였고, 그 소재도 동심을 중심으로 규정하였다." 이재철, 『한국현대아동문학사』, 일지사, 1978, 23쪽. "'청소년 연극'이란 용어도 아동극과 같은 차원에서 해석될 수 있으며, 관객의 연령만 14세에서 18세까지로 다르다." 조동희, 『아동연극개론』, 범우사, 1987, 21쪽.

5 _ 주평 외, 『학교극사전』, 교학사, 1961, 43-46쪽. 김우옥, 「한국아동극의 현재와 미래」, 1990, 한국아동문학회 학술대회 자료집. 곽영석, 『꼭두각시 인형의 눈물』, 미리내, 2007. 475~483쪽.

6 _ 가. 아동문화운동 시대(1908~1945), 1) 현대아동문학의 태동(1908~1923), 2) 형성의 양상(1923~1930), 3) 문학성의 발아(1930~1945), 나. 아동문학운동 시대(1945~), 1) 진통 속의 모색(1945~1950), 2) 대중취향의 신장(1950~1960), 3) 본격문학의 전개(1960~), 이재철, 『한국현대아동문학사』, 일지사, 1978, 20쪽.

한다. 결국, 방정환을 기준점으로 방정환 이전과 방정환이 활동하던 시기 그리고 방정환 이후 주평이 등장하기 이전 시기 그리고 주평이 활동하던 시기와 그 후 30년으로 구분해 보았다.

각각의 시대 구분에 대해 조금 더 부연하면 다음과 같다. 방정환에 의해 아동극이 탄생된 것을 기준으로 이를 위한 토대가 형성되던 시기와 방정환 이후 아동문학이 활성화되면서 아동극이 성장하는 시기가 그다음이다. 이들을 각각 '아동극 태동기', '아동극 탄생기', '아동극 성장기'라고 지칭하고자 한다. 주평이 활동하던 시기는 한국아동극이 가장 크게 꽃을 피웠던 시기였다. 그래서 이 시기는 '아동극 개화기'라고 할 수 있다. 그러나 그가 떠난 한국아동극계는 침체에 빠졌다. 아동극의 양과 질뿐만 아니라 아동극 교육의 장에서도 주평을 뛰어넘거나 견줄만한 연구자를 찾을 수 없었다. 이렇듯 어려운 시기였지만, 고성주, 곽영석, 이영준 등의 활동이 이어졌고, 그들의 노력은 아동극의 중흥에 기여했기에 '아동극 중흥1기'라고 명명해 보았다. 이런 흐름이 바탕이 되어 아동극계에선 이반, 김우옥, 극단 〈사다리〉(유홍영 외), 〈어린이문화예술학교〉(김숙희), 극단 〈아리랑〉, 극단 〈민들레〉, 극단 〈학전〉, 극단 〈하땅세〉 등에 의해 아동극 공연이 양과 질적인 면에서 발전을 거듭하였고, 어린이들의 공연 또한 차츰 활성화되기 시작하였다. 여기에는 어린이연극의 부활을 위해 헌신한 정한룡 등의 노력이 주효했다. 한편 초등학교 교육의 장에서는 초등교사들이 교육으로서의 아동극의 위상에 대한 검토를 통해 교육연극적 방법을 모색하였는데, 이를 통해 학교 교육에서는 아동희곡뿐만 아니라 역할놀이, 즉흥극 등 다양한 교수법, 프로그램으로 자리를 잡게 되었다. 특히 국어교과에 아동희곡과 함께 다양한 교육연극적 방법이 도입됨으로써 초등학교 현장에서는 주평

이후 새로운 중흥기를 맞이하고 있어서 '아동극 중흥2기'라고 지칭하였다.

1908년~1923년 : 최남선 → 아동극 태동기
1923년 3월~1934년 7월 : 방정환 외 → 아동극 탄생기
1930년대 후반~1950년대 : 마해송, 윤극영, 이원수 → 아동극 성장기
1960년대~1970년대 중반 : 주평 → 아동극 개화기
1970년대 후반~1980년대 : 고성주, 곽영석, 이영준 → 아동극 중흥1기
1990년대~현재 : 이반, 김우옥, 정한룡, 유흥영, 김숙희 → 아동극 중흥2기

III. 한국아동극의 전개 양상 및 발전을 위한 제언

1. 한국아동극의 전개 양상

1) 아동극의 태동기

우리나라에서 아동문학이 태동할 수 있었던 중요한 계기는 1908년 11월 1일 육당 최남선이 『소년』이란 잡지를 창간한 사건에서 찾을 수 있다. 그래서 1923년 방정환이 『어린이』지를 펴내기 이전에는 『소년』에 동요와 동시, 동화 등 아동문학 작품이 실렸다. 1908년은 일제에 의해 우리 민족의 주권 강탈이 진행되던 시기이면서도, 조선시대의 유교적인 가치관은 여전히 지속하였던 시기였다. 그래서 이 시기의 아동문학이 해결해야 할 과제는 첫째, 조선왕조의 지배윤리로 내려온 주자학적 가치 체계인 장유유서적 아동경시 관념을 불식하는 것이었고, 둘째, 아동의 개성과 인격을 존중하는 아동의 감각 해방에 관한 것이었다.[7] 이는 교육성을 중시하는 아동문학의 속성에 기인한 아동문학 자체의 특

7_ 이재철, 『한국현대아동문학사』, 일지사, 1978, 61-63쪽.

수성 때문이라고 볼 수도 있다. 최남선이 먼저 시작하고 이후에 이광수가 함께 참여한 신문학운동 속에서 한국의 아동문학은 태동하였지만, 양식적인 측면에서 뚜렷한 모습을 나타내지는 못하고 있었다. 즉 이 시기에 아동극은 아직 그 흔적이 나타나지 않았고, 아동문학 전반이 활성화되는 가운데 조용히 태동하던 중이라고 할 수 있다. 다음 시기에 활발하게 등장하는 아동희곡들은 '아동극 태동기'에 아동문학이 활성화된 데 밑거름이 되었다.

2) 아동극의 탄생기

한국아동문학에 대한 인식을 크게 변화시킨 것은 방정환과 1923년 3월 20일 그가 펴낸 『어린이』지였다. 이 잡지에 실린 아동문학을 통해 아동문화운동이 급속도로 자리를 잡을 수 있었다. 아동문학 가운데 아동희곡의 경우 『소년』지에서는 찾아볼 수 없었지만, 『어린이』지에는 아동희곡을 많이 게재되어 있었다. 그래서 아동극이 탄생한 시기를 방정환이 『어린이』를 펴낸 1923년으로 보려고 한다.

이처럼 문자로 기록된 아동희곡은 『어린이』라는 잡지에 실린 것이 최초였는데, 여기에 실린 것 가운데 주목할 만한 것은 다음과 같다.[8] 먼저 방정환 선생님께서 1923년에 발표하신 '노래 주머니', '토끼의 재판'을 들 수 있고, 1927년 발표된 마해송의 '두꺼비의 배'와 같은 해에 발표된 연호당의 '도적과 현인' 그리고 1929년 최경화의 '달 속의 토끼' 등이 있다.[9] 이 아동극들은 대부분이 낭만적인 내용의 동화극이다. 이런 작

---

8 _ 방정환, 『어린이』, 개벽사, 1923년 3월~1934년 7월.
9 _ 방정환 외, 김중철 편, 『노래 주머니』, 우리교육, 2002.

품들 외에도 이때 발표된 작품들로는 1926년 『신소년』에 발표된 옥동
의 '임금님 제 자랑', 1927년 『조선일보』에 실린 남기방의 '곰과 아이'와
작자 미상의 '고양이와 쥐' 그리고 같은 신문에 실린 1928년 윤석중의
'올빼미의 눈'이 있으며, 1933년 김태오의 '양양 양돼지'가 있고, 1934년
『별나라』에 실린 송영의 '그 뒤의 용궁'과 박일의 '사람은 어떻게 생겼나'
등이 있다.[10] 아울러 마해송의 '장님과 코끼리', 정인섭의 '허수아비', '맹
꽁이', 신고송의 '요술 모자' 등도 빼놓을 수 없는 작품들이다.[11] 오늘날
과 같은 아동희곡의 모습은 1930년대에 들어서면서 그 윤곽이 점차 뚜
렷해졌다.[12]

3) 아동극의 성장기

한국아동극의 성장기는 1934년 7월 123호를 마지막으로 펴낸 『어린
이』지의 폐간 이후 주평의 등장 이전까지를 말한다.[13] 이 시기에 주목할
만큼 아동극에 헌신한 인물은 발견되지 않고 있지만, 이원수를 비롯하
여 많은 아동문학가가 동극에도 관심을 기울였던 것은 사실이다. 이 시
기에 발표된 대표적인 희곡으로는 이원수의 『얘기책 속의 도깨비』라는
아동극집이 있는데, 여기에는 '6월 어느 더운 날'과 '산 너머 산'이라는
무대극 2편과 '얘기책 속의 도깨비' 등 방송극 17편, '말하는 인형' 등 TV
극 3편, '골목대장'이란 대화극 1편이 실려 있다.[14] 김정환은 이원수의

---

10 _ 윤석중 외, 임지역 편, 『올빼미의 눈』, 우리교육, 2004.

11 _ 이원수, 『아동 문학 입문 - 아동문학론』, 웅진출판, 1984, 119쪽.

12 _ 주평, 「한국의 아동극 약사」, 『학교극사전』, 교학사, 1961, 18쪽.

13 _ 방정환의 『어린이』는 1948년 5월 다시 간행되어 1949년 147호를 끝으로 마감된다.

14 _ 이원수, 『얘기책 속의 도깨비』, 웅진출판, 1984.

희곡집에 대해 '가난하고 슬픈 사람들의 살려는 의지에 대한 것'을 다루었다고 평하면서, 희곡을 통해 이원수가 목표로 한 것은 '평화롭고 자유롭고 서로 평등한, 함께 잘 사는 통일 세상'이었다고 했다.[15] 여기에서 아동희곡이 발표된 당대의 상황 즉 현실과 조응하는 아동극의 전형을 확인할 수 있다.

　1945년 일제로부터 해방되고, 곧이어 6.25 전쟁이 일어나 아동문학 전반은 아주 어려운 시기였지만, 그 와중에도 아동극은 계속 성장하고 있었다. 이 시기에 발표된 아동희곡으로는 1948년 발표된 고한승의 '말하는 미륵님'[16], 그리고 1955년 홍은표의 동극집 '찢어진 우산', 1958년 홍은표의 동극집 '달나라 옥토끼', 주평의 '파랑새의 죽음'이 있고, 1959년 주평의 동극집 '숲 속의 꽃신' 등이 있는데, 양적인 측면에서 아동극은 성장을 거듭하고 있었다.[17] 한편 학교 교육의 한 방편으로 아동극이 등장하여 아동극의 주류를 형성한 점이 이 시기의 중요한 특징 가운데 하나이다. 그리고 학예회 발표가 전국 초등학교에서 관례화되고, 교수법 차원에서 극화 학습이 크게 주목을 받기 시작했다.

4) 아동극의 개화기

　1960년대 한국아동극계는 주평의 등장과 활동으로 인해 커다란 전환을 맞게 된다. 1960년대까지 아동문학 가운데 아동희곡에만 집중하여 집필하고 공연을 올린 아동문학가는 없었기 때문이다. 그렇지만 주평은 아동희곡 창작과 연출 및 아동극 발전을 위한 여러 가지 여건을 만

---

15 _ 이원수, 『얘기책 속의 도깨비』, 웅진출판, 1984, 328~334쪽.
16 _ 방정환 외, 김중철 편, 『노래 주머니』, 우리교육, 2002.
17 _ 이재철, 「주평 작가 연구」, 주평, 『아동극과 더불어 반세기』, 교학사, 2007, 414쪽.

들고 체계화하기 위해 활발하게 활동하였는데, 1970년대 중반까지 한국아동극계에서 독보적인 역할을 수행하였다. 즉 아동극에 관한 창작과 연출 측면에서 아동극을 예술적인 차원으로 끌어올렸으며, 아동극의 본질을 밝히는 저서를 펴냄으로써 아동극 활동의 뿌리를 튼튼히 했는데, 1961년 공저로 펴낸 『학교극사전』과 1963년 『아동극 입문』이 그 것이다.

주평은 종래의 사건 중심, 줄거리 중심의 희곡에서 인물의 성격에 초점을 두는 현대적 희곡의 특성을 아동희곡에서 시도했으며, 1962년 최초의 아동극단 〈새들〉을 창단함으로써 아동극 자체의 성장과 예술적 성과를 높이는 데 크게 기여하였고, 1967년부터 28년간 국정 교과서에 '석수장이', '숲 속의 대장간', '섬 마을의 전설', '크리스마스 송가'가 수록되는 커다란 업적을 이루어냈다. 그가 펴낸 동극집을 정리해 보면, '파랑새의 죽음'(성문각, 1958), '숲 속의 꽃신'(교학사, 1963), '교과서에 따른 아동극집'(교학사, 1961), '나비를 따라간 소년'(교학사, 1963), '날라리 아저씨'(교학사, 1965), '주평아동극집'(교학사, 1964), '유아극본집'(한국아동극협회, 1973), '주평단막동극선집'(삼양출판사, 1973), '주평아동극선집'(한국아동극협회출판부, 1975), '주평아동극전집 10권'(신아출판사, 2004) 등이 있다.[18]

5) 아동극의 중흥기

주평 이후 한국아동극의 발전을 위한 역사를 1990년대를 기점으로 두 시기로 구분하고자 한다. 1990년대 이전까지는 주평과 함께 활동하거나 주평의 영향을 받은 아동극 작가들이 한국아동극의 중흥을 위해

---

18 _ 이재철, 「주평 작가 연구」, 주평, 『아동극과 더불어 반세기』, 교학사, 2007, 415-420쪽.

양적, 질적으로 주평의 공백을 대신하며 활발하게 활동을 해 온 시기라고 할 수 있고, 그 이후에는 한국아동극의 양상이 새로운 단계로 도약을 하게 되었다고 보았기 때문이다.[19]

(1) 아동극 중흥1기

주평 이후 아동극계를 이끌었던 인물들 가운데 이영준, 고성주, 곽영석 등을 주목하고자 한다. 이들은 주평이 하였던 여러 아동극 관련 활동을 계속 이어갔다. 예컨대 수많은 아동희곡을 창작하였고, 학교 교육의 장에서 이를 활용할 수 있는 연출법이나 교수법에 관한 저서 등을 생산하고, 아동극 발전을 위한 단체를 결성하여 활동하였다.

먼저 이영준의 경우 주평과 동시대에 활동하였는데, 수많은 아동극을 창작하였고, 아동극단을 운영했으며, 텔레비전 방송 활동으로도 그 활동 영역을 넓혔다.[20] 그가 쓴 아동극으로는 범학관에서 나온『동화극 전집』, 웅진출판의『동극집·도토리들의 대행진』, 상서각의『우리나라 전래동화집』등이 있다.[21] 고성주는 초등학교 현장에서 근무하면서 한국아동극작가협회 회장을 역임하고 서울 교사극회를 이끌기도 했으며, 아동희곡을 창작하여 아동극 공연을 지도하였다.[22] 곽영석은 주평과 마찬가지로 학생 시절부터 아동희곡 창작 분야에서 탁월한 능력을 인정받았으며

---

19 _ 물론, 1980년대 이전에 활동하던 아동극계의 주역들은 여전히 활발하게 한국아동극계를 이끌고 있으며, 이들의 노력에 새로운 인물들이 참여하여 힘을 더한 결과 오늘의 한국아동극이 이루어졌다고 할 수 있다.

20 _ 그의 과거 이력을 보면, 1962년 아동극단 〈갈매기〉를 창단하여 활동하였고, 1980년대 이후에도 계속해서 아동극을 집필하였으며, 한국연극교육연구소 대표로 활동하였다. 이영준, 『이영준 아동극 교실』, 상서각, 1986.

21 _ 이영준, 『어린이 동화 극장』, 대일출판사, 1991.

22 _ 고성주, 『어린이와 지도교사를 위한 어린이 동극집』, 대일출판사, 1994.

1970년대부터 80년대를 거쳐 현재까지도 활발하게 아동희곡을 집필하고, 한국아동극계를 주도하고 있다. 그가 펴낸 동극집으로는 진영출판사의『노랑나비의 노래』, 미리내의『꼭두각시 인형의 눈물』등이 있다.[23]

(2) 아동극 중흥2기

아동극 중흥1기로 분류한 아동극계의 주요인물들이 계속해서 활동하는 가운데, 한국아동극계에는 새로운 인물들이 나타난다. 이 시기에 등장한 인물들 가운데 이반, 김우옥, 송인현, 정한룡 등을 주목하고자 한다. 1990년대 이후에는 한국아동극이 양적으로 큰 성장을 이룩하였다.[24] 국민들의 소득 수준이 크게 향상되었던 것도 중요한 요인일 수 있고, 아동들에게 문화적인 혜택을 주는 것이 중요하다는 사회적인 분위기가 형성된 것도 빼놓을 수 없다. 그 결과 동화를 비롯하여 아동문학 전반과 어린이들을 대상으로 하는 도서에 대한 수요가 많이 늘어났고, 연극과 영화 등 다양한 장르의 공연을 아동들에게 관람시키는 문화가 서서히 자리를 잡아갔다. 이런 맥락에서 아동극 또한 그 수요가 점점 늘어났으며, 해마다 5월 5일 어린이날을 중심으로 아동극 공연이 전국 방방곡곡에서 올라갔고, 여름과 겨울 방학 때에도 많은 공연이 올라갔다. 서울과 대도시의 경우 연극 공연장은 물론, 백화점의 문화센터나 지역사회의 문화회관, 구민회관 등에서 인형극, 뮤지컬 등 다양한 형식으로 아동을 대상으로 하는 아동극의 양이 급격히 증가하였다.

양적으로 증가한 아동극이 질적인 측면에서도 만족할 만한 것은 아

---

23 _ 곽영석, 『꼭두각시 인형의 눈물』, 미래내, 2007.

24 _ '한국의 아동극은 적어도 외형적으로는 활발하게 공연되고 있다.' 김우옥, 「한국아동극의 현재와 미래」, 한국아동문학학회 학술대회 자료집, 1990.

니었다. 아동극이 담고 있는 내용이나 이를 표현하는 형식 등에서는 아쉬움이 많았다.[25] 즉 여전히 해외 명작 동화나 만화를 각색하여 공연하는 경우가 다수를 차지하고 있었다. 그 결과 아동희곡의 내용 면에서 우리의 이야기를 하지 않는다는 것은 아동들의 정체성 형성에 부정적인 영향을 줄 수 있었다. 그리고 아동극 연출 측면에서 희곡의 내용을 더욱더 가볍게 만드는 허망하고 무의미한 웃음과 노래와 춤으로 일관하고 있어서 아동들이 자신의 고민과 삶을 진지하게 살펴보거나, 어린이의 진솔한 마음 즉 동심이나 사람다움에 대한 추구 등이 부재한 점이 문제로 지적되었다.

그러나 한편으론 아동극이 추구해야 할 바람직한 모습에 근접해 가는 공연들도 차츰 생겨나서 기대를 모르고 있는 것 또한 사실이다. 여기에는 아동극의 본질에 대한 관심과 연구를 꾸준히 진행한 이들의 숨은 노력과 공로 덕택이라 할 수 있다. 먼저 국제적인 활동으로 한국아동극의 위상을 재정립하려고 노력한 국제아동청소년연극협회 한국본부 이사장을 맡았던 이반[26], 김우옥[27], 송인현[28] 등이 그들인데, 세계적인 수준으로 한국아동극의 위상을 드높이기 위해 각고의 노력을 기울인

25 _ '우리나라 어린이 연극을 생각하면 치외법권, 게릴라, 무책임, 천박한 볼거리 등과 같은 낱말들이 떠오른다.' 안치운, 「어린이 연극은 어린이를 위한 연극이다」, 『문화예술』272호, 한국문화예술진흥원, 2002.2. 57쪽.

26 _ 이반, 「한국 어린이연극 운동의 과거와 미래」, 『연극과 교육』 제2집, 한국국제아동청소년연극협회, 1985.

27 _ 김우옥, 「아동청소년연극은 성인극의 아류가 아니다」, 『한국연극』287호, 한국연극협회, 2000.5. 김우옥, 「한국아동극의 현재와 미래」, 한국아동문학학회 학술대회 자료집, 1990.

28 _ 현재 국제아동청소년연극협회(아시테지) 한국본부 이사장인 송인현이 중심이 된 극단 민들레는 '놀보, 도깨비 만나다!', '마당을 나온 암탉', '똥벼락', '은어송', '깨비깨비 도깨비', '양반 나가신다 양반!', '농촌체험극 신농가월령가' 등을 공연하였다. 공연의 내용과 형식 두 가지 모두에서 우리의 전통을 창조적으로 계승하고 있으며, 공연과 삶을 통합하는 체험극을 시고하고 있어 주목을 받고 있다.

인물들이다.

다음으로 어린이들이 연기하는 경험을 활성화하기 위해 어린이연극 경연대회를 추진해온 정한룡 등을 들 수 있다. 우수하고 다양한 아동극 공연은 물론, 1992년부터 매년 한 번씩 한국연극협회와 국립극장이 주최하는 전국어린이연극경연대회는 차츰 지역대회가 활성화됨으로써 예선을 통해 대표팀이 선발되는 등 점점 활성화되고 있다.

그 외 극단 〈사다리〉와 〈어린이문화예술학교〉, 극단 〈아리랑〉, 극단 〈민들레〉, 극단 〈학전〉, 극단 〈하땅세〉 등에 아동극계에 새로운 방향을 제시하는 우수한 아동극을 올렸으며, 최근에는 극단 〈뛰다〉 등이 새롭게 주목을 받고 있다.[29] 이들이 공연한 아동극을 보면 먼저 극단 〈사다리〉는 1988년 창단하여 어린이를 위한 창작 연극을 공연하고 있다. 특히 유아들과 초등학교 저학년 학생들에게 상상력과 창의력을 증진할 수 있는 공연을 선보임으로써 아동극의 새로운 장을 열었다. 〈어린이문화예술학교〉는 1997년 설립되어 연극놀이, 마당극놀이 등 체험형 놀이를 통해 어린이들에게 연극적 경험을 할 수 있도록 하고 있으며, 아동극에서 소외된 장애어린이들을 위한 프로그램까지 개발하고 있다. 대표적인 아동극 공연으로는 '춘하추동 오늘이', '날으는 신발끈' 등이 있다. 그리고 국립극장장과 문화관광부 장관을 역임하기도 한 극단 〈아리랑〉의 김명곤이 쓰고 연출한 '마법의 동물원'은 환경문제라는 내용과 뮤지컬이라는 형식으로 새로운 이정표를 제시했고,[30]

---

29 _ 2000년을 전후하여 창단되어 활동하는 극단과 아동극 작가는 그 범위와 폭이 깊어 정리하지 못했음을 고백한다.

30 _ 마법에 걸린 학들을 살리기 위해 여러 위험을 극복하고 그림자 나라, 꽃의 나라, 바람의 나라, 얼음의 나라를 거쳐 비로소 학의 나라에 도착한 엄지와 뮤지컬이다. 이 작품은 1992년 한국 국제아동청소년연극협회가 주관한 제1회 서울어린이연극상에서 최우수 작품상, 연출상, 연

극단 '뛰다' 또한 아동극의 새로운 흐름을 이끄는데, '하륵 이야기', '할머니의 그림자 상자', '커다란 책 속 이야기가 고슬고슬' 등이 있다.

한편 공연 중심의 아동극에서 과정 중심인 교육연극의 등장은 최근 새로운 흐름으로 주목할 필요가 있다. 교육연극은 인문학의 한 분야인 교육학과 예술의 중심인 연극학의 통합 학문으로 등장하였다. 이것은 창의적 사고력 개발이 무엇보다 필요한 21세기 지식 정보화에 맞는 형식과 내용으로 구성되어 있다. 교육연극은 1997년부터 서울교육대학교에서 초등교사들을 대상으로 초등교육에서 연극을 활용할 수 있는 방안에 관한 연수를 시작하였다. 이 연수는 1960년대 주평을 중심으로 진행된 초등교사 대상의 아동극 강습과 유사한 것으로, 초등교육계에서 아동극이 공연뿐만 아니라 수업으로도 확장될 수 있는 계기가 되었다. 다시 말해 이 연수는 2차 교육과정 기에 진행된 1, 2급 정교사 자격증 취득이 가능했던 것과 견줄 수 있는데, 60시간 직무연수를 통해 교실 수업에서 연극적 마인드를 바탕으로 연극적인 기법들을 활용하는 것을 주요 내용으로 삼고 있다. 서울교대에서 시작된 교사연수는 최근에는 전국에 있는 대학과 교육청 등 여러 곳에서 초등학교 교사들을 대상으로 한 연수로 확장되어 매우 활발하게 진행되고 있다. 한국아동극의 새로운 흐름이라 할 수 있는 교육연극 연구는 국외의 교육연극에 관한 연구를 통해 더욱더 확고해졌는데, 학교 교육의 장을 중심으로 하여 사회교육의 장으로 확장되고 있다. 그런데 연극적 아이디어를 바탕으로 한 교육연극은 국어교육계에서 이루어진 1970년대 논저에서도 찾을 수 있다. 즉 교육연극 관련 주요 용어 가운데 하나인 '타블로(Tableau)'라

기상을 받으며 한국 아동극의 새로운 거점을 열었다는 평가를 받았다.

는 용어는 정지동작을 지칭하는데, 박붕배가 저술한 논저를 보면 국어교육계에서 1970년대에 이 용어를 이미 사용하고 있다.[31] 이 사실을 통해서 한국아동극의 현재는 과거의 모습을 바탕으로 한 걸음씩 묵묵히 걸어온 결과이며, 이런 발걸음은 미래로 열려 있다는 것을 다시 한 번 확인할 수 있다.

2. 한국아동극 발전을 위한 제언

비록 한국아동극의 발전을 위해 헌신해 온 많은 분이 누락되고, 언급된 분들에 대해서도 주마간산으로 소략하게 서술하였지만, 지난 100년 동안 한국아동극이 발전해 온 양상을 살펴본 결과, 수많은 사람이 헌신해 왔다는 사실을 확인할 수 있었다. 이런 노력을 이어받아 앞으로 더 나은 단계로 나아가기 위해 선결해야 할 과제들에 대해 살펴보기로 한다. 먼저 한국아동극의 개념을 확장하여 더욱더 확대된 의미로 인식하여 사용할 필요가 있고, 국립 아동극 전용극장과 국립 아동극단을 만들어야 하며, 아동극에 대해 체계적으로 비평할 수 있는 전문가를 양성함은 물론, 아동극 교육에도 더욱더 많은 관심을 기울여야 할 것이다.

1) 한국아동극의 개념 확장

(1) 지역적인 개념의 확장

한국아동극에 포함되는 공연이나 희곡을 대한민국 영토 안에서 이루

---

31 _ 박붕배, 『한국국어교육전사 상·중·하』, 대한교과서주식회사, 1997.

어지는 공연이나 희곡에 한정하지 않고, 한민족의 삶을 우리말과 우리 글로 표현한 것으로 확장하여 국내뿐만 아니라 북한과 해외에서 이루 어지고 있는 아동극 또한 한국아동극의 범주에 포함해 연구해야 할 필 요가 있다. 북한은 물론 미국과 일본, 중국 등지에서 이루어지고 있는 우리 동포들의 아동극에 대한 관심과 배려가 필요하다.[32] 이를 통해 한 반도에서 벗어나 지구적인 차원에서 한국아동극을 지원하고 관리해야 하는 것이 중요하다.

(2) 놀이와 공연의 통합

희곡을 바탕으로 무대 위에서 이루어지는 '공연'뿐만 아니라 배역을 맡아서 읽는 '희곡읽기'를 비롯하여 연극적인 아이디어를 바탕으로 한 간단한 '연극놀이' 또한 아동극 개념 범주에 포함할 필요가 있다.[33] 영국 을 비롯하여 미국, 캐나다 등 여러 나라에서는 놀이에서 출발하여 간단 한 연극적 체험과 무대에서 이루어지는 공연까지 모두 아동극의 범주 로 설정함으로써 아동극 문화를 총체적으로 활성화했는데, 이는 타산 지석으로 삼을만하다.[34]

2) 국립 아동극 전용극장 건립

아동극에 헌신해 온 아동극 연구자의 숙원은 국립 아동극 전용극장 건립이었다.[35] 아동극만을 공연하는 공간을 국가에서 운영함으로써 우

---

32 _ 주평은 1993년 아동극단 『민들레』를 창단하여 뮤지컬 '콩쥐팥쥐'와 '흥부와 놀부'를 공연하였 다. 주평, 『아동극과 더불어 반세기』, 교학사, 2007, 484~485쪽.

33 _ 황정현, 『창의력 계발을 위한 동화교육방법론』, 열린교육, 2001.

34 _ 황정현 외, 『국어교육과 교육연극의 방법과 실제』, 박이정, 2004.

35 _ "내 마지막 소원 국립아동극장 건립" 주평, 『아동극과 더불어 반세기』, 교학사, 2007,

수한 아동극을 저렴한 비용으로 관람할 수 있도록 하기 위해서다. 비록 좌절되었지만, 국립아동극장 건립에 대한 필요성과 문제 제기 및 건립을 위한 법적인 시도까지 1970년대 중반 주평에 의해 이미 추구된 바 있고, 지금도 계속해서 추구되고 있지만 아직 해결되지 않았다.

국립 아동극 전용극장이 건립됨으로써 아동극을 하는 이들과 이에 관심을 두는 학부모들에게 우수한 아동극에 대한 선별 능력이 생긴다면, 밤에 하는 성인극 공연장에 임시로 무대를 만들어 공연하는 아동극을 봄으로써 발생하는 민망하고 황당하여 분노가 치미는 불쾌한 경험은 더 하지 않을 수 있을 것이다.[36]

3) 국립 아동극 전문극단 창단

우수한 아동극을 안정적으로 생산해 낼 수 있는 전문 배우들과 스태프들을 육성하고 확충하기 위해 국립으로 아동극만을 공연하는 전문극단을 만들어야 한다. 이 아동극 전문극단은 극장에서 하는 공연뿐만 아니라 아동극 관람 기회가 부족한 지역을 순회한다거나 아동극에 입문하려는 이들을 교육하는 업무까지 관장할 수 있도록 하여 명실상부한 한국아동극의 주체로 세울 필요가 있다.

406~409쪽. '저는 얼마 전 발표한 국립극장 중·장기 발전 방안 속에서 어린이 전용극장의 건립을 제안한 바 있습니다.' 김우옥, 「한국아동극의 현재와 미래」, 한국아동문학학회 학술대회 자료집, 1990. '2005년 국립극장장이었던 김명곤은 국립극장 중·장기 발전 방안 속에 어린이 전용극장 건립을 제안하기도 하였다.' 김명곤, 「자라나는 우리의 미래, 그들의 연극 잔치가 흥겹습니다」, 『제14회 전국어린이연극경연대회』 공연팸플릿, 2005.

36 _ 안치운, 「어린이 연극은 어린이를 위한 연극이다」, 『문화예술』272호, 한국문화예술진흥원, 2002.2.

4) 아동극 비평가의 양성

아동극의 발전을 위해서는 아동극에 대한 경험과 안목을 바탕으로 정확하고 깊이 있게 비평할 수 있는 인재들이 필요하다.[37] 아동극 비평가들을 체계적으로 육성하고, 이들이 소신껏 활동할 수 있는 장을 마련해 주어야 한다. 이를 통하지 않고서는 양적으로 성장한 한국아동극의 질적인 수준을 담보할 수 없기 때문이다. 운영난에 허덕이는 극단들이 생존하기 위해 자구책으로 아동극을 공연할 때 이를 나무라기만 한다고 문제가 해결되지는 않는다. 비록 경제적인 문제 때문에 아동극을 기획하게 되었을지라도 그들도 비난받기보다는 관객들의 환호를 받을 수 있는 아동극을 올리고 싶어 한다. 따라서 아동극 공연에 대한 최소한의 기준이나 지식 등의 정보를 제공하는 것을 포함하는 아동극 비평을 통해 아동극 공연을 할 때 무엇에 초점을 두어야 하는지, 그리고 앞으로 어디를 지향해야 하는지 등에 대해 소통을 함으로써 관심과 지원을 아끼지 않는 그런 주체들을 세워야 한다.

5) 아동극 교육 프로그램의 활성화

(1) 학교 교육에서 아동극의 위상 제고

먼저 학교에서 아동극을 공연할 기회를 확대해야 한다. 이를 위해 아동극 관련 체험이 교육과정에 명시되어, 학예회를 비롯하여 특별활동은 물론, 교과 수업 시간에도 활발하게 이루어질 수 있도록 해야 한다.

---

37 _ 비평은 어린이 연극을 눈앞에 놓고 속수무책이고, 비평 바깥에 놓여 있어 게릴라처럼 일어나고 스러지는 것이 어린이 연극이다. 안치운, 「어린이 연극은 어린이를 위한 연극이다」, 『문화예술』272호, 한국문화예술진흥원, 2002.2. 57쪽.

여기에는 공연 관람이나 연기를 체험하는 것뿐만 아니라 아동극과 관련된 각종 문화 체험도 포함되어야 한다. 그리고 이를 체계적으로 실현하기 위한 방안을 탐구하는 광범위한 연구자 집단의 조성과 이들을 위한 연수 기회의 확대 등도 필요하다.[38] 학교 교육에 아동극이 더욱더 효율적으로 적용되기 위해서는 학예회용 공연을 위한 10분이나 15분 내외의 비교적 짧은 희곡도 많이 만들어져야 한다. 그리고 교실에서 수업에 활용할 수 있는 극화학습용 희곡은 그보다 훨씬 간단한 것들도 많이 필요하다.[39] 더불어 역할놀이에 활용하기 위해서는 인물의 성격과 해야 할 역할 및 간단한 대사 정도를 안내하는 것들도 도움이 된다.

(2) 사회적으로 아동극 교육 프로그램 활성화

주민자치센터나 구청, 시청 등 관공서를 비롯하여 다양한 사회단체들이 아동극 관련 교육 프로그램을 적극적으로 운영할 수 있도록 해야 한다. 2000대 초부터 지금까지 한국문화예술교육진흥원과 지역 문화단체에서는 전국의 초, 중, 고등학교에 우수한 연극인들을 선발하여 강사로 파견하는 제도를 운용하는데, 이를 더욱더 확대하여 학교뿐만 아니라 학교 밖 다양한 단체에서 아동극 교육을 할 수 있도록 지원해야 한다.

---

38 _ 황정현을 중심으로 2000년 2월 한국교육연극학회가 만들어져 아동극 교육 관련 연구를 학술적으로 진행할 연구 기반이 마련되었으며, 2008년부터 서울교육대학에 교육연극학과가 석사 과정으로 개설됨으로써 아동극 교육에 관한 연구를 하고자 하는 연구자는 학위 과정을 이수할 수 있는 제도가 마련된 것은 바람직한 사례라 할 수 있다.

39 _ 김영균, 「한국 교육극의 교육과정론적 고찰」, 경희대 박사논문, 2004.

Ⅳ. 결론

한국 아동극 백년의 역사에 관해 살펴본 결과 먼저 '한국아동극'이란 용어의 개념에 대한 검토가 필요하고, 한국아동극의 발전 과정을 시대적으로 구분할 준거를 마련하여 그 시기의 성과를 더욱 객관적이고, 체계적으로 분석, 평가할 필요성을 제기하였다. 그리고 지난 100년 동안 해결하지 못한 여러 가지 과제들도 정리해 보았다.

앞에서 살펴본 바와 같이 한국아동문학이 걸어온 100년 동안 한국아동극도 한국아동문학의 발전을 바탕으로 나날이 성장을 거듭하여 왔다고 평가할 수 있다. 앞으로 한국아동극은 우리 후손들이 이 땅에서는 물론, 세계 곳곳에서 우리 민족의 얼과 정신을 이어받아 더욱 창의적이고 상상력이 풍부한 삶을 영위하게 하려고 문학 운동을 넘어서서 문화 운동 차원으로 나아가야 한다. 한국아동극은 지금까지 어린이들에게 꿈과 희망을 주는 등 커다란 역할을 수행해 왔는데, 앞으로도 계속해서 이런 역할을 수행하며 더욱더 발전할 것으로 기대된다.

참고문헌

아동극 자료

고성주, 『어린이 동극집』, 대일출판사, 1994.
곽영석, 『꼭두각시 인형의 눈물』, 미리내, 2007.
권정생 외, 임지연 편, 『팥죽 할머니』, 우리교육, 2005.
방정환, 『어린이』, 개벽사, 1923년 3월 - 1934년 7월.
방정환 외, 김중철 편, 『노래 주머니』, 우리교육,

송명호 편, 『아동극 연출과 지도』, 장학출판사, 1991.

윤석중 외, 임지연 편, 『올빼미의 눈』, 우리교육,

이원수, 『얘기책 속의 도깨비』, 웅진출판, 1984.

이영준, 『아동극 교실』, 상서각, 1986.

이영준, 『어린이 동화극장』, 대일출판사, 1991.

주평, 『주평 아동극 선집』, 한국아동극협회출판부, 1975.

📡 아동극 논저

고성주, 「오늘의 아동극」, 『한국연극』96호, 한국연극협회, 1984.5.

고성주, 『아동극의 이해와 연출』, 지성의샘, 2006.

김문홍, 「아동극 극본 분석과 동작선에 관한 연구」, 『어문학교육』9집, 한국 어문학교육학회, 1986.

김영균, 「극작가 주평 연구」, 경희대 석사논문, 1990.

김영균, 「한국 교육극의 교육과정론적 고찰」, 2004, 경희대 박사논문.

김우옥, 「아동청소년연극은 성인극의 아류가 아니다」, 『한국연극』287호, 한 국연극협회, 2000.5.

김우옥, 「한국아동극의 현재와 미래」, 한국아동문학학회 학술대회 자료집, 1990.

김장호, 『학교연극』, 동국대학교 출판부, 1983.

남세진, 『역할놀이』, 서울대출판부, 1997.

박붕배, 『한국국어교육전사 상·중·하』, 대한교과서주식회사, 1997.

안정의, 『인형극 놀이와 인형 만들기』, 행림출판, 1989.

안치운, 「어린이연극은 어린이를 위한 연극이다」, 『문화예술』272호, 한국문 화예술진흥원, 2002.3.

이명분, 「초등학교 교육을 위한 아동극 만들기」, 『연극과 교육』제6집, 1991.

이반, 「한국 어린이연극 운동의 과거와 미래」, 『연극과 교육』제2집, 한국국 제아동청소년연극협회, 1985.

이재철, 「학예회와 아동극」, 『연극과 교육』제2집, 한국국제아동청소년연극협회, 1985.

이재철, 『한국현대아동문학사』, 일지사, 1978.

전동희, 「한국 근대 아동극 연구」, 성신여대 석사논문, 1990.

정한룡, 「어린이연극 경연대회 7년의 보람」, 『한국연극』269호, 한국연극협
회, 1998. 11.

조동희, 『아동연극개론』, 범우사, 1987.

주평, 『교사를 위한 아동극 입문』, 백록출판사, 1975.

주평, 『아동극과 더불어 반세기』, 교학사, 2007.

주평 외, 『학교극사전』, 교학사, 1961.

진성희, 「한국아동극 연구」, 단국대 석사논문, 1985.

최영애, 「아동극의 현장으로」, 『한국연극』171호, 한국연극협회, 1990. 8.

하유상, 『학교극·청소년극』교문사, 2001.

한새벌 편, 『아동극 연출론』, 지산 이충섭교수 화갑기념 문집 간행위원회,
1994.

한옥근, 『희곡교육 방법론』, 새문사, 2002.

황정현, 『창의력 계발을 위한 동화교육방법론』, 열린교육, 2001.

황정현 외, 『국어교육과 교육연극의 방법과 실제』, 박이정, 2004.

황정현, 「학교 교육에 있어 연극교육과 교육연극의 이해」, 『한국어문교육』,
2005.

◀️『어린이』지 수록 동극의 장르명과 특징

Ⅰ. 서론

방정환이 펴낸『어린이』지는 우리 아동문학의 보고이다. 1923년 3월 20일 처음 발행되어 1934년까지 출간되었다가, 1948년 5월 5일 다시 시작하여 1949년까지 나온 어린이 잡지이다. 역사가 깊고, 의미와 영향력이 컸기 때문에 이에 관해 연구가 필요하다. 다행히 여러 연구자가『어린이』지에 관해 연구하였지만, 동극에 관한 연구는 미흡한 실정이다. 그래서 이런 현실을 개선하기 위해 소략하나마 논쟁적인 문제도 제시하고, 개괄적인 상황도 점검하는 고찰을 하고자 한다. 이 연구에서 다룰 내용은『어린이』지에 수록된 동극을 바탕으로 동극의 본질에 관한 선행 연구의 문제점을 지적하고, 장르명에 관한『어린이』지 출간 당대의 인식이 어떠했는지를 살핀 후에, 더불어『어린이』지 수록 동극의 특징을 내용과 형식 측면에서 분석하고 평가하고자 한다.

Ⅱ. 동극의 개념

동극의 개념을 굳이 따지자면 어린이를 위한 연극이라고 하는 것이 옳다. 왜냐하면, 어린이가 이해할 수 있고, 어린이의 삶에 의미 있는 주제나 소재 등을 다루는 연극이 중요하기 때문이다. 사실 어른과 어린이 모두에게 의미가 있고, 감동을 주는 것이 중요하지, 이것은 '동극'

이고, 저것은 '성인극'이라고 구분하기 위해 동극 개념이 필요한 것은 결코 아니다. 동극 공연을 부모와 자녀가 함께 보는 것이 일반화되었기 때문에 더욱 그러하다.

하지만 방정환이 『어린이』지를 펴낼 때는 사정이 그렇지 못했다. 어른들은 일제 치하에서 비참하게 살고 있었고, 어린이들은 그 가운데 더욱 가혹한 삶에 직면해 있었다. 그래서 이런 현실을 개선하기 위해 방정환은 '어린이'라는 말을 새로 만들어 어린이를 어른과 같이 귀하게 대해야 한다고 주장하였다. 그리고 동극 또한 같은 맥락에서 어린이가 소중한 존재라는 것을 주요 내용으로 하여 만들었다. 방정환의 노력이 시작된 이래로 100년이 다 되어 가는 요즘에도 어린이를 위한 공연의 정체에 관해서는 여전히 논쟁 중이다. 다시 말해 이제는 100년 전과 달라져서 동극이냐 성인극이냐를 따지는 시대는 아니고, 어린이와 어른이 함께 감동할 수 있는 연극이냐 아니냐를 따지는 시대가 되었기 때문이다. 이를 동극에 반영할지 아니면 동극에 관한 원론적인 논의에 초점을 둘지 갑론을박하고 있다.

예컨대 연극을 하는 배우의 나이가 어린이일 때 동극이라고 주장한다면 다음과 같은 모순에 빠진다. 어린이가 연기하면 동극이고, 어른이 연기하면 성인극이라는 주장이 된다. 이것이 어떻게 가능하겠는가? 그럼 어른과 어린이가 함께 연기하면 그것은 무슨 극인가? 지금 어린이들이 관람하는 동극을 살펴보라. 성인들이 어린이를 위해 하는 공연이 대부분이다. 그럼 그들이 하는 공연은 모두 동극이 아닌 것이 된다. 반대로 어린이들이 하는 공연이 동극이라면, 어른들의 눈높이에 맞춰서 어린이들이 하는 전승되고 있는 탈춤 공연도 동극이 된다. 물론, 어린이가 봉산탈춤의 양반과장이나 미얄과장을 연기하는 것은 가치 있는 연극이라 할 수 있지만, 그 공연의 내용을 바탕으로 하면 결코 동극이라고 할 수 없다.[1] 심지어 어린이들은 이해하기 힘든 어른들이 따르고 있는 종교적 신념이나 교리를 공연하는 어린이들이 하는 종교극을 동극이라고 주장하는 사람도 있다. 이런 주장은 그야말로 논리적 비약이자 모순이 아닐 수 없다.

그러나 이런 상황임에도 여전히 연구자 중에는 어린이가 하는 연극을 동극이라고 규정하여 혼란을 유발하는 사람이 있다. 물론, 대체로 어린이가 하는 연극적 행위는 동극에 속한다. 하지만 앞에서 살펴본 것처럼 어린이가 하는 연극 공연이 어린이가 이해하고 판단하기 어려운 내용일 때 이것은 분명히 어른을 위한 공연이다. 강요 때문에 또는 목적의식이 불분명할 때, 심지어 어른에 의해 기획되어 어린이들이 이용되는 것이라고 할 수 있는 연극을 어린이들이 할 수도 있는데, 이런 공연을 동극이라고 하는 것은 어부성설이다. 예컨대 권순철(1993)이 모제스 골드벅(Moses Goldburg)이 말한 "아동극은 아동에 의한 그리고 아동들을 위한 모든 형태의 연극"이라는 말을 바탕으로 아동극에서 지향점을 무시한 주장이 대표적이다. 그리고 그가 한 이 논의를 그대로 이어받는 이들이 있어서 동극의 개념이 혼란스러워졌다.[2] 요컨대 어른이 연기하든 어린이가 연기하든 그 공연의 목적이 어린이를 위한 것이라면 동극이라고 규정하는 것이 동극의 개념으로 합당하다. 다시 말해 어린이가 누구인지를 탐구하고, 어린이의 삶에 관한 다양한 모습을 살피는 데 초점을 두었다면 동극이라 할 수 있다. 동극의 개념을 이렇게 규정

---

1 _ 오판진, 『가면극 연행 체험 교육론』, 박이정, 2013.

2 _ 임지연, 「한국 근대 아동극 장르의 용어와 개념 고찰」, 『한국 아동청소년문학 장르론』, 청동거울, 2013, 73~74면.

해야 논리적 모순이 발생하지 않고, 내용 면에서도 타당하다.

III. 『어린이』지 수록 동극의 장르명

아동문학 분야에서 사용하는 장르의 명칭에 관한 논의는 현재진행형이다.[3] 동극 또한 마찬가지이다. 혹자는 이 분야의 장르명이 아동극이나 동극으로 정리되어 논란이 없는 것으로 이해하고 있지만, 사실 그렇지 않다. 아동극[4]이란 용어와 어린이극이란 용어가 경쟁하고 있어 앞으로 이에 관한 논쟁도 이어질 것으로 보인다. 이처럼 명칭에 관한 논의는 쉽지 않은 문제이다.

동극 분야뿐만 아니라 다른 여러 연구 분야에서 같은 대상에 관해서도 연구자마다 용어를 다르게 사용하는 것을 흔하게 볼 수 있는데, 여기에는 적지 않은 까닭이 있다. 대상의 본질이나 지향에 관한 인식으로 인해 이견이 발생하였기 때문이다. 그래서 장르명을 다르게 사용하는 것을 단순하게 '혼란'이라고 지칭할 수만은 없다.

요컨대 장르를 바라보는 처지나 철학이 다르면 장르명을 다르게 사용하는 것은 현재 나타나고 있는 엄연한 현상이다. 그래서 이렇게 다양한 장르명을 통해 당대의 인식이나 지향의 스펙트럼을 고찰할 수 있다. 아래 제시한 [표 1]을 보면 1923년 3월부터 1949년 12월까지 발행

---

3 _ 김상욱 외, 『한국아동청소년문학 장르론』, 청동거울, 2013.

4 _ '아동극'을 줄여서 '동극'이라고 쓰고 있는데, 『어린이』지에서도 같은 양상이 나타나고 있다. 가령 6권 1호 차례를 보면 '동극'이라고 적혀있지만, 정작 그것이 지칭하는 '황금왕'이란 희곡의 앞부분에는 아동극이라고 적혀 있다. 이를 통해 『어린이』지 편집자는 '동극'과 '아동극'을 동의어로 혼용하고 있다고 볼 수 있다.

된『어린이』지에 명기된 동극의 장르명과 제목 등 관련 내용이 제시되어 있다.

[표 1]『어린이』지에 명기된 동극의 장르명

	장르명	題目	著者	收錄券號	發行年月日
1	童話劇	노래주머니(1장)	×	1권 1호	1923.3.20.
		노래주머니(2장)	×	1권 2호	1923.4.1.
2	支邦兒童劇	음악회	金炯燮	1권 8호	1923.9.15.
3	童話劇	톡기의 재판	小波	1권 10호	1923.11.15.
4	兒童劇	쏙갓치 쏙것치	×	2권 1호	1924.1.3.
5	童話劇	멘아리(한 막)	金雲汀	2권 3호	1924.3.5.
6	童話劇	골쥐·서울쥐(一幕)	金雲汀	3권 3호	1925.3.1.
7	童話劇	장님과 코씨리(一幕)	馬海松	3권 5호	1925.5.1.
8	童話劇	富者의 心理(全二幕)	金哲悟	3권 6호	1925.6.1.
9	少年劇	둑겁이의 배	馬海松	3권 8호	1925.8.1.
10	童話劇	싯없는 넷말(全一場)	金一石	3권 9호	1925.9.1.
11	童話劇	白雪公主(1막-2막4장)	鄭寅燮	4권 1호	1926.1.1.
11	童話劇	白雪公主(2막5-7장)	鄭寅燮	4권 2호	1926.2.1.
12	童話劇	솔 나 무(一幕)	鄭寅燮	4권 3호	1926.3.1.
13	兒童劇	白鷺의 死	鄭寅燮	4권 5호	1926.5.1.
14	童話劇	잠자는 美人	鄭寅燮	4권 7호	1926.7.1.
15	野外童話劇	어머니의 선물	鄭寅燮	4권 8호	1926.9.1.
16	童話劇	여호의 목숨	鄭寅燮	5권 1호	1927.1.1.
17	童話劇	쌰바른 톡기	申孤松	5권 2호	1927.2.1.
18	少女對話劇	放學旅行	靑花生	5권 6호	1927.6.1.
19	對話劇	盜賊과 賢人	延皓堂	5권 8호	1927.12.1.
20	兒童劇	黃金王(一幕)	少女들	6권 1호	1928.1.20.
21	兒童劇	엉터리 彫刻家	微笑	6권 2호	1928.3.20.
22	放學喜歌劇	音樂先生	鏡花	6권 7호	1928.7.20.
23	少年對話(劇)	싼청잘하는당손이	鏡花	7권 1호	1929.1.20.
24	童話劇	달 속의 톡기	鏡花生	7권 4호	1929.5.20.
25	童話劇	거짓말王子와정말王子(全一幕)	崔京化	7권 5호	1929.6.20.
26	童話劇	세 가지 대답(1幕3場)	朴勝進	7권 11호	1929.12.20.

27	兒童劇	사자와 호랑이	延命欽	8권 5호	1930.5.20.
28	創作童劇	쳉기통(全一幕)	鄭寅燮	8권 6호	1930.7.20.
29	兒童劇	모긔와 거미	鏡花生	8권 10호	1930.12.20.
30	兒童劇	一男(一幕二場)	金永八	9권 5호	1931.6.20.
31	農村少年劇	겁내지 마라	한백곤	9권 6호	1932.5.20.
32	兒童劇	원숭이의 裁判	崔允秀	9권 7호	1932.6.20.
33	兒童劇	개구리와 배암	崔京化	9권 8호	1932.7.20
34	農村少年劇	도야지(1幕)	柱潤集	10권 8호	1932.8.20.
35	童話劇	말하는 미륵님(全1場)	고한승	복간123호	1948.5.5.
36	×	세발 자전거(전1경)	김민수	130호	1949.2.5.
37	×	꾀꼬리가 울며는(1막)	방기환	131호	1949.3.5.
38	童劇	효창공원 1막	김소엽	137호	1949.12.1.

『어린이』지에는 동극을 지칭하는 장르명이 다양하게 수록되어 있다. '동화극', '야외동화극', '아동극', '소년극', '대화극', '소녀대화극', '소년대화'라는 용어가 동극 제목과 함께 기록되어 있다. 또한, '연극'이나 '동극'이란 용어가 제목을 소개하는 부분에 제시되어 있다. 별로 큰 차이를 발견하기 어려운데, 장르명이 이처럼 다양한 이유가 무엇일까? 동극의 내용을 분석해 본 결과, 개별 동극의 출처나 공연 양식과 같은 특징을 독자에게 좀 더 구체화하여 제시하려고 장르명을 다양하게 사용한 것으로 판단할 수 있다.

장르명 가운데 사용 빈도를 기준으로 할 때 가장 높은 횟수를 기록한 것은 '동화극'이다. 용어가 기록된 총 36회 가운데 17회로 절반에 가깝고, 두 번째로 많이 사용된 용어는 아동극으로 10회였다. 그리고 '동화극'이란 용어의 사용 추세를 살펴보면, 1923년부터 1927년까지는 압도적이었지만, 1928년 이후부터는 동화극과 아동극이란 용어가 같은 비중으로 사용되었다. 결국, 이런 흐름은 장르명이 '동화극'에서 '아동극'이나 '동극'이란 용어로 수렴되어 가는 양상이었고, 현재까지 이어지고 있다.

장르명에 관한 이런 양상을 보면서 생기는 의문은 다음과 같다. 왜 '아동극'이나 '동극'이란 용어 대신 '어린이연극'이나 '어린이극'이라고 하지 않았는지 하는 점이다. 잡지의 이름을 '어린이'로 하면서 어린이에 관한 배려와 존중을 표방하였고, 시기적으로 이미 오래전에 다른 사람들도 '어린이 연극'이란 용어를 사용하고 있었기 때문에 의문은 더욱더 더 깊어진다.[5] 지금 생각해도 '아동극'이나 '동극'이란 용어보다 '어린이 연극'이나 '어린이극'이라는 용어가 더 의미가 깊고, 적절하다고 판단할 수도 있기 때문이다. 2020년 현재 여전히 '아동극'이란 용어는 학계나 연극계에서 다수가 사용하고 있다.[6] 그렇지만 이와 동시에 '어린이연극'이라는 용어 또한 만만치 않게 사용하면서, 아동이란 한자어보다 어린이라는 어휘가 적절하다는 주장 또한 울림이 크다.[7]

다시 『어린이』지로 돌아와서 '동극'의 장르명에 관해 살펴보자. 첫째, '동화극'이란 장르명이 가장 눈에 띈다. 2020년 현재 사용하지 않는 용어이기도 하고, 사용 빈도 또한 높기 때문이다. 먼저 '동화극'이란 동극의 내용을 기준으로 하여 붙여진 이름인데, '동요극'과 견주어 이해하면 쉽다. 당시에는 장르명을 '동요'를 모티프(화소)로 하여 동극을 만들면

5 _ 「어린이 연극이 나와」, 『매일신보』, 1913.10.15., 「어린이 연극은 뎡지」, 『매일신보』, 1913.10.24.

6 _ '한국아동문학학회', '한국아동청소년문학학회'라는 학회명에서 '아동'이란 용어가 포함되어 있고, (사) 국제아동청소년연극협회(ASSITEJ)에서도 '어린이'라는 말 대신 '아동'이라는 용어를 사용하고 있다.

7 _ '한국어린이문학협의회', '어린이문화연대'라는 단체명에서 '어린이'라는 어휘를 사용하고 있고, 연우무대 정한룡이 20년 이상 진행하는 '전국어린이연극경연대회'라는 대회명에도 '아동'이 아니라 '어린이'라는 용어를 사용하고 있다. 국립극단 내 어린이극을 연구하는 조직의 이름 또한 '어린이 청소년극 연구소'이며, '아동'이란 이름 대신 '어린이'라는 용어를 선택하였다.

'동요극'이라고 하였고[8], '동화'를 바탕으로 하여 동극을 만들면 '동화극'
이라 불렀다. 동극의 출발이 동화라는 점을 강조하여 이렇게 장르명을
만든다. 『어린이』지에 속한 동극의 내용을 살펴보면, '노래주머니'는 '옛
이야기 혹부리영감', '음악회'는 '브레멘음악회', '토끼의 재판'은 '옛이야
기 토끼의 재판', '멘아리'는 '옛이야기 메아리', '싀골쥐서울쥐'는 '이솝우
화 서울쥐 시골쥐', '장님과 코세리'는 '외국동화 장님과 코끼리', '부자의
심리'는 '중국 동포가 보낸 이야기', '백설공주'는 '외국동화 백설공주', '잠
자는 미인'는 '외국동화 잠자는 숲속의 공주', '달 속의 톡기', '옛이야기
달 속의 토끼', '거짓말王子와정말王子'는 '외국동화 거지와 왕자', '세 가
지 대답'은 '영국의 옛이야기', '말하는 미륵님'는 '옛이야기 말하는 미륵
님'을 바탕으로 만든다. [9] 많은 동화극 가운데 '백설공주'의 처음 대목을
살펴보자.

童話劇

白雪公主

鄭寅燮

무대에올늘사람

白雪公主   임금님쌀

---

8 _ 동요극을 많이 쓴 대표적인 사람이 윤석중이다. 그가 쓴 동극 〈울리마라 간난아〉는 윤석중
     의 동요 〈굽떠러진 나막신〉을 바탕으로 극화한 동요극이다. 임지연, 「윤석중 아동극 연구」,
     인하대학교 석사학위논문, 2010.
9 _ 이야기의 이름이나 지칭하는 장르명이 정확하진 않지만, 동화극의 출발이 이야기라는 것은
     분명하여 이를 밝히고자 본문에 포함하였다. 그리고 이야기의 출처가 불분명한 것은 생략하
     였다.

女王	백설공주의 繼母		
王子	이웃나라임금님아들	女王의侍女	一名
王子의 山양꾼	二名	女王의 山양꾼	一名
막똘	一名(작은이中의一人)	**작은이**	六名
거울	(거울뒤에숨어서서거울의말을할사람)		

◎ 一幕 女王의宮室

女王은걸상에안자 몸을곱게쑤미고 白雪公主는 엽헤서 冊을보고잇다. 侍女는 女王의목구실을 두손으로밧들고 공손히 섯다.

女王. (구실줄을바다 목에걸고 侍女에게)이제는 너볼일보러 가거라.(侍女는절하고 나간다. 女王은거울앞헤서서) 거울아 거울아 벽에걸린 거울아! 우리나라 사람중에 누가제일 어엽브냐?

거울. 女王님 女王님은 어엽븐니다 반달갓치 아람답고 어엽븜니다 그러나 白雪公主는 왼달과갓치 당신보다 훨신훨신 어엽븜니다.

女王. (갑작이놀내면서 입을담을고 도라서서 公主를 잡아먹을듯시 한참동안 힐겨본다. 公主는 발발썰며 女王눈치만 보고잇다) 거짓말이야 거짓말! 어린아해가 나보담 어엽브다고?그럴수야잇나? 어듸 한 번 더 무러보자 거울아 거울아 벽에걸린거울아!우리나라 사람중에 누가제일 어엽브냐?

(이하 생략)[10]

인용한 부분에서 알 수 있는 것처럼 동화극 〈백설공주〉의 내용은 외국동화 〈백설공주〉와 조금도 다르지 않다. 다른 동화극 극본들 또

10 _ 鄭寅燮, 〈白雪公主〉,『어린이』4권 1호, 1926.1.1.

한 동화의 내용과 같다. 이처럼 『어린이』지에 동화극이란 명칭으로 많은 동극이 실린 것은 그만큼 동화를 각색하여 동극으로 많이 만들었다는 것을 말해 준다. 결과적으로 동요나 동화를 바탕으로 하지 않은, 처음부터 동극으로 창작된 것은 많지 않다. 한편 『어린이』지에는 '야외동화극'이란 특이한 용어도 나오는 데 이것은 '동화극'의 배경이 '야외'여서 붙여진 이름이다. '동화극'이란 기존의 동극 명칭 앞에 이 동극의 특징인 '야외'라는 어휘를 붙인다. 이런 작명 원리를 알면, 당대의 장르명이 어떻게 탄생한 것인지 파악할 수 있다.

둘째, '아동극'과 '소년극'이란 용어도 두 번째와 세 번째로 많이 사용하고 있다. 이와 관련하여 『어린이』지에 나타나고 있는 관련 어휘들을 살펴보면 유아, 아동, 소년이란 용어가 있고, 각각의 구분 시기는 명확하지 않지만, 대체로 어린이의 발달 단계에 따라, 어린 정도에 따라 순차적으로 사용하고 있다. 즉 『어린이』지에 실린 동극을 공연하거나 관람하기에 적당하다고 보는 연령을 기준으로 삼아 장르명으로 사용하는 경향도 파악할 수 있다. '동시' 분야의 장르명 가운데 '소년시'라는 명칭이 있는데 이 용어를 사용한 맥락과 유사하다.[11]

셋째, 지금은 사용하지 않는 '대화극'이란 낯선 용어도 발견할 수 있다. 이 용어는 동극에 등장하는 인물이 행동보다는 '대화'를 통해 갈등을 해결해 나갈 때 이런 특징을 강조하여 붙인 장르명이다. 그리고 대화극에 등장하는 배우가 소녀들이면 '소녀대화극', 소년들일 때는 '소년대화극'[12]라고 작명한 사례도 있다. 소녀대화극에는 소녀들만 등장하고,

---

11 _ 진선희, 「『어린이』지 수록 동시 연구(1)」, 『국어국문학』제165호, 국어국문학회, 2013, 281~318면.

12 _ 『어린이』지에서 '소년대화'라고 기록되어 있으나 '극'이 빠졌다는 것을 충분히 짐작할 수 있어

소년대화극에는 소년들만 등장하므로 그런 특징을 독자가 쉽게 파악하게 하려고 장르명을 지었다.

넷째, '방학실연용동극'이란 용어도 있다. 『어린이』지에 수록된 동극을 정인섭 다음으로 많이 쓴 최경화[13]가 쓴 동극의 명칭이다. 동극을 하는 시기를 기준으로 작명한 것인데, 참으로 기발하다는 생각이 들면서도 독자의 요구와 부합하기 위해 큰 노력을 하였다는 것도 파악할 수 있다.

다섯째, '방송희가극'이란 용어가 있다. 이것은 라디오방송을 위해 만들어진 것으로 판단할 수 있다. 1927년 2월 경성방송국이 개국하였는데, 이와 관련하여 라디오 방송국에서 동극을 방송하였던 시대적 흐름 속에서 동극이 어린이에게 전해지는 매체인 '방송'을 부각하였다. 그리고 '희'란 동극에 나타난 미적 정서를, 또한 '가'란 뮤지컬처럼 노래를 많이 사용한 연극의 양식적인 측면을 나타내어 작명하였다.

여섯째, 『어린이』지 차례를 보면 '연극'이라는 용어를 사용한 빈도가 매우 높다. 예컨대 3권 5호에서 4권 5호까지 8회에 걸쳐 연속 사용하였고, 4권 8호, 5권 6호, 6권 2호, 7권 11호에서도 이 용어를 사용하고 있다. 이를 통해 『어린이』지에서는 동극을 연극의 하위 개념으로 보았고, 아동극을 지칭할 때 대표적인 이름으로 사용하였음을 알 수 있다.

오타로 보고 첨가하였다.

13 _ '鏡花'와 '鏡花生'이라는 필명도 동일인의 것이다.

IV. 『어린이』지 수록 동극의 특징

『어린이』지는 『별나라』, 『아이생활』, 『신소년』, 『새벗』 등의 잡지와 함께 1920년대 우리 어린이의 위상을 격상시키는 역할을 하였다.[14] 『어린이』지의 내용을 살펴보면 내용 면에서 어린이들에게 재미있고 유익한 소재나 주제로 구성되어 있다. 그리고 작가들 또한 방정환을 비롯하여 뛰어난 아동문학가의 우수한 작품이 다수 실려 있다. 동극 분야의 작품에서 내용과 형식을 기준으로 할 때 어떤 특징이 있는지 살펴보자.

1. 내용적 특징

1) 아동 인권의 강조

『어린이』지에 수록된 동극의 내용을 보면 가장 큰 특징이 어린이를 귀하게 여기고 존중하고 있다는 사실이다.[15] 어린이를 이 사회의 주요한 주체로 보고, 정성을 다해 돌보아야 한다는 인식의 전환이 전제되어 있기 때문이다. 아동의 인권을 존중하는 취지에서 어린이의 편을 들어주는 이야기들이 대부분이다. 그런데 『어린이』지에 수록된 동극에 관해 다른 주장을 하는 이가 있어 반론하고자 한다. 우선 한백곤의 〈겁내지 마라〉를 살펴보자.

---

14 _ "『어린이』지는 오락성과 교육성이 강해 일제강점기 아동문화운동이라는 계몽적인 역할을 한 잡지이긴 하지만 문학성도 아울러 가졌다고 평가한 바 있다." 이정석, 「『어린이』지에 나타난 아동문학 양상 연구」, 전남대학교 석사학위논문, 1993, 81면.

15 _ 이재철은 『어린이』지가 "아동인권 옹호운동의 실천의 현장"이라고 하였다. 이재철, 「민족주의 소년운동의 보루(保壘)-「어린이」지의 史的 位相」, 영인본 『어린이』 1, 보성사, 1976.

산감 무엇이 어떠코 어째! 이놈아! (함부로 째린다)

　　　(성만 늣기며 운다. 그리고 소리친다. 山主도 말니는 척한다. 태

　　　길의 눈은 둥그랫다. 언덕 넘어로 한 쎄의 나무쑨이 넘어온다)

일동 야, 사람을 때린다. (큰 고함소리로) 우리 가튼 나무쑨은 마저도

　　　일업단 말인가! (산감에게 모다 덤빈다. 주먹, 발길! 산감 소리친

　　　다! 그리다가 쑤리치고 다라난다!)

산감 (다라나면서) 내일 면소에서 통지! (하며 획 간다. 산주와 태길

　　　은 어느 틈에 다러갓는지―)

기동 내일 물논 오랄 거시다! 그러나 우리는 조곰도 겁은 내지 말어야 한

　　　다![16]

　이 작품은 주인이 있는 산에서 나무를 한 어린 나무꾼을 산감이라는
어른이 함부로 때리는 사건을 바탕으로 한다. 자기 친구가 어른에게 육
체적인 공격을 당하자 이에 대항하는 여러 명의 어린 나무꾼들이 등장
하는데, 생존을 위해 힘들게 살아야 했던 당대 어린이들의 삶이 고스란
히 나타나 있어 안타깝다. 물론, 이정석(1993: 72~73)이 지적한 바와 같이
한백곤의 이 작품은 다소 과도한 방식으로 어린이들이 대항하는 면이
있다.[17] 그렇지만 어린이들이 부당하게 취급을 받으면 안 된다는 점을

---

16 _ 『어린이』지에 수록된 양상을 보여주기 위해 한자, 어휘, 표기법 등을 당대의 규칙대로 따랐다.
　　한 가지 다르게 한 것은 가로쓰기인데, 당대에는 세로쓰기를 하였음을 밝힌다. 한백곤, 〈겁내
　　지 마라〉, 『어린이』10권 5호, 1932.5.20.

17 _ 이 동극에 관한 이정석의 해석과 평가는 온당치 못하다고 할 수 있다. 어른 집단 구타를 선동하
　　는 내용이 아니라 '어린이'를 구타하면 안 된다는 얘기를 하기 위해서 이런 장면을 만들었고, 어
　　린이들을 함부로 때리다 보면 이렇게 어린이들에게 맞을 수도 있다는 경고의 의미도 있다고 해
　　석할 수 있다. 이 대목을 통해 이렇게라도 대항해야 살아갈 수 있는 어린이들의 슬픈 현실을 읽
　　어야지 이 대목을 장유유서를 기준으로 삼아 반인륜적이라고 평가하는 것은 이치에 맞지 않다
　　고 본다. "이 동극은 장유유서나 어른 존중이라는 유교 이념과 규범들이 완전히 무너지지 않는

강조하기 위해 극적으로 표현(극적인 장치)한 것이라고 보는 것 또한 가능한 장면이다. 예컨대 '말이 그렇다는 것이지.'라는 것처럼 극적인 재미를 위해 조금 과장하여 표현한 것으로 이해해야 이 동극의 본래 의미가 드러나기 때문이다. 물론, 연구자 또한 어린이들이 어른을 집단으로 구타하는 것이 옳다는 것은 절대 아니다. 반대로 부당한 이유와 완력으로 어른이 어린이를 함부로 공격하는 것 또한 바르지 못하다. 이 두 가지 안타까운 사건 가운데 이 동극에서는 후자의 사건에 초점을 두고 어린이의 눈으로 분석하고 평가하는 상황이라는 점을 상기해야 한다. 더불어 이 대목에 관한 정당한 해석을 위해 『어린이』지를 민족주의 경향의 잡지로 분류한 이정석의 관점(1993: 82)에서 보면 어린이를 괴롭히는 '어른'이나 '지주'라는 인물이 상징하는 바가 '친일파'나 '일본인'이라고 충분히 해석할 수 있다. 당대 극작가들이 하고 싶은 말을 동극에 직접 나타낼 수 없었던 사실을 근거로 하면 극작가가 진심으로 전하고 싶었던 것이 항일의지나, 이와 유사한 상황에서 억압받던 당대 우리 민족의 대처 방법으로 이해하고 평가할 수도 있다.

만약 동극의 내용을 마치 현실 속 그것인 양 등치시켜 생각하는 사람이 있다면, 그 사람은 동극을 비롯하여 문학이나 예술의 본질이 무엇인지 처음부터 다시 생각해 보아야 한다. 그리고 어른의 관점에서 이 동극을 보고, 어른에게 무조건 복종하는 화소로 수정해야 한다고 말하는 사람이 있다면 동극을 읽는 출발점이 잘못되었다고 할 수 있다. 그것은 장유유서를 고집하는 어른의 일방적인 계몽극이지, 어린이의 생각이나

당시에 가히 충격적이라 할, 반인륜적인 어른 집단 구타를 선동하는 내용이 들어 있다." 이정석, 『어린이』지에 나타난 아동문학 양상 연구」, 전남대학교 석사학위논문, 1993, 72면.

느낌을 헤아리는 동극이라 할 수 없기 때문이다.

2) 유희성

『어린이』지에 수록된 동극의 내용에 나타난 주요한 특징으로 재미있다는 점을 들 수 있다. 읽을거리가 많은 지금 어린이의 눈으로 읽어도 지루할 틈이 없을 정도이다.[18] 『어린이』지가 발행되었던 1920년대를 상정하면 당대의 독자가 느꼈을 즐거움은 지금보다 훨씬 더 컸을 것으로 보인다. 주제가 분명하고, 등장인물들의 말과 행동이 재치 있으며, 사건 전개가 어린이들의 정서와 이해에 부합하기 때문이다. 마해송이 쓴 〈둑겁이의 배〉도 재미있는 동극 가운데 하나이다.

(앞부분 생략)

(생각하고,) 나는, 술을아조실혀 무어, 술집을지나기만해도, 취하는걸

(톡기와, 둑겁이, 생각한다. 호랑이는, 익인것갓치조와한다)

톡기.　　(호랑이를바라보며,) 나는, 보리밧에만, 가도, 취해서, 새쌁애

　　　　지는데.

　　　　(호랑이는, 풀이죽어서, 멀쑹바라보고있다. 톡기는익인것갓

　　　　치조와한다)

둑겁이. (한참생각하다가, 갑작이, 팍! 쓰러진다)

톡기.　　이거 원일야.

호랑이. 여보게! 정신차리게.

━━━━━━
18 _ 이 동극으로 초등학생들이 동료 학생들을 대상으로 공연하였는데, 관객들의 반응이 좋았다. 2013년 서울용0초등학교 학생을 대상으로 한 공연이었고, 초등학생이 배우였으며, 관객 또한 초등학생이었다.

톡기.　오! 내에게, 쩍을쌔앗기게되엿스니까분해서, 그린양일세.

호랑이.　안이, 긔절을하지안엇나?

톡기.　쩍은, 별수업시내것일세. (웃는다)

　　　　(둑겁이, 비슬비슬일어난다)

호랑이.　여보게, 정신차리게 윈일인가?

둑겁이.　(시침이를 쎼고, 나는, 술, 이약이만 들어도, 이러케된다네.

톡기.　(깜싹놀나, 눈을쏭구라케쓰고,)에ㅡ.

호랑이.　어유ㅡ, 다ㅡ 갓다먹게.

(뒷부분 생략)[19]

　떡을 먹기 위해 재치를 겨루는 우스갯소리인데, 이를 동극으로 만들었다. 토끼와 호랑이 그리고 두꺼비가 떡 하나를 놓고 서로 먹으려고 다투는 대목이다. 토끼가 술에 제일 잘 취하는 이가 떡을 먹자는 제안을 하고, 다른 이들이 동의한다. 떡을 차지하기 위해 인물들은 각자 그럴듯한 얘기를 한마디씩 한다. 누가 더 심한 거짓말을 하는지, 황당한지를 겨루는 것이고, 무거운 교훈이나 숨겨진 뜻은 없다. 이처럼 어린이들이 재미있게 읽을 수 있는 내용으로 된 동극들이 많다.

　방정환이 쓴 〈토끼의 재판〉도 재치가 빛나는 동극 가운데 대표적이다. 은혜를 모르는 호랑이 때문에 어려운 처지에 놓인 나그네를 토끼가 지혜를 발휘하여 구해준다는 내용이다.

---

19 _ 『어린이』지에 수록된 양상을 보여주기 위해 한자, 어휘, 표기법 등을 당대의 규칙대로 따랐다. 한 가지 다르게 한 것은 가로쓰기인데, 당대에는 세로쓰기를 하였음을 밝힌다. 마해송, 〈둑겁이의 배〉, 『어린이』3권 8호, 1925.8.1.

(앞부분 생략)

호랑이　『저긔슨것이 사람이고 사람이야 알겠니?』

톡긔　　『네 알겟습니다』

호랑이　『그리고 이것이 괴짝이야 괴짝! 알앗니?』

톡긔　　『네ㅣ ------』

호랑이　『괴짝속에는 내가갓첫서 알겟니』

톡긔　　『쏘 몰으겟는걸요 엇더케 당신이 괴짝속에 갓첫섯슴닛가 그
　　　　러케큰몸이 요쌰짓괴짝속에 드러감닛가?』

호랑이　『헤헤, 답답한놈이로군 그래도 몰나ㅣ 천치 못난이 바ㅣ 보갓
　　　　흔놈아 자아ㅣ 자세보아라 자아 이문을열고 이럿케허리를굽
　　　　히고 이러케드러가지안니 자ㅣ 자들어오지안엇니? 알앗지』

하고 괴짝속으로드러가안즈닛가 톡긔가 얼른달겨들어 괴짝문을닷고
고리를얼른걸어잠그고 빙글빙글 우스면서

톡긔　　『인제야말로 자세히알앗슴니다 인제는 설명하지지안트래도 잘
　　　　알겟슴니다 당신이 이괴짝속에 엇더케드러가는지는 자세알앗슴
　　　　니다 그러나 인제 엇더게 쌔저나오나하는 것은 당신도므르시지
　　　　요 그것을 알쌔까지는 그곳에 점잔케 안저계시는 것이 좃슴니다
　　　　자아 길가는량반 어서 가시든길을 가시지요 저도 도라가겟슴니
　　　　다 호랑이 편안히 계십시오 쏘뵙시다』

호랑이　『아ㅣ 형』 말을못하게된다

나그네　(톡긔에게 절을하면서)『톡긔님 이거 대단히고맙슴니다 톡
　　　　긔님덕에 목숨을구햇스니 이런은혜를엇더케갑겟소』

(뒷부분 생략)[20]

이 대목을 포함하여 방정환의 동극 전체 내용이 최근까지도 교과서에 실렸다.[21] 그리고 이 동극을 포함하여 여러 편의 동극이 교육적인 가치도 있을 뿐만 아니라 연극적인 재미도 있어서 어린이가 읽을 수 있도록 책으로 출판되기도 하였다.[22] 이런 시도는 어린이가 좋은 동극을 읽고 공연할 기회를 확대하는 데 큰 도움을 준다. 앞으로『어린이』지에 수록된 동극에 관한 연구와 출판이 활발해지면 더욱더 많은 어린이가 재미있고, 유익한 동극을 만날 수 있다.

3) 교훈성

『어린이』지에 수록된 많은 작품에서 어린이 인물의 모습은 당당하고 지혜로우며 인정이 넘친다. 이런 인물상은 어린이에 관한 따뜻하고 애정 어린 극작가의 시선이 만든 기대이고, 희망이다. 방정환이 쓴 〈톡기의 재판〉에 등장하는 토끼라는 인물을 보면, 호랑이에게 잡아먹힐 위기 상황에서도 지혜롭고 당당하게 대처하는 어린이가 되길 바라는 극작가의 마음을 읽을 수 있다. 그리고 김영팔의 〈一男〉에서도 '일남'이

---

20 _ 『어린이』지에 수록된 양상을 보여주기 위해 한자, 어휘, 표기법 등을 당대의 규칙대로 따랐다. 한 가지 다르게 한 것은 가로쓰기인데, 당대에는 세로쓰기를 하였음을 밝힌다. 小波, 〈톡긔의 재판〉, 『어린이』1권 10호, 1923.11.15.

21 _ 방정환의 〈톡기의 재판〉을 수정하여 〈호랑이와 나그네〉란 제목으로 수록하였다. 동극의 본질에 맞게 교육 목표가 설정된 것은 아니지만, 국어 교과서에 실리면 공연을 하기도 해서 의미가 있다. 한국교원대학교서울교육대학교 국정도서국어편찬위원회(2012), 『국어 읽기 3-1』, ㈜미래앤.

22 _ 『어린이』지에 수록된 동극 가운데 7편을 골라 엮었다. 〈노래주머니〉, 〈토끼의 재판〉, 〈꾀바른 토끼〉, 〈두꺼비의 배〉, 〈도적과 현인〉, 〈달 속의 토끼〉, 〈말하는 미륵님〉이 그것이다. 김중철 편, 『노래주머니』, 우리교육, 2002.

란 인물을 통해 같은 맥락의 인물상을 확인할 수 있다.

(앞부분 생략)

父. 　아니 우리들이야 무어 너야말노 아츰에 물만밥 한술을쓰고갓
　　 섯스니 오즉이나 배가 곱흐겟니.

母. 　아이 그럼은요 좀 배가곱흐겟서요?

一男. 아니예요 저는 정말 배곱흐지안슴니다. 아버님이나 어머님이
　　 너무근심을하시면 제 기운이 작고주러드러서 공부도잘되지를
　　 안어요 그러니 저째문에 너무상심하시지마러주서요 선생님께
　　 서도 늘말슴하는바와가티 가난한 집안에서 길니워 고생을 하
　　 지아니하여보면 결코 장래에큰인물이 못된다고 그래요 그말슴
　　 을 선생님께서 듯고난후부터는 아버님 어머님에게 말슴은 아
　　 니올리엿지마는 마음으로는 엇지나 깁분지 모르겟서요 우리집
　　 의 가난한 것이 --- 그래서 저는늘깁버하고 무엇이든지 정성
　　 과 열심을 다하는대 왜 아버님과 어머님께서는 울고게서요.

父. 　일남아 너는 언제든지 그러한생각을 하지고잇늬?

一男. 네 가지고잇슴니다 또 어느째까지라도 그러한 생각으로 나갈
　　 랴고 그럼니다.

母 . 　아이 긔특한지구.

一男. (깁분 듯이) 아버지 어머니.

父, 母. (一時에) 그래.

一男. 깁버하여주서요. 이것을좀 보서요(통신부를내놋는다)

父. 　(다보드니) 최우등 첫지로구나 그런데 모다만점인대 체조만
　　 팔십점이니 윈일이냐?

(뒷부분 생략)[23]

학생인 '一男'은 어려운 집안 형편 속에서 먹을 것조차 제대로 먹지 못하면서 공부를 하고 있다. 그런데 부모를 원망하거나, 현실을 비관하지 않고, 오히려 미래에 큰 인물이 되려면 가난한 집안에서 고생해야 한다고 의연하게 말하고 있다. 이런 인물상이 작가가 상정한 어른스럽고 속이 깊은 인물 유형이다. 일제강점기 일본인의 수탈과 강요로 인해 목숨과 재산이 풍전지화처럼 위기에 몰렸지만, 지혜롭고, 당당하게 이겨나가자는 어린이가 되자는 메시지를 어린 독자 또한 충분히 파악했을 것이다.

2. 형식적 특징

1) 분량의 적절성

동극의 형식 가운데 전체적인 분량도 중요한 기준이다. 분량이 길면 읽거나 공연하는데 부담이 크기 때문이다. 아울러 한글 해독 능력이 부족한 어린이에게도 동극의 분량은 장애가 되기도 한다. 그래서 교육극에 관한 연구를 한 김영균은 교육의 장에서 분량이 길지 않는 토막희곡의 필요성을 언급한 바 있다.[24] 그리고 동극집 가운데 '교육연극 아동극집'이 있는데, 이 책 또한 짧은 동극 대본을 주로 다룸으로써 교육현장

---

23 _ 『어린이』지에 수록된 양상을 보여주기 위해 한자, 어휘, 표기법 등을 당대의 규칙대로 따랐다. 한 가지 다르게 한 것은 가로쓰기인데, 당대에는 세로쓰기를 하였음을 밝힌다. 小波, 〈톡긔의 재판〉, 『어린이』1권 10호, 1923.11.15.

24 _ 김영균, 「한국 교육극의 교육과정론적 고찰 : 국어과 교육을 중심으로」, 경희대학교 박사학위 논문, 2004.

에서 주목을 받고 있다.[25] 서점에서 판매하는 동극집 가운데 많은 동극이 분량 측면에서 부담되고 있는 것과는 대조적이다.

이처럼 중요한 기준 가운데 하나인 '동극의 분량' 측면에서 『어린이』지에 수록된 동극의 분량은 어린이 독자가 지루하지 않을 정도의 분량으로 구성되어 있다. 그리고 분량이 많을 경우에는 두 번에 걸쳐 싣는 방법을 사용함으로써 오히려 다음 호를 기대하게 만드는 효과까지 올렸다.[26] 대체로 짧은 분량이기 때문에 대본을 바탕으로 어린이들이 읽고, 연극을 하는 데 큰 어려움이 없다. 학교나 지역 사회 등에서 공연하려면 희곡의 길이가 짧아야 한다.

2) 대사의 간결성

등장인물들의 대사가 분명하고 간결하여 박진감이 넘친다. 한 인물이 대사를 길게 하는 경우도 거의 없고, 해야 할 말만 집약해서 말하기 때문이다. 이런 간결성은 읽기보다는 공연을 위한 희곡이란 점에서 연행성이 강하다는 평가와도 관련이 있다.

(앞부분 생략)

가마귀. 이놈 거짓말쟁이.

까치. 네가 거짓말장이다!

가마귀. 요놈아! 가지도안코 갓다구.

---

25 _ 이 책에 실린 〈반지의 주인〉이란 촌극은 초등 국어과 교과서 5학년 2학기 듣기·말하기·쓰기 7단원(2012년 3월부터 시작하여 2015년 2월까지 사용될 예정임)에 수록되어 학습 자료로 사용되고 있다. 오판진, 『교육연극 아동극집』, 정인출판사, 2009.

26 _ 〈노래주머니〉와 〈白雪公主〉가 해당하는 사례이다.

까치.   너는 업는강아지를 잇다구 -----

가마귀. 요놈 못된놈! 날속이려고, 안난눈병을 낫다구했지 응?

까치.   감이붉게익엇다는데, 웨 안익엇다구했나?

가마귀. 잔말마러! 저감은 발서부터 내가보아둔게다. 까-우 까우--

까치.   아니다, 내가맛춘게다. 까쌋 까쌋 까쌋

가마귀. 아니다. 내것이다.

까치.   아니다, 내것이다.

고양이. (감나무뒤으로 야옹ㅣ 야용하면서나와, 달려드니, 두놈이
        다ㅣ 도망간다. 눈에불을내고) 요놈들, 야옹ㅣ 야옹 -----
        (나간다)
        (이째 백로가 한발만듸듸고, 싹지집고, 드러와서, 왼펴나무틈
        박우에 겉안다. 수선화는 놀낸듯시, 이상한눈을쓰고, 멀그
        머니 바라본다)

백로.   후유 --- 후이! 아이고 허리는압흐고, 배는 곱흐고 ----
        - 이게 누구집인가?

수선화. 여보세요 백로님! 명쥬갓흔 물결에, 처량한곡조! 무엇이그리
        워서 가마귀들이 사홈하는데, 차저오섯슴닛가?

(뒷부분 생략)[27]

인용한 대목에서 보는 바와 같이 한 인물이 하는 대사의 분량이 적다.

27 _ 『어린이』지에 수록된 양상을 보여주기 위해 한자, 어휘, 표기법 등을 당대의 규칙대로 따랐다.
한 가지 다르게 한 것은 가로쓰기인데, 당대에는 세로쓰기를 하였음을 밝힌다. 鄭寅燮, 〈白鷺
의死〉, 『어린이』3권 5호, 1926.5.1.

그래서 바로 눈앞에서 인물들이 서로 싸우는 것 같은 느낌이 나서 훨씬 생동감 있다. 이와 같은 형식적 특성은 동극의 재미를 배가하는 주요한 기준이기 때문에 요즘 동극을 만들 때에도 참고해야 하는 것이 필요하다.

그런데도 지금 어린이들이 『어린이』지에 수록된 희곡을 가지고 연극을 하려면 대사를 수정하는 것은 필요하다. 『어린이』지에 수록된 동극의 대사가 간결하므로 고치지 말고 그대로 해야 한다고 오해하면 곤란하다. 어떤 희곡이라도 어린이 배우가 말하기 편하게 바꾸어서 하는 것이 바람직하다.

3) 읽기가 아닌 공연을 위한 희곡

『어린이』지에 수록된 동극은 실제 공연을 위해 쓰인 점이 중요한 특징이다. 상연보다는 문학적으로 읽히는 것을 목적으로 한 레제드라마(Lesedrama)가 아니다. 그래서 『어린이』지에 실린 동극 뒷부분을 보면 공연과 관련한 정보를 상세하게 제공한 것을 자주 볼 수 있다.[28] 예컨대 공연 연출하는 방법이나 대본 수정 요령, 의상 만들기, 무대 만들기, 분장 등 공연을 준비하는 사람에게 도움을 주는 글이 대표적이다. 아래에 인용한 글은 그 가운데 한 사례이다.

> 上演하려는사람에게
>
> 天使의사람수는 무대의大小와형편에따라 얼마라도 변경할수잇고 少女가업스면 少年이대신하되 작은이나쏘맹이가 되게하시오. 그중二三人이 솔나무에손을 대이고 그동안 다른아해들은 단쓰합니다. 輕快한樂曲

---

28 _ 첫 번째 동극인 〈노래주머니〉를 비롯하여 여러 작품에 이런 내용이 첨부되어 있다.

에 짜라 輕快하게하도록. 금나무는 철사에 금지를 오려서 실고 매여붓치시오. 衣裳은각각연구하되 될수잇는대로 간단히하시오.

그리고 나무슌이 수만허도좃습니다. 그럴째는 다음갓흔 對話를 쑤며하시오. 甲乙丙이라하고 例를들면

甲.　이곳이냐?

乙.　음 그런듯하다!

丙.　누가 먼저찻겟니?

乙.　이근방에 맛잇는나물이난다는데 왜안보이나?

甲.　혹 악초나잇스면!

丙.　글세 혹 산심이잇슬지 누가아니?

乙.　여보게들 저것좀보아 생금장갓다!

甲.　이멍텅구리 보아! 너쑴쑤니?

乙.　(나무젓헤 쮜여가서) 아이여보게들 정말횡금일세금! 금닙사귀야 ––– (모다급히쮜여가서 한닙두닙 싼다)

丙.　금이다금이다! 여보게들 큰횡재야!

甲.　글세 전대에갓득채우세 한닙사귀도 남겨두지말고 ––––– (이렇게하면좃습니다)

◎衣裳멋마듸

「솔나무」는 길고헌灰色두루막 닙사귀달린솔나무가지를 兩손에쥐고 머리우에도 째를짜라서 입사귀와 갓흔 材料의花冠

「女神」은 긴초록색양말우에 흰줄잇는초록색엷은명주잠옷 갓흔색 명주나래 엷고속빗치는 명주뻴(면사포)로 얼음을싸고 아람다운花冠 엇젯든 仙女갓치만 –––.

「天使」는 女神과갓흐나 훨신간단하게.

「작은이」는어린이 2月號兒동극「白雪公主」싯헤 말해두엇스니參考하시오.

「나무군」은 입은옷 또는農夫가티.

「산양」은 입은옷에 쩌튼흰두루막 등에는무엇을너어 부르게하고 소리

와갓흔색처내입고 옷으로만든쓸을쇠즈면됩니다 ———.[29]

　인용한 대목에서 학교뿐만 아니라 소년회를 비롯한 지역사회의 단체
에서 동극을 공연할 때 도움을 주는 내용을 소개하고 있다. 동극을 읽
기만 하려던 사람들도 이런 글을 읽으면 공연하고 싶은 마음이 생길 정
도로 매우 자세하게 안내하고 있다. 『어린이』지 발행이 아동문화운동이
나 민족운동의 하나로 이루어졌다는 점에 착안하면 동극의 이런 형식
적 특징은 동극이 공연으로 이어져 많은 사람들에게 영향을 미치는 데
큰 이바지를 한다. 그래서 더욱더 많은 사람이 동극을 소통하고, 공유
할 수 있게 된다.

V. 결론

　이 연구에서는 『어린이』지에 수록된 동극을 살펴서 장르명에 관한 당
대의 인식이 어떠했는지를 살피고, 더불어 동극의 특징을 내용과 형식
측면으로 분석하고 평가함으로써 더욱더 나은 후속 연구를 위한 토대

---

29 _ 『어린이』지에 수록된 양상을 보여주기 위해 한자, 어휘, 표기법 등을 당대의 규칙대로 따랐다.
한 가지 다르게 한 것은 가로쓰기인데, 당대에는 세로쓰기를 하였음을 밝힌다. 정인섭, 〈솔나
무〉, 『어린이』 4권 3호, 1926.3.1.

를 마련하고자 했다.

『어린이』지에 수록된 동극을 지칭하는 용어에는 '동화극', '야외동화극', '아동극', '소년극', '대화극', '소녀대화극', '소년대화'이 동극 제목과 함께 기록되어 있고, '연극'이나 '동극'이란 용어 또한 제목을 소개하는 부분에 사용되었다. 이렇게 많은 용어 가운데 가장 많이 사용된 것은 '동화극'이며, 동극의 모티프나 출발이 '동화'이여서 붙여진 이름이다. 1920년대 초에는 '동화극'이란 용어가 주로 사용되다가, 1930년대로 가면서 '아동극'이나 '동극'이란 용어를 더 사용하고, 이것이 장르명으로 굳어지는 것을 확인할 수 있었다.

『어린이』지에 수록된 동극의 내용적 특징으로는 '아동 인권의 강조', '유희성', '교훈성'이 있고, 형식적 특징은 '분량의 적절성', '대화의 간결성', '읽기가 아닌 공연을 위한 희곡'으로 파악하였다.

우리 아동문학의 보고인『어린이』지는 앞으로 개별 작품에 대한 깊이 있는 논의와 함께 동극을 쓴 개별 작가에 관한 연구가 필요하다. 예컨대 내용 면에서 교육적 가치가 높은 작품을 쓴 방정환, 마해송에 관한 연구나 가장 많은 동극을 쓴 정인섭이나 최경화에 관한 연구도 요청된다.

참고문헌

🔊 **기본 자료**

영인본『어린이』 1~10, 보성사, 1976.
「어린이 연극이 나와」,『매일신보』, 1913. 10. 15.,
「어린이 연극은 뎡지」,『매일신보』, 1913. 10. 24.
김중철 편(2002),『노래주머니』, 우리교육.

오판진(2009), 『교육연극 아동극집』, 정인출판사.

한국교원대학교서울교육대학교 국정도서국어편찬위원회(2012), 『국어 읽기 3-1』, ㈜미래앤.

📎 논문

권순철, 「한국 아동극 연구」, 중앙대학교 석사학위논문, 1989, 20면.

김영균, 「한국 교육극의 교육과정론적 고찰 : 국어과 교육을 중심으로」, 경희대학교 박사학위논문, 2004.

남진원, 「『어린이』지에 나타난 동요의 변화 과정에 관한 연구」, 관동대학교 석사학위논문, 1995.

류석환, '개벽사의 출판 활동과 근대잡지', 성균관대학교 석사학위논문, 2006, 27~47면.

박현수, '잡지 미디어로서 『어린이』의 성격과 의미', 〈대동문화연구〉Vol. 50, 성균관대학교대동문화연구원, 2005, 261~296면.

원종찬, '한국아동문학 형성 과정 연구 -『소년』(1908)에서 『어린이』까지-', 〈동북아문화연구〉 제15집, 동북아시아문화학회, 2008, 73~97면.

이민주, '1920년대 민간신문잡지를 통해서 본 언론 상황', 〈차세대인문사회연구〉 Vol. 2, 동서대학교일본연구센터, 2006, 199~216면.

이정석, 「『어린이』지에 나타난 아동문학 양상 연구」, 전남대학교 석사학위논문, 1993.

임지연, 「윤석중 아동극 연구」, 인하대학교 석사학위논문, 2010.

전원범, '한국 아동문학의 흐름과 앞으로의 과제', 〈아동문학평론〉, 아동문학연구원, 2008, 40~56면.

진선희, 「『어린이』지 수록 동시 연구(1)」, 『국어국문학』 제165호, 국어국문학회, 2013, 281~318면.

🔊 단행본

김상욱 외, 『한국아동청소년문학 장르론』, 청동거울, 2013.

오판진, 『가면극 연행 체험 교육론』, 박이정, 2013.

이재철, 『아동문학개론』, 서문당, 1983, 34~54면.

이재철, 『한국현대아동문학사』, 일지사, 1978.

조은숙, 『한국 아동문학의 형성』, 소명출판, 2009.

주평, 『교사를 위한 아동극 입문』, 백록출판사, 1975, 26면.

◀️ 이원수 아동극에 나타난 아동관

Ⅰ. 서론

이원수는 수많은 아동문학 작품을 남긴 한국아동문학계의 큰 별 가운데 하나이다. 그가 쓴 많은 작품들이 이를 뒷받침하고 있고, 아동문학을 연구하는 이들 또한 대부분 그의 업적을 높이 평가하고 있다.[1] 그런데 아동극(兒童劇) 분야에서는 그 위상이 높지 않아 지금까지 논의된 바를 찾는 것조차 쉽지 않은 실정이다. 예컨대 『이원수 아동문학전집』(19)에는 아동극이란 범주로 23편의 작품이 있지만, 교과서에 수록된 적이 있는 〈우리 선생님〉을 제외하고는 널리 알려져 주목받은 작품이 없다. 그래서 이 글에서는 이원수가 쓴 아동극을 검토하여 그 가치나 의의 등에 대해 논의함으로써 앞으로 그의 아동극에 관한 연구의 디딤돌이 되고자 한다. 이 연구의 구체적인 목적은 이원수가 쓴 아동극을 대상으로 하여 인물형과 거기에 담긴 이원수의 아동관이 무엇인지를 밝히는 데 있다. 이를 위해 이원수가 쓴 아동극에는 어떤 유형의 등장인물이 주로 나타나고 있는지를 분석하여 이원수의 아동관(兒童觀)을 구명하고자 한다. 모든 문학 작품이 인간에 관해 해명하고자 하는 것처

---

1 _ 이원수는 일생동안 동요, 동시 293편, 시 56편, 수필 172편, 동화 163편, 소년소설 56편, 아동극 23편, 아동문학론 97편 합께 860편을 발표하였다. 이주영, 「이원수의 문학과 사상 - 숲속 나라를 중심으로」, 『동화읽는 어른』12월호, 2000, 9쪽. 원종찬, 「이원수와 70년대 아동문학의 전환-한국아동문학가협회의 창립과 아동문단의 재편 과정」, 『문학교육학』제28호, 한국문학교육학회, 2009.

럼,[2] 아동극에서도 가장 중요한 것은 아동이란 무엇인가에 대한 논의이기 때문이다.

II. 이원수 아동극의 연구 대상

이 연구의 대상 텍스트는 이원수의 아동극 23편으로 『이원수 아동문학전집』(19)에 실려 있는 것으로 한정하였다. 이 작품들이 발표된 시기는 대략 1955년에서 1967년이라고 알려져 있지만, 발표 시기를 알 수 없는 것이 12편이나 되기 때문에 확언할 수는 없다. 전집에 표기된 아동극의 영역과 제목, 발표 시기를 표로 정리하면 아래와 같다. 무대극보다 방송극이 많은 것으로 나타나 있다.[3] 이런 사실을 통해 볼 때 이원수는 아동극에 대한 관심이 지대하여 아동극을 썼다기보다는 특정한 기회에 라디오 방송을 위해 필요한 대본을 요청받았고, 그 결과 이 방송극본들이 쓰여진 것으로 추정된다.

2 _ "문학 작품에 관한 모든 논의는 인간에 관한 이야기일 수밖에 없다. 설화나 아동 문학 속에 등장하는 주인공이 신(神)이나 동식물이라 해도, 거기에 표현되는 것은 인간의 감정, 모습, 이야기다." 김봉군, 『문학 작품 속의 인간상 읽기』, 민지사, 2002, 41쪽.

3 _ 이 글에서 아동극이란 아동을 대상으로 한 극문학에 대한 논의이므로 라디오대본뿐만 아니라 영화나 텔레비전 대본도 포함한다. "극문학은 희곡 · 시나리오 · 라디오극 · 텔레비전극 등으로 나뉜다." 김봉군, 앞의 책, 50쪽.

[표1] 이원수 아동극

	영역	제목	발표 시기
1	무대극	6월 어느 더운 날	연대 미상
2	//	산 너머 산	//
3	방송극	꼬마 미술가	1955년 HLKY 방송
4	//	음악회 전날에 생긴 일	1955년
5	//	우리 선생님	1957년
6	//	초록 언덕을 가는 전차	1959년 현대문학
7	//	소라 고동	1959년
8	//	그리운 오빠	1961년 HLKY 방송
9	//	어머니가 제일	1961년 HLKY 방송
10	//	그림책과 물총	1964년 방송 동극집
11	//	한양성에 뿌린 눈물	1967년 어깨동무
12	//	사랑의 선물	//
13	//	영희의 편지 숙제	연대 미상
14	//	매화분	//
15	//	노래하는 여름밤	//
16	//	8·15 해방의 감격	//
17	//	버스 차장	//
18	//	얘기책 속의 도깨비	//
19	//	눈 오는 밤	//
20	//	말하는 인형	//
21	TV극	나비를 잡는 사람들	//
22	//	썰매	//
23	대화극	골목대장	1958년 연합신문

III. 이원수 아동극의 등장인물 유형

1. 상처받은 아동

이원수 아동극에 등장하는 아동인물 가운데 대표적인 유형으로 '상처받은 아동'을 들 수 있다. 여기서 말하는 상처는 신체에 생기는 것도 있지만, 그것보다는 마음과 인생에 남아있는 아픔의 흔적을 말한다. 인물에게 상처가 생긴 원인을 살펴보면 개인사나 가족사 차원이라기보다는 우리나라 현대사의 비극적인 사건 등으로 인해 생긴 것이 많다.

이 유형에 해당하는 주요 등장인물로는 〈6월 어느 더운 날〉에서 1950년 6·25 전쟁에 참전한 상이군인(傷痍軍人) 아버지를 둔 만복, 〈산 너머 산〉에서 남북분단으로 인해 북에 있는 형을 둔 준식, 〈그리운 오빠〉에서 1960년 4·19 혁명 때 죽은 오빠를 그리워하는 영순을 들 수 있다. 이 유형의 아동들은 한국 근·현대사에 해당하는 역사적인 사건들과 관련된 상처와 아픔으로 괴로워하고 있다. 먼저 〈6월 어느 더운 날〉 가운데 한 부분에서 이를 살펴보자.

> 만복 영주가 날 보고 절름발이 절름발이 하고 놀려주길래 한판 싸웠지 않아? 자식이 막 권투로 날 치겠지? 견디다 못해 언덕에서 도망해 오다가 어찌나 분한지 큰 돌을 위에서 굴러 주었어. 그랬더니 돌에 치었나 봐. 아얏 소리가 나는 걸 듣고도 그냥 도망쳐 왔어.
>
> 정숙 (놀란 표정으로) 어머나! 얼마만한 돌인데?
>
> 만복 커.
>
> 정숙 그럼 왜 달아나니? 자세 보고 많이 다쳤음 데리고 내려가야잖아?
>
> 만복 그래야 할 걸 못 그랬단 말야. 놀러 나온 사람들이 날 보고 소릴 지르고 하길래 겁이 나서 ….
>
> (중략)
>
> 영주 아버지 (놀라움에 눈을 크게 뜨고) 아! 이건 정말 기적 같은 일이야. 이런 수도 있군. (벌떡 일어서서 만복 아버지의 두 어

깨를 꽉 붙든다.) 박 형! 오랜만이오. 싸움터에서 보고 이

제 처음 만나는구려! 어쩌면 한 지방에 살면서 그렇게도

몰랐을까! 내가 바로 그 소위, 지금은 나이만 먹은 하찮은

실업가 명 기원이오.

만복 아버지 (놀란 듯 일어서서 영주 아버지의 팔을 잡으며) 선생이

바로 그 소위? 아이구, 이게 정말 웬일입니까!

영주 아버지 전우는 죽지 않고 살아 남았구려. 비록 다리를 절기는 할

망정 우리 함께 생명은 꺼뜩도 하지 않고 살아 있구려.

반갑소.

(이하 생략)[4](밑줄 인용자)

〈6월 어느 더운 날〉에서 영주는 만복이 아버지가 다리를 절기 때문에 만복이를 절름발이라고 놀린다. 이런 영주의 놀림을 참지 못하고, 만복이는 영주의 다리를 다치게 만든다. 그런데 영주의 아버지는 영주가 비웃고 놀리던 대상인 만복 아버지의 도움으로 전쟁터에서 생명을 건졌고, 그 과정에서 다리를 다쳤다. 만복이와 영주가 이 사실을 알게 된다는 것이 중심 내용이다.

중심 내용은 6·25 전쟁의 비극이 참전군인은 물론, 그들의 자식들에게까지 이어지고 있다는 것이다. 이 아동극에서 영주라는 인물은 생각이 짧은 부정적인 인물로 그려지고 있는데, 그런 성격으로 인해 만복의 마음에 큰 상처를 주고 있다. 그러던 어느 날 우발적으로 만복은 분노가 폭발하여 영주의 다리를 다치게 한다. 전쟁에서 몸을 다친 상이군인

4 _ 이원수, 「얘기책 속의 도깨비」, 『이원수 아동문학전집』(19), 웅진출판, 1988, 13-27쪽.

들과 그 가족들의 아픔과 상처가 만복과 만복 아버지를 통해 나타나 있고, 영주를 통해서는 상이군인들과 그 가족에 대한 따뜻한 관심이나 대우는 고사하고, 멸시하거나 조롱하는 옳지 못한 현실이 표현되고 있다. 이렇듯 이 아동극은 아이들끼리 싸운 단순한 다툼이 아니고, 6·25 전쟁이라는 민족적 비극으로 인해 발생한 상이군인을 다룬 아동극이다.

개인적인 사건이 아니라 우리나라 전체의 역사와 관련된 커다란 사건으로 인해 상처를 받고 힘들어하는 인물이 등장하는 아동극에는 아래에 인용한 〈산 너머 산〉도 포함된다.

누나   너희 동무 집이냐? 이 판잣집이.

경호   쉬!

준식   (소리만) 어머니, 오늘 밤엔 팔러 나가지 않아서 어떡해요. 내일 쓸 약값도 모자라겠어.

어머니 (소리만) 괜찮아. 약만 자꾸 사다 먹으면 그만이냐? 너만 고생시켜서 미안하다. 인제 찹쌀떡 장수도 고만 둬야 해. 네 동무들이 알면 흉 잡히지 않겠니? 학교에서 찹쌀떡 장수, 찹쌀떡 장수하고 부르게 될까 봐 걱정이다.

준식   (소리만) <u>난 내일 노래 시험에 떨어질까 봐 걱정인걸요. 입구에 있는 형한테 내가 노래를 들려주지 못하게 되면 어쩌나 …그게 걱정이란 말예요.</u>

어머니 (소리만) 내가 어서 나아 일어나야 할 텐데. 에이그!

준식   (소리만. 준식, 노래 또 부른다.) (준식, 노래 부르고 있는 동안에)

경호   누나! 쟤가 라디오 방송을 하고 싶어서 선생님한테 말했다는 그 애야.

누나   음! 그래? 이북서 온 아이구나.

(이하 생략)[5](밑줄 인용자)

이 희곡에 등장하는 준식이와 경호는 같은 반 친구인데, 둘 다 노래를 잘하여 라디오 방송에 나갈 수 있다. 그렇지만 경호가 일부러 포기하고, 준식이 나갈 수 있도록 도와준다. 준식이가 라디오 방송에 나가 노래를 부르려고 하는 까닭이 자기처럼 단순하지 않다는 것을 알았기 때문이다. 경호의 이런 마음을 경호의 누나 또한 인정하고 지지한다. 그래서 겉으로는 준식이와 경호는 경쟁자처럼 보이지만 실상은 준식이가 라디오 방송에 나가는 것을 반대하는 인물이 없다는 것이 이 아동극의 특징이다.

준식이라는 아동을 통해 남과 북이 분단되어 서로 만날 수 없는 이산가족의 아픔을 상징적으로 보여주고 있다. 준식이 사는 집이 판잣집이라는 배경을 통해서 경제적으로 어려운 처지에 있는 것이 나타나고 있는데, 이보다 더욱더 큰 상처는 형과 헤어져 살아가는 현실이다. 준식이네 집의 이런 딱한 사정을 알고 있는 경호는 생각이 깊어서 라디오 방송에서 노래 부르는 기회를 준식에게 양보하고, 준식이 몰래 돕기까지 한다. 준식이 북한에 있는 형에게 노래를 부를 경우 준식과 그의 가족에게 위안과 격려가 되리라고 생각했기 때문이다.

〈그리운 오빠〉에는 1960년 4·19때 독재 정치를 무너뜨리기 위해 데모를 하다가 희생당한 오빠를 둔 영순이라는 어린이가 나온다. 4·19 혁명이라는 역사적인 사건의 의미와 과제 등이 제시된 대목을 살펴보면 아래와 같다.

---

5 _ 이원수, 앞의 책, 37쪽.

영순　오빠, 오빠가 죽고 난 뒤에야 독재 정치는 무너졌다오. 오빠 같은

　　　많은 학생들이 죽고 다치고 하면서도 싸워 주어서 민주주의 정

　　　치를 도루 찾게 됐다오.

오빠　그건 우리도 알고 있어요.

영순　알고 있음 왜 요새도 귀를 기울이구 있는 거야?

오빠　… 그건, 그건 왜 그러느냐면 …, 우리나라가 얼마만치 좋아졌나,

　　　누가 또 나쁜 짓을 하지나 않나 …, 그걸 알고 싶어서 그러는 거

　　　야.

　　　(중략)

영순　오빠, 걱정 말어. 잘 될 거야. 살아 있는 사람들이 정신차리고 잘

　　　해 나갈 거야.

오빠　영순이도 정신차리고 나라를 위하는 일을 해야 해. 독재가 나타

　　　나거든 싸울 각오를 해야 해.

영순　오빠, 걱정 말고 쉬어요.

　　　(이하 생략)[6](밑줄 인용자)

　이원수는 1960년 4·19가 일어난 그 다음 해인 1961년에 이 작품을 써서
HLKA방송에 발표를 한 것으로 기록되어 있다. 아동극에 시대 상황을 발
빠르게 반영하면서 우리나라 민주주의의 발전을 위해 노력한 모습을 확
인할 수 있는 대표적인 작품이라 할 수 있다.[7] 작가가 항상 시대의 흐름을

6 _ 이원수, 앞의 책, 111쪽.

7 _ 이오덕에 의하면 4·19 때 독재자에 항거하는 사람들의 이야기를 동화, 동시로 쓴 사람은 이원수
　　선생뿐이라고 했는데, 이 작품을 통해 이원수가 4·19를 배경으로 한 아동극을 썼다는 사실을 확
　　인할 수 있다.

주시하고 있었고, 역사적으로 높은 안목을 가지고 있었기 때문에 이처럼 상처받은 아동들을 통해 이를 표현할 수 있었다고 판단된다.

이 아동극에는 영순과 영순의 오빠를 통해 4·19 때 희생된 사람들의 의미와 가치 및 앞으로의 과제 등이 나타나고 있다. 하지만 여기서 영순이는 주체적으로 뚜렷하게 추구하는 것이 없고, 주변에 그와 뜻을 같이 하는 지지자가 있긴 하지만 반대하는 인물은 없다. 그래서 희곡이라 하기에는 갈등이나 인물 설정 등이 미흡하여 극적인 재미가 다소 부족한 한계가 있다.[8]

영순이는 오빠와의 대화를 통해 민주주의를 잘 지켜 나가기 위해 살아있는 사람들이 정신을 차리고 잘 해 나갈 거라는 다소 감상적이고 소극적인 기대치를 드러내고 있다. 그렇지만 영순의 오빠는 독재가 다시 나타나거든 싸울 각오까지 해야 한다며 더욱 적극적이고 뚜렷한 행동 방침까지 밝히고 있다. 이원수는 이 두 인물을 통해 우리나라에 민주주의가 정착되기 위해서 정치에 더욱 많은 관심을 가져야 하고, 필요할 때에는 희생도 해야 한다는 생각을 보여주었다.

---

8 _ 행위소 모델에 의하면 잘 만들어진 희곡에는 아래와 같은 요소들이 있고, 서로 팽팽한 긴장관계를 형성하고 있다.

　　(발신자)→(주체) →(수신자)
　　　　　　↓
　　(협조자)→(대상) ←(반대자)

A. Ubersfeld, 신현숙 역, 『연극기호학』, 문학과지성사, 1988, 66-76쪽. 안느 위베르스펠드의 행위소 모델은 그레마스의 행동자 모델을 바탕으로 하였다. 참고로 그레마스의 행위자 모델을 살펴보면 아래와 같다. 프롭의 불변소 목록과 수리오의 연극 상황 목록으로부터 구성하였다.

　　발신자 -------- 대상 --------- 수신자
　　　　　　　｜
　조력자 ------>주체<------- 대립자

김성도, 『구조에서 감성으로-그레마스의 기호학 및 일반 의미론의 연구』, 고려대학교 출판부, 2002, 208쪽 재인용. A. J. Greimas, Semantique Structurale(Paris : Larousse, 1966), p.180.

2. 생각이 깊은 아동

이원수 아동극에 등장하는 인물들 중에는 생각이 깊은 아동들이 많이 등장한다. 이들은 마음이 크고 성숙한 아동으로, 일반적인 어른보다 더 뛰어난 생각을 하는 아동들도 있다. 이렇게 생각이 깊은 아동인물들을 통해 작가가 가지고 있는 사상과 정서 등을 추론할 수 있다. 앞에서 인용한 〈산 너머 산〉의 경호나, 〈그리운 오빠〉에 나오는 영순의 오빠는 대표적인 인물이다. 실제로 이렇게 배려심이 강하고, 깊은 역사의식을 가진 아동들이 현실 속에 존재했는지는 중요하지 않다.[9] 이런 인물 유형을 통해 생각이 깊지 못한 아동들에게 모범을 보여줄 수 있다. 그리고 선의의 경쟁 속에서 양보할 줄도 아는 넉넉한 마음을 갖게 하는 디딤돌이 될 수 있다. 이렇게 생각이 깊은 아동을 아동극에서 조명함으로써 이를 참고하여 더욱 발전된 사회가 이루어지길 바랐던 작가의 바람이나 기대를 읽어낼 수 있다. 〈나비를 잡는 사람들〉에 나오는 영주 또한 생각이 깊은 인물이다.

> 정숙 (손등으로 눈물을 훔친다.) 난 정말 치료 안 받을걸. 다리병신이
> 돼도 좋아.
> 정숙 어머니 (달래는 소리로) 그래, 내가 뭐랬니? 만복이 아버지한테
> 서는 치료비 더 받지 않겠다고 하지 않았니? 내일 아침에
> 내가 만복 아버지 찾아가서 그렇게 말할 테니 걱정 말란
> 말야.

---

9 _ 아동극을 포함하여 문학이나 예술에서 추구하는 것은 실제 일어났던 '사실'을 보여주는 것이 아니라 현실 속 본질인 '진실'을 보여주는 것이기 때문이다.

정숙 (여전히 토라진 소리로) 어머닌 왜 첨부터 그렇게 말하지 못해

요? 어머닌 구두쇠야. 난 만복이 보기도 부끄러워 죽겠어.

정숙 어머니 애, 애, 그만둬라, 나도 인제 결심을 했어. 정숙이가 맘씨

가 착해. 어미보다 낫단 말야. 나 낼 아침에 만복 아버지

찾아가서 인젠 치료비 걱정 말라고 하겠다. 만일 치료비

를 물겠다면 네 말마따나 치료를 안 시키겠다고 해 줄께.

정숙 엄마, 정말 그러지?

정숙 어머니 암, 정말 아니구 …….

(이하 생략)[10](밑줄 인용자)

이 희곡 또한 인물들 사이의 갈등이 적대적으로 나타나지 않고 있다. 희곡에서 볼 수 있는 갈등은 인간의 욕망이 충돌하는 것인데, 여기서는 서로 다른 사람을 배려하면서 스스로 손해를 감수하려고 한다. 주인공인 정숙을 비롯하여 만복 아버지도 그러하고, 정숙 어머니 또한 정숙의 말에 쉽게 마음을 바꾸어 다른 사람에게 피해를 주지 않는다. 이런 인물들과 그들 사이의 관계로 만들어진 서사이기 때문에 희곡이라는 양식에 어울리지 않아 보인다.

정숙이는 만복 아버지의 연탄 손수레를 밀어주다가 그 손수레에 치여 다리를 다친다. 만복 아버지는 자신을 돕다가 다쳤기 때문에 정숙의 치료비를 주려고 하지만 만복이네 집안 형편이 좋지 않은 것을 알고 있는 정숙이는 절대 받을 수 없다고 말한다. 정숙 어머니는 만복 아버지가 치료비를 주시면 사양하지 않고 받을 생각이었는데 정숙이가 강하

10_ 이원수, 앞의 책, 295쪽.

게 고집을 부리자 포기한다. 정숙이의 이런 착한 마음을 알고 있는 만복 아버지와 만복, 냉차 장수는 정숙이를 위해 나비를 잡아 선물한다는 것이 희곡의 중심 내용이다.

다른 사람을 돕고, 배려하는 마음이 공동체를 형성하는 토대이고, 이 공동체를 원활하게 유지하는 데 필요하다는 것을 모르는 사람은 없다. 그렇지만 어떤 사람들은 생활하면서 이기심이나 다른 이유 때문에 공동체의 안녕과 평화를 위협하거나 간과한다. 그래서 정숙과 같이 깊이 생각하는 등장인물을 만나게 함으로써 아동 관객이나 독자가 타인을 생각하는 넓고 따뜻한 마음을 가질 수 있도록 하는 데 의미가 있다.

〈한양성에 뿌린 눈물〉에 등장하는 현룡이란 남자 아이 또한 5살이라는 나이와 어울리지 않게 어른스럽게 행동하며, 생각이 깊은 아동이다. 조선시대 위인 가운데 한 사람인 이율곡의 어린시절 모습을 보여주는 인물인 데 엄마를 생각하는 마음이 깊고 효성이 지극하다. 인물의 이런 성격이 잘 나타난 대목을 살펴보면 아래와 같다.

할머니 어서 집으로 가자. 어미도 널 기다리고 있을 게다.

현룡　할아버지들 혼이 계시니까 엄마 병 낫게 해 주시겠지? 나 한 시
　　　각이나 여기 꿇어앉아서 빌었어.

할머니 오! 착해라. 우리 현룡이가 정말 효자야. 이 할머니는 그걸 모르
　　　고 찾아만 다녔구나.

현룡　할머니, 할아버지들이 어머니 병 낫게 해 주실까?

할머니 낫게 해 주시겠지. 효자가 이렇게 빌었는데 안 돌봐 주실라구
　　　…. 어서 어미한테로 가자.

　　　(M…….)

해설　다섯 살짜리 어린이의 이 놀라운 정성. 이러한 정성을 조상님의
　　　혼령이 어찌 모른 체하겠습니까. 이 어린이는 뒷날 우리나라의
　　　유명한 학자가 된 이율곡입니다. 그리고 이 어린이가 그렇게 정
　　　성들여 병이 낫기를 기도한 어머니는 우리나라 여류 화가로 이
　　　름 높은 신 사임당 바로 그분이었습니다. 현룡 어린이는 그 후
　　　서울로 이사를 했습니다. 남달리 재주가 있어 그는 열세 살 때에
　　　어른들 틈에 끼어 과거를 보았습니다. 수많은 선비들이 들끓는
　　　시험장에 열세 살짜리 소년이 섞여서 답안을 쓰고 있을 때 …….

(이하 생략)[11](밑줄 인용자)

　다섯 살짜리 어린 아이가 어두컴컴한 사당 안에서 오랜 시간 꿇어앉
아서 어머니를 위해 조상님께 기도한 일이나, 열세 살 때 진사 시험에
장원 급제를 한 일 등은 이율곡이라는 비범한 인물의 모습을 보여주기
에 충분하다. 이원수는 이렇게 남다르게 생각이 깊고 어른스러운 아동
의 모습을 통해 이를 지켜보는 관객이나 독자가 더욱더 깊이 생각하고
행동할 수 있기를 바란다. 많은 사람들이 초등학생이었을 때 위인의 모
습을 본받아 자기 정체성을 형성했다는 사실에 비추어 볼 때 현룡이라
는 인물처럼 긍정적이고 생각이 깊은 등장인물의 모습을 연극으로 경
험하는 것은 매우 가치가 있다.
　현실 속에서 흔히 볼 수 없지만, 〈꼬마 미술가〉에 등장하는 정이 또
한 생각이 깊은 인물로, 자기주장을 끝까지 밀고 나가는 힘이 대단한
아동이다.

---

11 _ 이원수, 앞의 책, 153-154쪽.

어머니 어마나! 어쩌면!

정웅 어머니! 정이야, 정이!

어머니 이게…, 잠이 들었어. 이런 데서 들었어.

정웅 어머니, 정이를 깨워요.

어머니 애, 가만 있거라. 요것이 이런 데 엎드려 울다가 잠이 들었구나.
그런데 이건 뭐냐?

정웅 뭐예요?

어머니 <u>이것 좀 봐라. 여기 흙 위에다 뭘 이렇게 만들어 놓았니? 오오
라! 잔돌멩이들을 가지고 그림을 그려났어. 애! 정웅아, 이것
좀 봐. 이건 산이지 이건 나무! 이건 사람! 어쩌면 잔돌을 늘어
놓아서 이렇게 아름다운 경치를 만들었을까!</u>

정웅 <u>어머니, 정이가 울다가 이런 그림을 만들고 놀았나 봐요. 그러
다가 잠이 든 게죠.</u>

어머니 <u>그런 게지. 우리 정이의 그림 재주가 과연 그럴 듯 하구나.</u>

정웅 그러니까 어머니도 정이 그림 그린다고 너무 나무래지 마셔요.

어머니 글쎄 말이다. 네 동생 재주는 역시 그림에 있나 보다.

정웅 어서 깨우셔요. 감기 들겠어요.

어머니 그래. 애! 정아! 정아! 엄마 왔다. 일어나! 응!

정이 어머니! (깜짝 놀라는 소리)

어머니 정아! 집에 가자. 엄마 인젠 야단 안 하께.

정이 아, 어머니(반쯤 우는 소리). 여기가 어디야?

(이하 생략)¹²(밑줄 인용자)

12_ 이원수, 앞의 책, 58쪽.

〈꼬마 미술가〉에 등장하는 정이는 부모님의 말씀에 무조건 순종하지 않고, 자기 소질과 능력을 찾아내어 이를 고집 있게 주장하는 인물이다. 어머니가 집안 식구들 모두 공부를 잘 하는데 너는 왜 공부는 안하고 그림만 그리냐고 꾸중을 하신다. 그러자 정이는 화가 나서 집을 나간다. 그렇지만 정이는 집밖에서도 그림을 그려 결국엔 엄마의 마음을 돌려놓는다. 갖은 타박에도 굴하지 않는 정이의 모습과 아동들의 소질이나 희망은 생각하지 않고 자기 뜻대로 정이를 교육하려고 하는 엄마의 모습이 대조를 이룬다.

실제 가정에서 이런 갈등이 있을 때 아동이 부모를 이기는 경우는 매우 드물다. 그렇기 때문에 이 서사가 희곡으로써 의미가 있다. 현실과 다르면서도 바람직한 모습을 상정해 봄으로써 아동들의 미래가 어른들의 획일적인 생각으로만 결정될 수 없다는 것을 생각해 보게 하기 때문이다. 반대로 아동들은 이렇게 강한 고집을 나타내기 위해 스스로 자신에 대해 더욱 깊이 성찰하고, 노력하여서 부모를 설득할 수 있도록 해야 한다.

3. 성숙하지 못한 아동

두 번째 인물 유형과 상반되는 인물 유형으로 장난이 심하고, 생각이 깊지 못한 아동들이 있다. 일반적으로 아동이라면 대부분 이런 유형에 속할 터인데, 이원수가 바라본 성숙하지 못한 아동들의 특징은 비록 부족한 점이 있지만 심성만은 착하다는 데 있다. 아래에 인용한 〈매화분〉에 등장하는 철수와 영남은 이런 유형에 속한다.

철수   할아버지, 좋지 못한 장난을 하다가 그만 할아버지한테 그런 고생을 시켰어요. 용서해 주셔요.

할아버지 으음!

순옥　네가 그 허방다리 놓았구나. 그래 놓고 시치미 떼고 …

철수　미안하다. 우리집에 쓰지 않는 꽃분이 많아. 그래 어머니한테

　　　애기하고 하나 가져오기로 했어. 아! 저기 온다. (큰 소리로)

　　　영남아, 빨리 가져와.

순옥　어쩌면 그런 장난을 다 하니? 누굴 곯릴려고.

할아버지 수철이? 아니 철수라고 그랬겠다. 장난들을, 단단히 혼을 내

　　　줘야지. 그렇지만 구루마를 밀어 놀리노라고 애를 많이 썼으

　　　니 그만하면 혼도 났겠다. 허허.

철수　영남아, 이리 가져와.

영남　할아버지, 꽃분 쓰세요.

철수　애, 잘못했다고 말씀부터 드려!

영남　할아버지, 저희들이 죄를 지었어요. 용서해 주셔요.

할아버지 응. 너희 둘이서 허방다리를 놓았구나. 그랬으면 숨어서 구경

　　　만 하지 웬 꽃분은 가져왔어?

영남　숨어서 보았더랬죠. 그랬더니 저희들이 잘못한 생각이 들어

　　　서 ….

(이하 생략)[13](밑줄 인용자)

이 희곡의 중심 내용은 무거운 이사짐을 손수레에 실어 옮기고 있는

---

13 _ 이원수, 앞의 책, 191쪽.

할아버지와 손녀가 장난꾸러기들이 만든 허방다리[14]에 빠져 고통받는 사건을 중심으로 하고 있다. 장난이 심한 철수와 영남이는 할아버지와 순옥이를 통해 자신들의 잘못을 뉘우치고, 할아버지와 손녀를 도운 다음 잘못을 말하고 용서를 빈다. 아동들은 성숙하지 못하므로 한 순간 생각을 잘못할 수 있다. 그렇지만 그것이 잘못되었다는 것을 깨닫고 반성하는 것 또한 성인들과는 달리 어렵지 않다. 대체로 이 유형에 속하는 아동인물들은 비록 장난꾸러기이긴 하지만 마음은 여전히 따뜻하고 언제든지 개선될 수 있는 가능성이 있다.

처음에 철수와 영남은 길에 허방다리를 놓아 누군가 빠지면 재미있을 거라고 생각한다. 이런 장난을 통해 고통 받을 사람의 관점은 전혀 생각하지 않는다. 그러다 자신들의 장난으로 인해 피해를 보는 할아버지와 순옥이를 보면서 자신들의 장난이 지나쳤다는 것을 깨닫고, 자신들의 잘못을 뉘우치며 사죄할 방법을 궁리한다. 이렇듯 철수와 친구 영남이는 함께 장난을 모의하긴 하지만 곧바로 자신들이 잘못한 것을 깨닫고 뒷수습까지 깔끔하게 하는 인물이다.

〈말하는 인형〉에서 영숙이와 영민이 또한 이와 같은 유형에 속하는 인물이다. 오빠인 영민이는 동생 영숙에게 모형 비행기를 사주고자 모의를 한다. 인형이 말을 한다고 다른 아동들을 속여 돈을 모으고자 하는데, 쉽게 들통이 나고 만다. 그런데 이를 밝혀낸 아이들 중 한 명이 영민이와 영숙이에게 악의가 없다는 것을 알게 된다. 그래서 자기 집에 있는 모형 비행기를 영숙에게 주는 것으로 사건이 마무리된다. 아래에 인용한 대목에서 사건을 꾸미는 과정과 그 결과가 해소되는 과정을 확인할 수 있다.

---

14 _ 함정(陷穽)과 같은 말이다.

영민 　이 궤짝 속에 네가 들어앉아 있어야 해.

영숙 　내가 왜 궤짝 속에 들어가? 싫어.

영민 　그래야 돈 버는 거야. 안 들어가면 돈벌이가 안 돼. 모형 비행기
　　　 못 사는걸.

영숙 　그 속에 들어가서 뭘 하는 거야?

영민 　이 속에 들어앉아서 말을 하면 돼.

경구 　아주 쉬운 거다.

영민 　구경꾼이 오거든 말야, '안녕하세요, 나는 말하는 개올시다." 이
　　　 렇게 말을 하면 되는 거야.

경구 　그러면 모두 속아 넘어갈 것 아냐? 럭키가 말하는 줄 알고.

영숙 　<u>엥이! 난 싫어. 그런 것 안 해.</u>

영민 　<u>네가 안 하면 경구가 들어가서 할 걸. 그럼 돈 벌어서 경구하고
　　　 나하고 둘이서 논다. 너 모형 비행기 사는 데는 단 일 원도 안
　　　 줘. 그렇지, 경구야.</u>

　　　 (중략)

영숙 　오빠, 저 봐, 날 막 놀리지 않아? 모두 오빠 때문이야. 들키지 않
　　　 는다고 해 놓고 뭐야, 뭐야. 잉잉잉 ….

아이A 　(밖을 향해 큰 소리로) 너희들 잠깐만 기다려. 너희들은 큰소리
　　　 할 자격도 없단 말야. (혼잣말처럼) 누가 알아냈는데 저희들이
　　　 떠들어 …. (영숙을 보고) (카메라 ── 이동하여 아이A를 크게)
　　　 영숙이도 울 것 없지 뭐. 인형이 되기 … 싫음 내 말에 대답을 해.
　　　 네가 궤짝 속에 들어가서 그런 소리를 한 건 모형 비행기를 사고
　　　 싶어서라고 하지만 그건 거짓말이다. 계집아이가 누가 모형 비행
　　　 기를 갖고 싶어 하느냐 말이다. (카메라 ── 영숙에게 커트)

영숙   (어색한 얼굴로) 난 커서 여자 -- 비행사가 되고 싶은걸. 비행
      기는 꼭 남자들만 좋아하남? (눈을 흘긴다.)

아이B 인형이 날아다니면 그것도 재미있겠다. 날아다니는 인형 …. 야,
      멋지다.

영숙   (짜증을 내며) 오빠! 저런 소리 하는 애한테는 돈도 주지 마.

아이A 그까짓 30원 가지고 모형 비행기 사지도 못해.

영숙   오빠하고 둘이 돈 모아 가지고 살랴고 그러는걸.

아이A 영숙이가 정말 그렇게 좋아한다면 내가 하나 주지.

영숙   뭘?

아이A 우리집에 모형 비행기가 두 개나 있어. 우리 아저씨가 그것 만
      들어 파는 회사에 있거든.

(이하 생략)[15](밑줄 인용자)

영민이는 영숙이를 끌어들여 '말하는 인형' 계획으로 다른 아이들을
속인 후에 돈을 벌려고 하지만, 결국, 호기심이 강한 아이들인 아이A와
아이B 등에 의해 그 계획은 미수에 그치게 된다. 만약 어른들이 이런
일을 했다면 용서 받을 수 없는 큰 범죄가 되겠지만 이 희곡에서는 아
이들의 철없는 장난으로 이해되고 마무리된다.

이 과정에서 아이들의 순수한 마음과 미래의 꿈에 대한 강한 확신이
나타나 있다. 그리고 아이들은 서로가 서로를 존중해주며 돕는 기특한
모습을 보여준다. 아동들은 비록 잘못을 하기도 하지만 그것을 통해 자
신에 대해 더욱더 잘 이해하게 되고, 이런 과정을 거쳐 바르게 성장할

---

15 _ 이원수, 앞의 책, 263-278쪽.

수 있다는 아동에 대한 작가의 넉넉한 마음과 따뜻한 사랑, 기대 등을 확인할 수 있다.

<영희의 편지 숙제>에 나오는 영희 또한 성숙하지 못한 대표적인 인물이다. 아래에 인용한 대목에 그런 모습이 잘 나타나 있다.

영희   에이! 이게 뭐이 맛있다고 ----.

어머니   왜, 좋지 않으냐?

영희   미끈미끈해서 ----. 어머닌 괜히 이런 걸 뭣하러 해?

아버지   여보, 그 찬밥 남은 것 있거던 주오. 나 가루 음식은 싫여.

어머니   아이, 그런 줄 모르고 괜히 했네. 저녁 지어 드리게 좀 기다
       려요.

영희   나도 밥 먹을 테야. 어머닌 괜히 칼국순 뭐라고 했어?

영희   (낭독) 어머니가 미안한 얼굴로 부엌으로 나가시었습니다.
       부엌에는 칼국수를 만드느라고 벌여 놓은 그릇들이 보였습
       니다. 어머니는 그것들을 주섬주섬 집어 치우고 쌀을 이셨습
       니다. 그 때 어머니의 얼굴은 한없이 쓸쓸한 표정이었습니
       다. 저와 저의 아버지가 좋아할 줄 알고 만든 음식이었을 것
       입니다. 그런 것을 맛없다고 타박을 준 것이 어떻게나 마음
       에 언짢은지 모릅니다. 왜 저가 어머니한테 그렇게 섭섭해
       할 말을 했을까요?

선생님   오! 잘 썼다. 또 그 다음은 뭐였지?

영희   (낭독) 그 다음은, 이웃집에 다리를 저는 아이가 있는데, 조그
       만 일로 저와 다투었습니다. 그 애는 저를 보고 욕을 했습니다.

이웃 아이 너 까불지 마! 건방지다.

영희   뭐라구? 건방지다구? 내가 뭐이 건방지냐, 병신 기집애가 ….

이웃 아이   이게 정말 까불어? 누굴 병신이라구?

영희   그럼 뭐냐? 절름발이 절뚝절뚝 병신이지 뭐야?

이웃 아이 그래, 병신이다. 어쩔 테냐? 어쩔 테냐? (우는 소리)

영희   (낭독) 다리를 절기 때문에 사람 많은 곳에도 잘 나가려 들
        지 않는 아이였습니다. 다리병신인 걸 얼마나 슬퍼하며 지낼
        지 모릅니다. 그런 아이에게 제가 절뚝발이라고 욕을 한 것
        입니다. 저는 그 일이 생각할수록 후회가 되고 그 애한테 미
        안해서 견딜 수 없습니다.

선생님   영희의 숙제 편지는 참 잘 썼다. 그만하면 됐어.

(이하 생략)[16](밑줄 인용자)

영희는 자신을 위해 맛있는 저녁을 준비하려고 칼국수를 장만하신 어머니를 이해하지 못해 어머니에게 핀잔을 준다. 그리고 다리를 저는 이웃 아이의 아픔을 구실로 삼아 욱하는 마음에 '병신'이라는 말을 하는 생각이 깊지 못한 아동이다. 일부러 그렇게 말하려고 해서 그런 것은 아니지만 결국, 어머니와 이웃 아이에게 말로써 상처를 입힌다.

피아제와 인헬더의 연구에 의하면 만 7세 이후가 되어야 자기중심적 사고가 '탈중심적 사고(decentering)'로 전환된다고 한다.[17] 그래서 영희처럼 어머니와 이웃 아이의 마음을 헤아리지 못하고 자기 생각만 하는 것은 아동들에게는 흔히 일어나는 일임을 알 수 있다. 이런 언행이 어떻

---

16 _ 이원수, 앞의 책, 177-178쪽.

17 _ Piaget, J. & Inhelder, B., 김재은 역, 『삐아제의 兒童心理學』, 益文社, 1972, 102-103쪽.
     Piaget, J. & Inhelder, B., The Psychology of the child, New York: Basic Books, 1969.

게 문제인지를 깨닫고 뉘우치고 있다는 것은 매우 중요한 성장의 과정이며, 증거라고 할 수 있다. 이렇게 변화하는 인물의 모습은 이를 보는 관객들이나 읽는 독자 또한 자기 언행을 반성해 볼 수 있도록 유도하는 효과를 발휘한다. 부족한 점이 없는 아동들보다는 비록 이렇게 문제가 많을지라도 선한 마음을 가지고 있는 아동인물의 모습은 이를 읽거나 관람하는 아동들에게 교육적으로 큰 영향을 미친다. 그래서 이원수는 이런 유형의 아동에 주목한다.

4. 지식이 부족한 아동

네 번째 유형으로 아동극에 지식이 부족한 아동들이 등장한다. 〈사랑의 선물〉에 등장하는 소녀1과 〈얘기책 속의 도깨비〉에서 명준과 진이 그리고 〈8.15 해방의 감격〉에 나오는 영자가 대표적인 인물이다. 이 유형의 아동들은 지금 모르고 있거나, 스스로 깨닫지 못했던 역사적 사실이나 지식 등을 어른이나 다른 인물들을 통해 알게 된다. 먼저 〈사랑의 선물〉 가운데 한 대목에 등장하는 소녀의 대사를 살펴보자.

해설   1899년 서울 야주개, 지금의 당주동에서 출생한 방정환은 넉넉지 못한 가정에서 고생하며 자랐습니다. (중략) 1923년 3월 1일. 방전환 선생은 새로운 이름의 잡지를 냈습니다.

소년1   (낭독하듯이) 씩씩하고 참된 소년이 됩시다. 그리고 늘 서로 사랑하며 도와 갑시다.

방정환 그렇습니다. 다 같이 한 번 외어 봅시다.

소년소녀들   씩씩하고 참된 소년이 됩시다. 그리고 늘 서로 사랑하며 도와 갑시다.

방정환 이것이 이 잡지의 바라는 마음입니다.

소녀1 방 선생님, 이 잡지 이름이 참 이상해요. 어린이…. 어린이라고 했는데 ….

방정환 여러분은 어린이라는 말이 귀에 설지요? 그럴 것이오. 지금 이 때까지 어른들은 여러분을 아이라고만 했지 어린이라고는 하지 않았으니까요. 어린이란 말은 늙은이, 젊은이 하는 말과 같이 아이 어린 사람을 가리켜 부르는 이름으로 쓴 것입니다.

(이하 생략)[18](밑줄 인용자)

〈사랑의 선물〉은 방정환의 일생을 아동들에게 소개하고 있다. 여기에 있는 해설은 이 대목에서 뿐만 아니라 처음부터 끝까지 계속 등장하는 데 등장인물들의 말과 행동을 통해 전달하기 어려운 내용을 등장인물과 관객이나 독자에게 전달하는 장치이다. 그리고 등장인물 방정환은 희곡 속에서 등장하는 소년1, 소녀1에게 직접 설명하기도 한다. 이 것은 관객들이나 독자를 직접 상대하지는 않지만 그것과 크게 다르지 않는 교술적인 장치라고 할 수 있다. 특별히 강조하고 싶은 내용에 대해서는 위와 같이 소년소녀들에게 "다 같이 한 번 외어 봅시다."라고 하거나 밑줄 친 소녀1의 대사를 바탕으로 답변하는 형식을 취하면서 자기 생각을 자세히 설명하고 있다.

해설과 방정환은 설명하거나 알려주는 인물이고, 여기에 등장하는 소녀1이나 소년1 등은 어른인 방정환의 가르침을 전적으로 수용하는

---

18 _ 이원수, 앞의 책, 165-166쪽.

인물이다. 이 아동인물들은 등장인물의 이름이 없는 것을 통해 짐작할 수 있는 것처럼 특별한 성격을 갖는 인물이 아니라 해설과 방정환이란 인물을 통해 작가가 전달하고자 하는 바를 소극적이고, 수동적으로 받아들이는 인물이다. 이것은 방송극이라는 매체를 통해 특정한 인물에 대한 지식이나 그의 사상을 명확히 알릴 수 있는 조건을 최대한 활용한 사례라고 볼 수 있다. 아래에 인용한 〈얘기책 속의 도깨비〉라는 아동극에서도 이와 같은 인물이 등장한다.

> 명준·진이   (사방을 돌아보고) 도깨비님, 권총왕은 정말 갔어요?
>
> 도깨비 갔다, 갔어.
>
> 진이   아이 혼났어. 마구 쏠랴지 않아요?
>
> 명준   전 정말 죽는 줄 알았어요.
>
> 도깨비 그런 나쁜 놈을 왜 찾았느냐 말이다. 아예 가까이 하질 말아야
>   해. 그 만화책인가 하는 걸 사 보니까 이런 일도 생기는 거다.
>   알겠나?
>
> 명준   정말 도깨비 아저씨 말이 맞았어요. 인제 다신 그런 것 안 볼 테
>   여요.
>
> 진이   (만화책을 멀리 내던지면서) 에잇, 나쁜 책은 가라!
>
> 도깨비 허허허허, 이제야 알겠구나. 알았으면 됐어.
>
> (이하 생략)[19](밑줄 인용자)

이 희곡에 등장하는 명준과 진이는 각각 11세, 8세쯤 된 소년들이다.

---

19 _ 이원수, 앞의 책, 239-241쪽.

위에 인용한 대목에서 이 두 아동은 책장수의 만화책을 사서 그 속에 있는 권총왕을 불러냈다가 곤혹을 치르게 된다. 그때 마침 도깨비가 나타나서 아이들을 구해준다 것이 중심 내용이다. 밑줄 친 명준과 진이의 대사에서 알 수 있는 것처럼 이 희곡의 주제는 '만화책, 나쁜 책을 사 보지 말자'라는 것인데, 작가가 전하고자 하는 교훈이 잘 드러나 있다.

여기에서 명준이와 진이라는 인물은 자기 힘으로 어려움을 극복하지 못하고, 또 자신들의 잘못을 스스로 깨달아 새로운 안목을 형성하는 모습이 없다. 만화책 속에서 권총왕을 불러내는 것은 스스로 선택한 것이지만 그에게 괴롭힘을 당할 때 이를 해결할 힘은 전혀 없다. 그래서 아동들이 해야 할 사고와 판단을 도깨비가 대신 해 주고, 앞으로의 행동 방침까지도 친절하게 가르쳐주고 있다. 이런 유형에 속한 등장인물들은 자기 삶에 대해 주체적이지 못하고, 피동적인 모습을 보여주고 있다. 아래에 인용한 〈8·15 해방의 감격〉이라는 희곡에 등장하는 영자 인물 또한 같은 유형에 속한다.

이 　영자는 〈태극기〉를 배웠지?

영자 네, 〈우리나라〉에 대한 이야기의 〈태극기〉 말이죠? 6·25 때 이야기예요.

이 　6·25 때 이야기였지. 그리고 그 이야기는 우리나라를 위해서 우리가 어떤 마음으로 살아야 하느냐에 대해서 공부가 되었을 거야. 그런데 오늘은 8·15 때 내가 겪은 일을 이야기해 볼까 하는데, 영자는 그 때 아직 나지도 않았을 테니까 아주 옛날 얘기 같겠지만 그리 먼 옛날은 아니야.

영자 8·15 해방은 그러니까 18년 전이지요?

이   그렇지.

영자 우리나라는 4천년 역사를 가진 나라니까 18년쯤은 아주 어제 같
　　　은 거죠, 뭐 -----.

이   나라를 사랑한다는 것, 즉 애국이라는 것은 왜 우리들이 해야 하
　　　는 일인가? ---- 이걸 잘 알아야 해요. 나라를 사랑하는 것은
　　　국민의 '도리'니까 한다 ----, 이런 생각만으로서는 옳은 애국
　　　이 되기 어려워요.

(이하 생략)[20](밑줄 인용자)

'이'라는 인물은 나오는 이들에 '이(李)'라고 되어 있어서 이씨 성을 가
진 성인이다. 그런데 아동극을 쓴 이원수의 성씨가 이씨이기 때문에 작
가 자신을 지칭하는 것으로 짐작할 수도 있다. 이 아동극에서는 '이'라는
성인이 등장하여 영자라는 아동에게 일제강점기 겪었던 자기 경험을 들
려주고 있다. 그 경험의 중심 내용은 3·1 운동과 일제의 수많은 악행 등
을 알리는 것과 함께 해방된 나라에서 애국과 건설을 하는 것이 중요함
을 강조하고 있다. 연극적인 내용 전개나 형식적 장치가 미흡하고 단순
하게 대화를 주고받는 방식으로 훈육을 하고 있어서 극적인 재미나 긴
장감이 다소 부족하다. 그리고 영자라는 아동의 성격을 보면 개성이 나
타나지 않고, 다만 '이'의 주장을 들어주는 수동적인 역할에 머물고 있다.

---

20 _ 이원수, 앞의 책, 206-207쪽.

Ⅳ. 이원수 아동극에 나타난 아동관

앞에서 살펴본 바와 같이 이원수는 그의 아동극에서 '상처받은 아동', '생각이 깊은 아동', '성숙하지 못한 아동', '지식이 부족한 아동' 이렇게 네 가지 아동 유형을 주인공이나 주요 인물로 삼아 아동들의 삶과 고민을 담아냈다. 물론, 이 네 가지 유형이 그가 주목한 전부라고 할 수는 없겠지만, 연구자의 분석에 의하면 가장 두드러진 유형이다. 이런 네 가지 인물 유형을 분석하여 이원수가 나타내고자 한 바를 추론함으로써 그의 아동관을 살펴보도록 하자.

1. 위로와 격려가 필요한 아동

먼저 '상처받은 아동' 유형에서 추론할 수 있는 것은 아동들 또한 성인들과 마찬가지로 역사와 시대의 아픔을 간직하고 있어서 아동들이 받는 상처에도 관심을 가져야 한다는 견해이다.[21] 역사적인 시련으로 인해 고통 받는 사람에는 성인이나 당사자만 있는 것이 아니라 그들의 자녀까지도 포함된다. 그래서 가족과 마을, 국가 공동체에서 이런 고통 속에서 괴로워하는 아동을 따뜻하게 감싸주고 위로해 줌으로써 그들이 건강하게 성장할 수 있도록 도와야 한다고 주장한다.

6.25를 비롯하여 남북 분단과 관련된 배경이나 소재를 다룬 아동극을

---

21 _ "적어도 아동들의 생활에 영향을 주고 있는 사회적인 모든 현상에 대해서 무관심하거나 아동들이 받는 박해에 대해서 눈감을 수 있는 작가가 아무리 아동을 아름다운 것으로 그리고 그들의 미행(美行)을 찬양하는 글을 썼다 한들, 거기서 느껴지는 것은 위선적인 것 아니면 몸서리 쳐지는 비정 그것이 아닐 수 없다. 이원수, 「아동문학의 문제점」, 『아동문학입문』, 소년한길, 2001, 225-226쪽.

쓴 작가로는 이원수 외 다른 작가도 적지 않다. 그렇지만 다른 작가의 작품에 나타난 반공주의, 냉전주의적 관점과 이원수의 관점은 뚜렷하게 구별된다. 여기에서 이데올로기보다 인간 자체를 중시하는 휴머니즘적 아동관을 추론할 수 있다.

2. 인격체로 인정받는 아동

이원수가 주목한 두 번째 아동 유형인 '생각이 깊은 아동' 유형들은 아동들을 미숙한 존재가 아닌 성인과 다름없이 존중받아야 할 하나의 인격체로 보고 있는 이원수의 아동관을 짐작할 수 있다. 아동 스스로 어떻게 살아야 할지에 대해 깊이 생각하고 이를 현실 속에서 구현하는 모습을 보면 어른들이 돌봐주어야 하는 연약한 존재와는 확연하게 차이가 난다. 오히려 어른과 다름없거나 아니면 어떤 경우에는 어른보다 나은 생각과 행동을 함으로써 이 사회의 든든한 구성원 가운데 한 명이라는 사실이 분명하게 나타나 있다.

3. 성장하는 아동

'성숙하지 못한 아동'들은 어떤 상황에서는 부족하거나 문제가 있는 행동을 하기도 하고, 또 다른 장면에서는 바람직한 행동을 하기도 한다. 특히 부정적인 행동을 포함해서 심한 경우 악행을 하는 아동도 있다. 그러나 이 인물들을 섣불리 악인이라고 단정 지을 수 없다. 그 까닭은 성인극에 등장하는 것과 같은 악인형 인물과는 매우 다른 모습을 보여주고 있기 때문이다. 부족하거나 문제가 있는 아동들에게도 선한 본

성은 있고, 그것이 오히려 더 크다는 믿음, 그리고 문제가 되는 말과 행동에 대해 스스로 잘못을 깨닫고 이를 바로잡을 수 있다는 것을 깊이 신뢰하고 있기 때문이다. 이런 점에서 그의 아동극에는 낭만주의적 아동관이 나타나 있다.

V. 이원수 아동극에 나타난 아동관의 함의

앞에서 살펴본 바와 같이 이원수가 쓴 동화나 소년소설에서 볼 수 있는 적극적이고 능동적으로 시대의 문제를 해결하는 아동상이 아동극에서는 발견되지 않는다.[22] 그런데도 이원수의 아동극에는 휴머니즘, 인격체로의 존중, 낭만주의적 아동관 등이 '총체적'[23]으로 나타나고 있다. 이런 총체성이 이원수 아동극에 나타난 아동상의 미덕이라고 할 수 있다. 즉 특정한 부류의 아동에 편중되지 않고, 당대 현실 속에서 살아가는 다양한 계층의 아동들에게 관심을 가졌다는 점이 그것이다. 2011년 대한민국 초등학교에서는 일제고사, 국제중 등으로 대변되는 학과 성적에 대한 지나친 강조와 이와 관련된 경쟁 풍조는 자칫 다양한 아동들의 여러 가지 특장(特長)들을 간과하게 할 수 있어 많은 비판을 받고 있다. 그런데 일찍이 이원수의 아동극에서는 이런 문제들을 극복할 수 있는 아동관 즉 아동들을 총체적으로 바라보는 안목이 잘 나타나 있고, 이 점을 오늘날 깊이 되새길 필요가 있다.

---

22 _ 오판진, 「이원수의 '메아리 소년'에 나타난 통일지향성」, 『문학교육학』제10집, 한국문학교육학회, 2002, 294-305쪽.

23 _ "총체성이란 주지하다시피 삶의 다양성과 삶의 구체성과 삶의 구조성을 형상화된 언어로 드러낸 것을 의미한다." 박인기, 『문학교육과정의 구조와 이론』, 서울대출판부, 2001, 253쪽.

앞에서 살핀 바와 같이 이원수의 아동극은 그가 쓴 다른 장르의 아동 문학 작품들과 마찬가지로 분단을 극복하고, 독재정권의 부당함을 거론하는 등 해방 이후 민족, 민주, 민중의 이념을 지향한 리얼리즘 아동 문학의 한 줄기라는 점은 분명하다.[24] 그래서 이원수 아동극 또한 동시, 동화, 소년소설 등에서 그가 표방한 역사의식과 시대정신, 민주주의와 통일에 대한 열망 등이 작품으로 잘 형상화되었다고 평가할 수 있다.

앞에서 제시한 표와 같이 이원수가 쓴 아동극의 영역을 살펴보면, 무대에서 공연되는 것을 전제로 한 희곡은 두 편이고, 텔레비전용 희곡이 두 편, 그 외 대화극이 한 편인 반면, 라디오 방송용으로 쓴 것은 18편으로 가장 많다. 여기에서 그가 쓴 대다수의 아동극이 라디오 방송용이라는 특이점이 발견된다. 아동극이 무대가 아닌 라디오에서 실현되는 것을 전제로 함으로써 들려주는 측면, 다시 말해 서사적 성격이 강해졌고, 보여주는 연극적 특성이 약화할 수 있었다고 짐작된다.

더불어 이원수의 아동극 중에는 소년소설이나 동화와 장르를 넘나들었던 작품도 발견된다. 〈얘기책 속의 도깨비〉와 〈초록 언덕을 가는 전차〉가 그것인데, 전자는 〈도깨비와 권총왕〉이란 이름으로, 후자는 동명의 소년소설로 발표되었다.[25] 전자는 어느 것이 먼저 만들어지거나 발표되었는지 알 수 없지만, 〈초록 언덕을 가는 전차〉의 경우는 1959년에 아동극으로 만들어져 라디오로 방송되었고, 그 후 1963년에 소년 소설로 출판되었기 때문에 아동극이 먼저이다. 이 사실을 통해 볼 때

---

24 _ 원종찬, 「이원수와 70년대 아동문학의 전환-한국아동문학가협회의 창립과 아동문단의 재편 과정」, 『문학교육학』제28호, 한국문학교육학회, 2009, 521쪽. 박종순, 「이원수 아동문학의 리얼리즘 연구」, 창원대학교대학원 박사학위논문, 2009.

25 _ 이원수, 『(이원수 소년소설집) 초록 언덕을 가는 전차』, 계진문화사, 1963, 154-172쪽. 이원수, 김중철 엮음, 『도깨비와 권총왕』, 웅진출판, 1999, 86-101쪽.

이원수는 아동극의 장르적 특성보다는 아동문학 전체 속에서 아동극을 바라보았으며, 필요에 따라 아동극이나 소년소설 등의 장르를 서로 융통성 있게 넘나들었다는 것을 알 수 있다. 오늘날 소설과 희곡, 시나리오, 만화, 뮤지컬 등이 같은 내용이면서도 서로 자유롭게 장르를 넘나드는 것을 쉽게 볼 수 있는데, 이것과 유사한 현상이다. 이런 사실을 통해 이원수는 아동문학 장르의 특성보다는 아동상을 중심에 놓고 아동극을 만들었다는 것을 추론할 수 있다.

VI. 결론

이원수는 1950년대와 60년대 역사의식과 시대정신이 반영된 뛰어난 아동극을 다수 창작하였다. 이원수 아동문학전집에 실려 있는 23편의 희곡이 대표적인데, 이 작품들을 분석의 대상으로 하여 주요한 인물 유형으로 분류해 본 후에 거기에서 추론할 수 있는 작가의 아동상에 대해 소략하게나마 논의해 보았다.

이원수의 아동극에 나타난 특징적인 아동 유형에는 '상처받은 아동', '생각이 깊은 아동', '성숙하지 못한 아동', '지식이 부족한 아동' 이렇게 네 가지가 있다. 그리고 여기에 담긴 이원수의 아동관에는 휴머니즘, 낭만주의, 인격체로의 존중 등 긍정적인 아동관이 주로 나타나고 있다. 앞으로 이원수의 아동극에 대한 본격적이고 깊이 있는 연구가 이어지길 기대해 본다.

참고문헌

자료

이원수,『이원수 아동문학 전집』(19) 아동극 얘기책 속의 도깨비, 웅진출판
　　주식회사, 1984.

국내외 논저

김봉군,『문학 작품 속의 인간상 읽기』, 민지사, 2002.

김상욱,「정치적 상상력과 예술적 상상력 - 이원수의『숲속나라』연구」,『청
　　람어문교육』제28집, 청람어문교육학회, 2004.

김성도,『구조에서 감성으로-그레마스의 기호학 및 일반 의미론의 연구』,
　　고려대학교 출판부, 2002

박인기,『문학교육과정의 구조와 이론』, 서울대출판부, 2001.

박종순,「이원수 아동문학의 리얼리즘 연구」, 창원대학교대학원 박사학위
　　논문, 2009.

오판진,「이원수의 '메아리 소년'에 나타난 통일지향성」,『문학교육학』제10
　　집, 한국문학교육학회, 2002.

원종찬,「이원수와 70년대 아동문학의 전환-한국아동문학가협회의 창립과
　　아동문단의 재편 과정」,『문학교육학』제28호, 한국문학교육학회, 2009.

이원수,「아동문학의 문제점」,『아동문학입문』, 소년한길, 2001.

_____,『(이원수 소년소설집) 초록 언덕을 가는 전차』, 계진문화사, 1963.

_____, 김중철 엮음,『도깨비와 권총왕』, 웅진출판, 1999.

이주영,「이원수의 문학과 사상 - 숲속나라를 중심으로」,『동화읽는 어른』12
　　월호, 2000.

Ubersfeld. A., 신현숙 역,『연극기호학』, 문학과지성사, 1988

Piaget, J. & Inhelder, B., 김재은 역,『삐아제의 兒童心理學』, 益文社, 1972.

Piaget, J. & Inhelder, B., *The Psychology of the child*, New York: Basic
　　Books, 1969.

◀▸ 아동극 번안의 원리

Ⅰ. 서론

우리나라 아동극이 활성화하기 위해서는 다양한 조건이 충족되어야 한다. 그 가운데 아동극 대본이 풍부해야 한다는 것도 큰 비중을 차지한다. 그리고 그 아동극 대본은 다양한 주제와 소재를 다루면서도 질과 양 두 측면에서 모두 적절하고 충분해야 한다. 다시 말해 시간과 공간을 기준으로 하더라도 과거와 현재, 미래를 다룬 대본이 많아야 하고, 국내는 물론, 외국의 작품 또한 다양하게 번역되어 아동극 대본의 양을 축적해야 한다.[1] 그래야 공연하는 시기와 장소, 대상 등을 고려하여 적절한 대본을 선택하여 사용할 수 있기 때문이다. 그러나 우리 아동극 대본의 현황을 살펴보면, 국내 대본은 물론, 외국 대본 또한 미흡하다. 그래서 아동극을 평가할 때 우선 대본의 수준이 낮아 관객이나 비평가에게 좋은 평가를 받지 못하고 있다. 그런데 극단 학전을 이끄는 김민기의 아동극은 관객과 비평가에게 호평을 받고 있다. 그래서 그가 번안한 대본을 연구하여 그 원리를 찾아봄으로써 이 분야에 관심을 두는 사람에게 도움을 주고자 한다. 이 논문에서 다루고자 하는 대상은 김민기

---

1 _ 우리와 다른 문화권에서 이루어졌지만, 우리에게 귀감이 되는 아동극 공연을 살펴보는 것은 우리 아동극의 발전을 위해 도움이 되기 때문이다. 2013년 아시테지 여름축제 심포지엄에서 발표한 김민기는 독일 아동극을 번안하는 이유에 관해 다음과 같이 말했다. "독일 아동극계의 경험을 배우기 위해서다. 그립스 극단(GRIPS Theater)은 우수한 아동청소년극을 해왔는데, 그들이 축적한 것을 공부하게 되면서 번안을 하게 되었다((사)국제아동청소년연극협회 한국본부, 2013)."

의 아동번안극 가운데 하나인 〈우리는 친구다〉이다.

극단 학전의 김민기는 오랫동안 노래와 뮤지컬 등 여러 분야에서 인정받는 작업을 해 왔다. 주로 성인 대상의 활동을 해 온 것으로 알려졌지만, 아동극 공연에도 큰 관심을 두고 새로운 작업을 꾸준히 진행해 왔다.[2] 특히 번역극 가운데 번안극이라는 갈래를 선택하여 활발하게 개척함으로써 우리 아동극의 장을 확장하는 데 기여했다.[3] 성인을 대상으로 한 뮤지컬 〈지하철 1호선〉이 한국연극사에 한 획을 그었다는 평가를 받았는데, 이 작품이 번안극이라는 것은 널리 알려진 사실이다. 〈지하철 1호선〉의 이런 성과 또한 아동번안극에도 전이될 수 있다고 보고, 〈지하철 1호선〉에 대한 기존의 연구 성과도 검토하여 이 연구의 기반으로 삼았다(김미도, 2001: 266-267; 임인경, 2009; 장미진, 2004).

이 글에서 주목하는 〈우리는 친구다〉는 독일 '그립스(Grips) 극단'[4]의 원작 〈Max und Milli〉를 번안한 것이다. 이 작품은 학전 관계자에 따르면 극단 학전에서 번안한 여러 아동극 가운데 가장 우수하다고 자평하고 있으며, 공연을 관람한 관객들의 반응과 관객 인원 또한 이런 평

2 _ 2013년 아시테지 여름축제 심포지엄에서 김민기가 말한 바에 의하면, 극단 학전에서는 아동극 한 작품을 할 때마다 5천만 원에서 1억 원 상당의 적자를 보고 있다고 한다. 그러나 그는 앞으로도 계속 아동극을 공연할 예정이라고 한다. 우리 아동청소년에게 좋은 공연을 보여주고 싶어하는 김민기의 열망 또는 사명감을 엿볼 수 있다.

3 _ 김민기가 번안한 아동청소년극에는 〈우리는 친구다〉, 〈무적의 삼총사〉, 〈고추장 떡볶이〉, 〈슈퍼맨처럼〉, 〈더 복서〉, 뮤지컬 〈굿모닝 학교〉, 뮤지컬 〈모스키토〉가 있는데, 그 가운데 아동극은 〈우리는 친구다〉, 〈무적의 삼총사〉, 〈고추장 떡볶이〉, 〈슈퍼맨처럼〉이 있다.

4 _ "비평가와 보수적인 정치가들이 초기에 보인 적대감에도 불구하고 이 극장은 오늘날 독일에서 전성기를 구가하고 있을 뿐만 아니라, 국제적으로도 가장 유명한 청소년극장으로 손꼽히게 되었다. 그립스 테아터의 작품들은 전 세계적으로 1300여 회에 걸쳐 연출되었을 뿐만 아니라 42개국의 언어로 번역되었다."(이승진, 2007)

가를 뒷받침해준다고 했다.[5] 아울러 '개구쟁이'라는 어린이극 비평 모임의 회원들 또한 〈우리는 친구다〉를 좋은 작품이라고 평가하였다.[6] 그래서 이 글에서는 김민기가 만든 아동번안극 가운데 〈우리는 친구다〉를 분석하여 아동극 번안의 원리를 탐구하고자 한다.

II. 아동극 번안의 개념

연극 대본을 쓴 극작가의 국적을 기준으로 대본의 유형을 분류할 때 극본을 쓴 사람이 자국인인지 아닌지를 보면 창작극(創作劇)과 번역극(飜譯劇)으로 나눌 수 있다. 창작극은 국내 작가가 쓴 희곡을 말하고, 번역극이란 외국 작가가 쓴 희곡을 우리말로 바꾼 것이다. 다시 말해 번역극은 우리나라 말이 아닌 대사로 쓰인 희곡을 우리말로 번역하여 우리나라 관객의 이해를 돕기 위해 공연하는 연극을 말한다.[7] 이처럼 타국의 언어로 된 희곡을 자기 나라 언어로 옮겨서 상연하는 극은 번역극이라 할 수 있는데, 창작극의 상대 개념으로 사용하고 있다. 번안극(飜案劇)은 이런 번역극 가운데 한 유형이다. 번안극은 먼저 희곡의 의미를 해석하여 번역한 다음에 번안자의 의도에 의해 자국에서 쉽게 이해할

---

5 _ "김민기가 번안한 아동극 가운데 가장 우수한 것을 대상으로 하여 연구를 하고자 한다. 어느 것이 가장 잘 된 것이라고 보느냐?" (극단 학전 관계자 인터뷰 내용, 2013년 2월. 대학로 학전 사무실)

6 _ 어린이극에 관해 비평하는 단체로 출판사 보리에서 펴내는 월간지 『개똥이네 집』에 어린이극 리뷰를 기고하고 있다. 2013년 3월호에서 회원 5명의 올챙이평을 살펴보면 다섯 명 가운데 세 명이 4개, 두 명이 3개를 주었다. 다른 호에 실린 공연평과 견주어 매우 좋은 평가라고 할 수 있다(개구쟁이, 2013).

7 _ 번역극이란 외국의 희곡을 그대로 자기 나라 말로 바꾸어 공연하는 연극을 지칭한다.'(국립국어연구원, 1999: 2628)

수 있는 언어로 표현한 것이기 때문에 어느 정도 각색이 이루어진 극이다.[8] 즉 외국의 희곡을 번역하되 원작의 줄거리나 사건은 그대로 두고 시대적 배경, 풍속, 인명, 지명 따위를 자기 나라 풍토에 맞게 바꾸어 상연하는 것이 번안극의 특징이다. 번역극과 번안극의 차이를 살펴보면, 번역극은 원작의 인물과 사건 배경을 바꾸지 않고, 번안극은 그것을 바꾸어 공연하는 것을 말한다.

일반적으로 번안이란 원작의 내용이나 줄거리는 그대로 두고 풍속, 인명, 지명 따위를 시대나 풍속에 맞게 바꾸어 고치는 것을 말한다(국립국어원, 1999: 2628). 우리나라에서는 번안 가요나 번안 문학 등의 용어를 널리 사용하고 있다. 번안 문학의 하위 유형에는 번안 시, 번안 소설, 번안 희곡 등이 있다. 외국에서 만들어진 원작을 우리나라에 맞게 바꾸어 고친 것이 번안에서 가장 중요한 특징이다. 이윤택에 의하면 번안이란 해외극을 자국의 공연양식으로 수용하는 과정에서 다시 고쳐 쓰는 대본작업이며, '지금-이곳-우리'라는 준거를 원리로 삼아 번안이 이루어져야 한다고 주장했다(이윤택, 1999).

우리나라 희곡 가운데 번안된 사례를 살펴보면 1908년 구연학(具然學)이 스에히로 뎃초(末廣鐵腸)의 〈셋츄바이(雪中梅)〉(1886)를 〈설중매〉로 출간한 사례가 있고, 조중환(趙重桓)이 1912년 도쿠토미 로카(덕부노화)의 〈호토토기스(불여귀)〉(1898~1899)는 〈불여귀〉로, 1913년 오자키 고요(尾崎紅葉)의 〈곤지키야샤(金色夜叉)〉를 〈장한몽(長恨夢)〉으로 번안하였다. 또한, 김재석에 의하면 한국 최초의 근대 희곡이고, 일

---

8 _ '번안극이란 외국의 희곡을 원안으로 하되 풍속, 인명, 지명 따위를 자기 나라에 맞게 고치어 공연하는 연극을 말한다.'(국립국어연구원, 1999: 2628)

간지에 제일 먼저 연재된 〈희극 병자삼인〉 또한 이토 오츠(伊東櫻州)의 〈희극 우승열패(喜劇優勝劣敗)〉를 원작으로 한번안희곡이다(김재석, 2005). 이렇듯 1910년대 한국 연극계는 일본 희곡 번안과 밀접한 관련이 있었다. 당시 연극계에 신파극이 나타나 새로운 흐름을 만들기 시작하였는데, 우리에게 부족한 희곡에 관한 관심이 향상되었고, 신파극이 전성기를 맞을 수 있게 되었다.

한편 번역극은 외국의 작품을 우리말로 똑같이 옮긴 것이며, 가능하다면 원작자가 썼던 원작 그대로 번역한 작품을 지칭한다. 그러나 앞서 살핀 바와 같이 번안극은 번역자가 사는 나라의 실정에 맞게 바꾼다는 점에서 다르다. 〈지하철 1호선〉은 그 원작인 〈Line 1〉을 알아보기 힘들 정도로 바꾸었다. 그래서 번안의 대표적인 사례라 할 수 있다. 원작과 크게 다름에도 불구하고 〈지하철 1호선〉은 독일 극단이 만든 원작과 견주어 새로운 극이라고 할 만큼 훌륭하다는 평가를 받았다.[9] 많은 번역극이 원작의 명성에 흠집을 내지 않을까 하는 부담감을 안고 있지만, 〈지하철 1호선〉은 오히려 원작을 뛰어넘는 훌륭한 작품이라는 칭찬을 받은 만큼 김민기는 남다른 번안 능력이 있는 것으로 판단할 수 있다.

---

9 _ 김민기가 지하철 원작자로부터 로열티를 받지 않고 공연할 수 있게 된 까닭은 그가 번안한 대본이 원작을 뛰어넘는 훌륭한 작품이라는 파격적인 평가를 받았기 때문이라는 것은 연극계에 널리 알려진 사실이다.

III. 아동극 번안의 원리

1. 원작과 번안 작 분석 및 평가

1) 번안 작의 개요 검토

원작과 번안 작의 줄거리는 유사하다. 극본의 핵심이 되는 중심 사건이 같고, 중심인물의 성격 또한 비슷하다. 번안 작인 〈우리는 친구다〉의 줄거리를 요약하면 다음과 같다.

[표 1] 번안 작의 개요

토요일 늦은 밤, 초등학교 3학년생인 민호는 아이들 방에서 잠을 이루지 못하고 있다. 민호를 재우려는 엄마에겐 이사 때문에 정리해야 할 집안 일이 많고, 민호가 잠을 자지 않아 고민이다. 일요일 낮 동생이 외가집에서 돌아오자, 민호는 동생과 이층침대에서 티격태격한다. 일요일 오후 놀이터에서 장남감 총을 든 뭉치와 처음 만난 민호와 슬기는 다툰다. 민호와 슬기 오누이는 가상의 고슴도치를 통해 뭉치를 속여 이긴다. 일요일 밤, 아이들 방에서 민호는 장난감 총을 사달라고 엄마에게 졸라댄다. 엄마가 외할머니 만나러 가자 오누이는 귀신 얘기를 하며 놀다 잠든다.

월요일 오후 놀이터에서 민호는 뭉치의 장난감 총과 자기 자전거를 바꾼다. 그들의 부모님이 이 사실을 알고 아이들을 야단친다. 화요일 오후 놀이터, 슈퍼에 엄마 심부름을 가던 민호는 뭉치를 만나고, 열쇠를 잃어버린 뭉치를 돕기 위해 물건 살 돈을 뭉치에게 준다. 화요일 저녁 식사 전 아이들 방, 민호 엄마는 뭉치에게 민호가 돈을 준 사실을 알고 추궁하여, 곧 모두 알아낸다.

수요일 오후 놀이터, 민호와 슬기, 뭉치는 돈 벌 궁리를 한다. 퀴즈 프로, 은행 강도, 구걸, 가수, 연극, 볼거리 만들기를 생각하고 연습을 해 보기도 한다. 수요일 늦은 오후 아이들 방, 민호 방에서 세 어린이가 함께 논다. 민호 어머니가 뭉치네 집 위치를 물어보신 후에 가신다. 뭉치의 심정은 괴롭다. 수요일 밤 아이들 방, 아이들은 연극 만들기에 전념하고 있다. 소품과 아이디어로 치유와 재미가 가득한 연극놀이를 한다. 민호 어머니와 뭉치 아버지가 오셔서 그것을 보고 함께 놀아준다. 어린이 셋은 민호와 슬기 방에서 함께 자고 가기로 한다. 늦은 밤 아이들 방, 이불과 침대에서 재미있고 행복하게 논다. 아이들은 부모에게 이젠 총이 필요 없다고 말하며, 〈우리는 친구다〉 노래를 합창한다.

2) 내용 분석과 평가

〈우리는 친구다〉의 주요 내용을 살펴보자. 아래에 있는 표는 원작

〈Max und Milli〉와 번안극 〈우리는 친구다〉의 주요 내용을 견주었다.

[표 2] 주요 내용 비교표

장	그립스 원작의 내용	학전 번안 작의 내용
	제 1 부	
1	아이들 방 (토요일 늦은 밤) 잠을 이루지 못하는 막스, 막스를 재우려는 엄마에겐 집안 일이 많다.	아이들 방 (토요일 늦은 밤) 잠을 이루지 못하는 민호, 민호를 재우려는 엄마에겐 이사 때문에 정리해야 할 집안 일이 많다.
2	아이들 방 (일요일 낮) 막스는 동생과 이층침대에서 티격태격한다.	아이들 방 (일요일 낮) 민호는 동생과 이층침대에서 티격태격한다.
3	놀이터 (같은 날 - 일요일 오후) 장난감 총을 든 페터와 처음 만난 막스와 밀리는 서로 다툰다. 오누이는 가상의 고슴도치를 통해 뭉치를 속여 이긴다.	놀이터 (같은 날 - 일요일 오후) 장난감 총을 든 뭉치와 처음 만난 민호와 슬기는 서로 다툰다. 오누이는 가상의 고슴도치를 통해 뭉치를 속여 이긴다.
4	아이들 방 (같은 날 - 일요일 밤) 막스는 장난감 총을 사달라고 졸라댄다. 엄마가 나가시자, 오누이는 귀신 얘기를 하며 놀다 잠든다.	아이들 방 (같은 날 - 일요일 밤) 민호는 장난감 총을 사달라고 졸라댄다. 엄마가 외할머니 만나러 가자 오누이는 귀신 얘기를 하며 놀다 잠든다.
5	놀이터 (다음 날 - 월요일 오후) 막스는 페터의 장난감 총과 자기 자전거를 바꾼다. 그들의 부모님이 아시고 둘을 혼낸다.	놀이터 (다음 날 - 월요일 오후) 민호는 뭉치의 장난감 총과 자기 자전거를 바꾼다. 그들의 부모님이 이 사실을 알고 아이들을 야단친다.
6	놀이터 (다음 날 - 화요일 오후) 장을 보러가던 막스는 페터가 5마르크를 분실하자 자기 돈을 뭉치에게 준다.	놀이터 (다음 날 - 화요일 오후) 슈퍼에 엄마 심부름을 가던 민호는 뭉치를 만나고, 열쇠를 잃어버린 뭉치를 돕는다.
	후반부	(7장으로 이어짐)
7	아이들 방 (같은 날 - 화요일 저녁 식사 전 막스 엄마가 사실을 눈치 채고 추궁하며, 곧 모두 알아낸다.	아이들 방 (같은 날 - 화요일 저녁 식사 전 민호 엄마가 사실을 눈치 채고 추궁하며, 곧 모두 알아낸다.

제 2 부		
8	놀이터 (다음 날 - 수요일 오후) 돈 벌 궁리를 하는 세 어린이, 시장 청소, 빈 병 모으기, 훔치기, 대출, 구걸, 연극, 서커스	놀이터 (다음 날 - 수요일 오후) 돈 벌 궁리를 하는 세 어린이, 퀴즈 프로, 은행 강도, 구걸, 가수, 연극, 볼거리
9	아이들 방 (같은 날 - 수요일 늦은 오후) 막스 방에서 세 어린이가 함께 논다. 막스 어머니가 페터네 집 위치를 물어보신 후에 가신다. 괴로운 뭉치의 심정	아이들 방 (같은 날 - 수요일 늦은 오후) 민호 방에서 세 어린이가 함께 논다. 민호 어머니가 뭉치네 집 위치를 물어보신 후 가신다. 괴로운 뭉치의 심정.
10	아이들 방 (같은 날 - 수요일 밤) 연극 만들기에 전념하는 아이들, 소품과 아이디어로 치유와 재미가 가득한 연극놀이. 막스 어머니와 페터 아버지가 오셔서 그것을 보고 함께 논다. 어린이 셋은 같은 방에서 자고 가기로 한다.	아이들 방 (같은 날 - 수요일 밤) 연극 만들기에 전념하는 아이들, 소품과 아이디어로 치유와 재미가 가득한 연극놀이. 민호 어머니와 뭉치 아버지가 오셔서 그것을 보고 함께 논다. 어린이 셋은 같은 방에서 자고 가기로 한다.
11	아이들 방 (뒤이은 시각 - 늦은 밤) 이불과 침대로 재미있고 행복하게 논다. 부모에게 총이 필요 없다는 아이들의 〈우리는 친구다〉 노래.	아이들 방 (뒤이은 시각 - 늦은 밤) 이불과 침대에서 재미있고 행복하게 논다. 부모에게 총이 필요 없다는 아이들의 〈우리는 친구다〉 노래.

앞에서 살펴본 개요도 그렇지만, 위에 제시한 표의 내용 또한 원작과 번안 작이 서로 다른 점이 거의 없다. 다시 말해 학전 번안 작의 내용은 그립스 원작의 주요 내용을 충실하게 따르고 있다. 왜 그랬을까? 그립스 원작이 성취한 아동극으로서의 완결성이 높기 때문에 이를 충분히 활용하려고 그랬다((사)국제아동청소년연극협회, 2013). 우수한 아동극을 공연해 온 그립스 극단의 역량을 참고하면, 짧은 기간 안에 우리 아동극 또한 그들의 아동극처럼 수준을 높일 수 있기 때문이다.

3) 인물 분석과 평가

〈우리는 친구다〉에는 다섯 명의 주요 인물이 등장한다. 어린이는 세 명이 나오는데, 오누이인 민호와 슬기, 그리고 민호의 친구인 뭉치가 그들이다. 어른은 민호와 슬기의 엄마가 등장하고, 뭉치의 아빠도 나온다. 다음 표는 원작 〈Max und Milli〉와 번안 작 〈우리는 친구다〉의 주요 인물에 관해 비교하여 그 특징을 정리하였다.

[표 3] 주요 인물 비교표

	그립스 원작의 내용	학전 번안 작의 내용
1	(밀리의 오빠, 초등학생) 엄마가 막스보다 밀리를 더 좋아하는 것을 시샘하고, 겁이 많으며, 잠을 잘 이루지 못함. 여동생과 사소한 문제로 다툼. 부모의 이혼을 알고 받아들임.	최민호 (슬기의 오빠, 초등학교 3학년) 어두운 것을 싫어하고, 여동생과 다투지만, 마음은 착함. 원작에 나오는 막스와 크게 다르지 않음.
2	(막스의 여동생, 예비학교 학생) 말광량이로 오빠와 티격태격하지만 페터와 싸울 때는 힘을 모음, 티브이 중독 증세가 있음. 부모 이혼을 이해 못함	최슬기 (민호의 여동생, 유치원생) 고집이 셈. 오빠들이 놀아주지 않자 텔레비전만 보다가 티브이 중독 증세가 나타남. 원작의 밀리와 유사한 성격임.
3	(막스와 비슷한 나이의 초등학생. 별명 없음.) 놀기를 좋아하고, 버릇없으며, 개구쟁이임. 아버지에게 체벌을 심하게 당하고, 외출금지도 당함.	뭉치 (민호와 같은 초등학교 3학년 남자, 본명은 '신문지') 학원에 다니는 것을 싫어하고, 친구들과 어울려 노는 것을 좋아함.
4	(막스와 밀리의 어머니, 가정주부) 부부가 이혼한 이유 설명하지 않음. 막스와 밀리에게 친절한 편이지만, 막스가 잘못했을 때 체벌을 함. 체벌 반대.	민호와 슬기의 엄마 (직장 여성, 이혼녀) 남편과 이별한 이유는 제시되어 있지 않음. 아이들에게 헌신적임. 체벌에는 반대.
5	(페터의 아버지) 페터에게 심하게 체벌을 함. 따귀도 때림. 이혼함. 새 엄마의 딸이 셋이고 아들은 한 명. 집 주소는 바흐가 44번지, 페터는 엄마가 자기를 좋아하지 않는다고 오해하고 있으나 아버지가 변호함.	뭉치의 아빠 ('호수 숯불갈비'집을 부인과 함께 경영하며 슬하에 뭉치와 그 위로 남자 아이들만 셋을 더 두었다.) 체벌을 자주 함. 뭉치가 그것을 몹시 싫어하고 두려워함. 뭉치의 진심을 알고 자녀 교육관이 바뀌게 됨.

원작과 번안 작에 등장하는 어린이 세 명과 어른 두 명의 성격은 서로

크게 다르지 않았다. 다시 말해 주요 내용은 같고, 세부 내용 가운데 다른 부분이 조금 있다. 다른 점을 찾아보고, 그 의미를 평가하면 다음과 같다.

첫째, 이름이 독일어와 한국어로 서로 다르다. 한국 어린이 관객을 고려하여 민호와 슬기, 뭉치라는 이름을 새롭게 만들었다. 민호와 뭉치라는 이름을 통해 소심한 어린이와 개구쟁이 어린이라는 특징이 잘 나타난다. 그렇지만 슬기라는 이름은 개구쟁이이면서 티브이 중독이란 여자 어린이의 특징이 잘 드러나지 않는다. 더불어 페터라는 원작의 이름은 일반적인 느낌이 들지만 번안 작에서 사용한 뭉치라는 별명은 인물의 특징이 크게 나타난다.

둘째, 원작보다 번안 작에서 어린이들의 연령이나 학년이 더욱더 분명하고, 대사 또한 한국의 현실이 잘 드러나 외국 작품을 번안했다는 느낌을 받을 수 없을 정도이다.

셋째, 원작과 번안 작에 등장하는 오누이의 어머니는 이혼녀라는 점에서 같다. 그렇지만 원작의 어머니는 가정주부이고, 번안 작은 직장인이란 점에서 다르다. 한국에서 이혼녀들이 아이들의 교육을 책임지는 대목에서 큰 부담이 있다는 것을 인물 설정에 반영하였다.

넷째, 친구 아빠로 나오는 인물은 폭력적인 아빠의 모습을 나타내고 있다. 오누이 엄마가 폭력적이지 않은 것과 견주어 큰 차이가 난다. 한국이나 독일 모두 어머니보다 아버지들의 성향이 폭력적이라는 점을 형상화하는 부분이다. 원작에서 페터의 아버지는 재혼남이며, 뭉치의 아버지는 재혼하지 않은 점이 특징이다. 가정의 유형만 놓고 보면 학전의 번안 작이 좀 더 안정적이라 할 수 있다.

그 밖에 행인 1, 행인 2, 경비원과 같은 보조인물이 등장한다. 극본에서 보조인물은 주인공이나 핵심인물의 성격을 도드라지게 하는 데 기여할 뿐 특별한 성격이나 역할을 하지는 않는다(오판진, 2012). 〈우리는 친구다〉에서도 마찬가지다. 원작과 번안 작의 보조인물들이 서로 어떻게 같고 다른지 살펴보자.

첫째, 처음 나오는 행인은 원작이나 번안 작이나 모두 아저씨로 설정되어 있다. 아저씨는 페터나 뭉치가 돈을 달라고 하지만, 사기 치지 말라며 경찰을 부르려고 하는 등 거절하고 가는 것도 같다. 다만 원작에서는 지하철값이 2마르크60페니히이고, 번안 작에서는 4천 원으로 다를 뿐이다. 페터나 뭉치가 아저씨에게 거짓말하는 것을 알고 화를 내며 야단친다.

둘째, 두 번째 나오는 행인은 원작과 번안 작이 서로 다르다. 원작은 아줌마이고, 번안 작은 할머니로 설정되어 있다. 나오는 금액이 조금 다르다. 원작에서 밀리는 20페니히를 달라고 하고, 아줌마는 50페니히를 주는 것과 달리, 번안 작에서 슬기가 100원을 달라고 하자, 슬기에게 500원을 준다. 하지만 행인2에게 여자아이 한 명과 남자아이 두 명이 내기하는 상황이라는 것이 같고, 행인2에 해당하는 아줌마와 할머니 모두 야박한 사람으로 보이고 싶어 하지 않아 하며, 남자아이들을 괘씸하게 생각한다는 점도 같다.

셋째, 원작에는 없고, 번안 작에만 등장하는 경비원이란 인물이 있다. 번안 작에서 관리사무소 경비원이 있는데, 뭉치를 찾는 방송을 한다. 뭉치(신문지)를 뭉치 아버지께서 찾고 있다는 것을 알림으로써 민호네 가족과 뭉치네 가족이 자연스럽게 만날 수 있도록 돕는 역할을 한다.

이처럼 원작과 번안 작에 등장하는 보조 인물들 또한 특별한 성격이나 역할이 나타나지는 않는다. 그렇지만 이들 세 인물은 같은 장면에 등장하는 주인공이나 핵심 인물의 성격을 더욱더 상세하게 보여주고, 사건의 개연성을 확보하는 데 기여한다.

4) 노래 분석과 평가

원작과 번안 작 모두 연극의 형식은 뮤지컬이다. 그런데 원작보다 번안 작에서 노래와 음악을 더 많이 사용하였다는 점이 두드러진다. 다음은 원작 〈Max und Milli〉와 〈우리는 친구다〉의 주요 노래를 정리한 표이다.

[표 4] 주요 노래 비교표

장	그립스 원작의 노래	학전 번안 작의 노래
		제 1 부
		오프닝 음악1 "테레비 짱-!"
1		음악2 "Happy Guitars"
2	노래1 〈위쪽 아래쪽〉	노래1 〈위가 좋을까? 아래가 좋을까?〉 음악3 "위가 좋을까? 아래가 좋을까?"
3		음악4 "테레비 짱-!" - Blues & Rock
4	노래2 〈내겐 애완동물 하나 있네〉	노래2 〈우리 착한 곰돌이, 그리고 또 사우루스〉 음악5 "Mundharmonika - Rock"
5		음악6 "우리는 친구다!"
6		노래3 〈장보러 가기〉 음악7 "테레비 짱-!" - Blues & Rock
	후반부	(이어짐)
7		음악8 "Ending"
		제 2 부 오프닝 음악9 "테레비 짱-!" - Rock
8	노래3 〈브라운관-밀리〉	노래4 〈테레비 짱-!〉 〈Sing-along "테레비 짱-!"〉
9	노래4 〈우린 친구 되기를 바라네〉	노래5 〈우리는 친구다〉 음악10 "우리는 친구다"
10		음악11 "Mundharmonika - Rock"
11	노래5 〈침대로 가는 건 참 좋아〉	노래6 〈이불 속은 참 좋아〉

이처럼 번안 작에서는 뮤지컬이라는 형식적 특징이 크게 강화되었

다. 다시 말해 번안 작에 나오는 노래를 살펴보면, 대본의 주제를 심화하고, 강화한 것이 특징이다. 첫째, 특별히 더 많은 노래나 음악을 만들어 사용하였다기보다 기존의 노래와 음악을 변주하거나 반복해서 자주 사용하고 있다. 둘째, 제목이나 가사 또한 원작에 견주어 번안 작이 더욱더 분명하고 초점화되었다. 대본에서 드러내고자 하는 바를 더욱더 구체화하였다. 예컨대 '위쪽 아래쪽'이란 원작보다 '위가 좋을까? 아래가 좋을까?'라는 번안 작의 노래는 제목부터 구체적이다. 그리고 원작 '내겐 애완동물 하나 있네'와 견주어 번안 작의 '우리 착한 곰돌이, 그리고 또 사우루스' 또한 가사의 제목과 내용이 더욱더 분명해졌다. 또한, 원작 '우린 친구 되기를 바라네'보다 번안 작 〈우리는 친구다〉는 제목에서부터 나타내고자 하는 주제가 확연하고, 힘이 느껴진다.

하지만 반복을 통한 강화의 역효과도 고민해 보아야 한다. '테레비 짱'이라는 노래는 텔레비전 시청을 줄이거나 자제하자는 주제와 달리 텔레비전을 많이 시청하자는 의미로 오해될 수 있기 때문이다. 원작의 제목은 '브라운관-밀리'이고, 밀리의 텔레비전 시청의 문제를 지적하는 바가 분명하지만, 번안 작의 '테레비 짱'은 그런 점이 노래 제목과 가사에서 불분명하다. 노래 가사에서 '테레비 짱'이 반복되어 원작의 주제가 흐려지고 있는 것은 아이러니한 현상이다. 더불어 이런 의미가 노래와 음악으로 여러 번 반복되어서 문제가 더욱더 커지고 있다. 텔레비전 시청의 장단점에 관해 생각해 보게 하는 선에서 조절하거나 수정하는 것이 필요하다.

5) 제목 분석과 평가

원작과 번안 작의 제목이 서로 다르다. 제목이 어떻게 다른지 분석해 보고, 그것의 의미를 평가해 보자.

[표 5] 제목 비교표

	그립스 원작의 제목	학전 번안 작의 노래
1	〈Max und Milli〉	〈우리는 친구다〉

그립스 원작의 제목은 '막스와 밀리'(Max und Milli)이고, 학전 번안 작의 제목은 '우리는 친구다'이다. 원작에 등장하는 막스와 밀리는 오빠와 여동생으로 가족이다. 이 제목을 보면 가족 사이에서 오누이에게 초점이 있는 것으로 보인다. 그러나 학전에서는 공연 제목을 '우리는 친구다'로 바꾸었다. 번안 작의 제목에서 '친구'의 의미는 민호와 뭉치 사이를 지칭하는 용어이다. 이들은 서로 나이가 같으며, 결국, 매우 친한 친구가 된다. 그래서 그립스 극단의 원작에서는 가족 관계가 아니라 친구라는 사회적 관계에 초점이 있는 것으로 추론할 수 있다. 물론, 어린이 세 명은 원작이나 번안 작품에 모두 등장하고, 이들이 하는 역할이나 비중은 크게 다르지 않다. 그런데도 공연의 제목은 서로 다르다. '막스와 밀리'라는 원제를 유지하지 않고, 왜 다르게 바꾸었을까? 희곡을 각색한 사람이 공연의 주제를 좀 더 분명히 하기 위해서였을 거라고 추론할 수 있다. 일반적으로 제목의 차이에서 오는 공연의 의미나 효과에 관해 좀 더 살펴보면 번안자의 생각까지 짐작할 수 있다. 그래서 번안자가 생각하는 한국 어린이의 모습이나 한국 어린이가 사는 상황 맥락에 관한 안목 즉 인간관, 인생관이 제목의 변화에서 나타난다.

2. 번안 작에 나타난 번안 원리

1) 원작의 장점 유지 및 강화하기

번안에서 중요한 것은 원작의 주요한 특징이나 장점을 살리는 것이다. 만약 모든 것을 바꾼다면 번안이 아니라 창작이라 할 수 있다. 그래서 번안할 때는 외국의 작품을 보고 거기에서 얻을 수 있는 장점이나 의미 있는 요소는 그대로 살려내는 것이 일반적이다. 외국 작품을 번안하는 것은 우리에게 부재하거나 부족한 것을 확인하고, 외국 작품을 통해 배우는 것이 효과적이기 때문이다. 그래서 번안에서는 바꾸는 부분이 중요하고, 이와 함께 바꾸지 않고 원작의 주요 특징이나 내용을 유지하는 부분도 함께 중요하다.

〈우리는 친구다〉 번안 희곡에서도 인물이나 화소(motif)를 바꾸지 않고 그대로 사용한 부분이 많다. 이를 분석해 본 결과 다음과 같은 화소들은 그대로 유지하고 있었다. 앞에서 살핀 '번안 작의 개요 검토'와 같이 번안 작과 원작의 화소 대부분이 아래와 같이 공통적이다.

[표 6] 공통으로 유지하는 화소

장	화소(motif)
1	① 외모에 관심 갖기(눈 크기) ② 자기 일 스스로 하기(자기가 마신 컵 자기가 씻기) ③ 학습 준비물 챙기기(책가방 확인) ④ 총 좋아하는 남자 어린이의 특성 ⑤ 엄마 할 일 많은 현실 ⑥ 귀신을 무서워하는 심리 ⑦ 동생 편애한다고 오해하기 ⑧ 어두운 곳 무서워하는 심리
2	① 인형 가지고 놀기 ② 여동생의 텔레비전 시청 지나침 ③ 고자질은 나쁘다 ④ 알프스 소녀 하이디 ⑤ 이층 침대에서 선택권을 가지고 다툼(동굴 만들기)
3	① 남자 어린이의 총 ② 어머니의 텔레비전 시청 금지 ③ 가상의 고슴도치로 상대방 속이기 ④ 승리의 노래:여동생은 오들송 오빠는 타잔 소리
4	① 엄마의 판단 기준은 키 ② 겁이 많다고 민호(Max)에게 타박을 줌 ③ 엄마에게 총을 사달라고 졸라댐 ④ 엄마가 나가시자 귀신 얘기, 이사 가신 아빠 얘기를 함. ⑤ 귀신을 무서워하는 여동생

5	① 놀이터에서 자전거와 장난감 총 바꾸기 ② 엄마가 추궁하자 모른다고 말하기 ③ 뭉치(Peter) 또한 뭉치(Peter) 아버지에게 혼나기 ④ 두 어린이 모두 부모에게 혼나기
6	① 엄마 심부름을 가는 민호(Max)와 슬기(Milli) ② 뭉치의 돈(열쇠)이 하수구에 빠짐 ③ 민호(Max)가 뭉치(Peter)에게 돈(열쇠)을 도와줌 ④ 돈이 부족하여 조금씩만 사 가지고 감
7	① 민호(Max) 엄마는 아이들에게 문제가 있다는 것을 눈치 챔 ② 민호(Max)와 슬기(Milli)에게 추궁하여 알아낸다. ③ 동생이 모두 실토함. ④ 민호(Max)는 슬기(Milli)를 때려 코피가 나게 함.
8	① 돈 벌 궁리를 하는 세 어린이 ② 구걸하기를 실제로 해 봄 ③ 연극
9	① 민호(Max) 방에서 세 어린이 함께 놀기 ② 뭉치(Peter)에게 자고 가라고 함 ③ 뭉치(Peter)네 집으로 가신 민호(Max) 엄마 ④ 뭉치(Peter) 괴로워함
10	① 연극 만들기 ② 다양한 연극놀이 활동 ③ 부모님이 보시고 놀라지만 아이들과 함께 놀아줌 ④ 뭉치(Peter)가 민호(Max)네 방에서 자고 가기로 함
11	① 세 어린이 함께 놀기 ② 슬기(Milli)는 티브이를 보지 않음 ③ 민호(Max) 또한 총이 필요 없다고 함 ④ 베개 싸움 ⑤ 시체놀이 ⑥ 책가방 갖다 놓는 뭉치(Peter) 아버지 ⑦ 〈우리는 친구~〉 노래

2) 원작로 수정의 한계 발견 및 수정

원작 희곡과 번안 희곡을 견주어보면 초점화하는 인간관계나 주제 등이 조금 수정되었다는 것을 알 수 있다. 먼저 제목을 보면 가족 간의 인간관계보다는 친구라고 하는 가족보다는 더 큰 사회적인 인간관계에 주목하고 있다. 그리고 인물의 성격이나 맥락을 수정하였는데, 특히 민호 어머니와 뭉치 아버지의 성격을 다르게 수정하였다. 번안 작에서 민호의 어머니는 이혼녀로 설정하였고, 이 사실이 더욱더 분명하게 드러나 있다. 그리고 원작보다 번안 작에서 뭉치 아빠는 폭력성이 더욱더 강하게 나타난다. 우리 사회에서 이혼율이 높아지고 있는 점과 어머니보다는 아버지의 폭력성이 여전히 큰 문제이기 때문에 이를 바탕으로 수정한 것으로 보인다.

(1) 우리 문화 반영하기

먼저 우리 어린이 관객이 쉽게 이해하고 받아들일 수 있도록 우리 문화를 반영한 부분이 적지 않다. 아래에 제시한 표를 보면 주요 항목을 살필 수 있다. 인물의 성격이나 벌어지는 사건 또는 배경 등이 '지금, 이곳'이라는 연극의 특징을 반영하여 우리나라 어린이들이 놓여있는 문화적 상황을 근거로 원작을 수정하였다.

[표 7] 두 작품에 나타난 우리 문화의 양상

	그립스 원작의 화소	학전 번안 작의 화소
1	내일 학교 가야한다. '이사'라는 화소 없음.	체험학습, 영어마을 캠프, 이사(주택문제) 중요한 화소임.
2	인형:괴물, 고무 거미, 무서운 가면	인형:공룡, 거미, 마귀할멈가면
3	플라스틱 권총 금지구역, 가까이 오면 사살 깡통 고슴도치 - 미키마우스	비비탄 체포됐다, 묵비권 행사, 변호사 선임 라면 컵 고슴도치 - 악어, 도마뱀
4	당연하지 인형:밀리-쥐셴, 막스-룸피	당근이지 인형:슬기-사우루스, 민호-곰돌이
6	계란, 버터, 우유 (대응어 없음1) (대응어 없음2) 5 마르크짜리 동전 하수구 잠수함, 하수구 유보트 상관없어 (대응어 없음3)	계란, 두부, 주스 (1:헐-, 짱 나!) (2:월요일 태권도, 영어 컴터, 미술 화요일 바이올린, 영어 음--. 바둑, 골프, 왕수학, 과학, 전뇌발달) 열쇠 골인, 대-한민-국 (짜작-짜작-짝-), 쬐끄만 잠수함. 엄마한테는 잃어버렸다고 하지 뭐 (3:땅바닥에 침, 그 위 발로 세 번)
7	밀리에게 하는 욕:못된 염소야! 밀리가 보는 티브이:스타트랙	슬기에게 하는 욕:배신자 마귀할망구 슬기가 보는 티브이:짱구--, 울라울라

8	(대응 개념 없음) 애가 넷인 새 엄마와 재혼 밀리는 티브이 중독자 돈 벌기:시장 청소, 빈 병, 구걸, -- 아줌마 50페니히 오빠들 체조, 밀리 뽕작 부르기, 연극 (대응 어휘 없음, 유령-귀신-괴물-보안관)	학원 문화 활성화(왕수학, 전뇌발달--) (대응 내용 없음) 슬기가 텔레비전 모양의 상자를 씀. 돈 벌기:퀴즈프로, 은행털이, -- 할머니 5백원 슬기 노래, 오빠들 백댄서, 연극 (티라노 방구루스 귀신, 울트라 로보캅 터 미네이터, 땅 속 괴물 럴커)
9	페터-킬 시티의 보안관, 밀리-밤의 유령, 막스- 밤의 살인자 우르크스 바흐가 44번지 페터, 숨고 싶다.	디따 크다. 슬기-투명 공룡 방구--, 민호-땅 속 괴물 럴커, 뭉치-귀신-- 로보캅 터미네 이터. 지하철역 앞 '호수 숯불갈비' 뭉치 심정, 자살--. 경비원 방송
10	굴리굴리의 여왕	꾸리꾸리 여왕
11	아저씨는 엄마랑 잘 건가요? (성적인 코드로 읽힐 수 있음)	아저씨도 우리 집에서 잘 건가요? (가볍게 지나감)

원작과 번안 작의 화소는 같지만, 이를 나타내는 구체적인 양상은 서로 다르다. 김민기가 우리 문화를 반영하여 수정하였기 때문이다. 동일한 화소지만 우리나라에서 어떤 문화적 배경으로 해석할 수 있는지, 어떤 어휘를 사용하는지 등을 검토하여 매우 자세하게 우리 문화를 반영하였다. 학원이 다양하게 번성하는 현실이나 다양한 학교 교육 프로그램이 개발된 것, 주택문제나 자살 문제 등을 배경으로 하여 수정하였다.

표에 제시한 바와 같이 그립스 극단의 원작을 번안한 극단 학전의 번안 희곡을 검토해 보면 번안자인 김민기의 언어에 관한 감수성이 매우 탁월하다. 예컨대 원작에서 사용한 '굴리굴리의 여왕'이란 말을 '꾸리꾸리 여왕'이라고 번안함으로써 원작의 느낌을 살리면서도 우리 어린이들에게 쉽게 의미를 전달하고 있다. 그래서 어린이들의 생활 문화와 언어문화가 풍부하게 적재적소에 배치되어 이국적인 느낌이 들지 않는다. 그리고 아동극에서 성적인 코드로 읽힐 수 있는 원작의 대사를 번안 작에서는 확실하게 비켜 갔다. 다시 말해 원작의 '아저씨는 엄마랑 잘 건가요?'라는 대사를 '아저씨도 우리 집에서 잘 건가요?'로 수정하였다. 우리나라 아동극에서 선정성과 잔혹성 등 비교육적인 요소에 관해 무척 민감하다는 문화적 현실을 고려하였기 때문이다.

(2) 구체화한 표현 사용하기

① 어휘의 생동감

그립스 원작의 어휘와 견주어 학전 번안 작의 어휘는 더욱더 구체화한 표현이어서 생동감이 더해졌다. 아래에 제시한 표를 보면 작은 차이를 조금 더 확대함으로써 설정 자체가 확연하게 다르다는 것을 알 수 있다.

[표 8] 두 작품에 나타난 어휘 양상

	그립스 원작의 화소	학전 번안 작의 화소
1	"게임 5분 지나갔어요" "피곤했잖아" "가방 챙겨야지?" 방학 돌아온다 밀리는 예비학교에 다닌다.	"다른 날보다 게임을 한 시간을 더 했잖아", "체험학습, 영어마을 캠프" "책가방 챙겨야지?" 여름방학 외가집에서 오면 슬기는 유치원생이잖니.
2	무서운 고무 가면 하이디	마귀할멈가면 알프스의 귀여운 꼬마 소녀
3	금지구역 모래장난 깡통	체포하겠다, 묵비권을 -, 변호사 선임 두껍아 두껍아(우리 문화) 라면 컵 헐(어린이 사용 어휘)
4	없음 당연하지 없음	티라노 방구루스(어린이 선호 화소) 당근이지 독-가스(어린이 선호 화소)
5	없음 따귀 때리기(아빠가 뭉치에게)	두껍아 두껍아 깡패 같은 놈, 무릎 꿇고 두 팔 들고 벌 받기, 발로 차기, 태권도 빼먹었지

6	계란 - 버터 - 우유 두 개 - 여섯 개 - 반 리터 없음(학원 문화) (어린이 언어 문화) 유보트 5 마르크 짜리 동전 상관없어, (없음)	계란 - 두부 - 주스 10개 - 두 모 - 한 병 학원 문화(태권도, 영어, 컴터, 미술, 바이올린, 바둑, 골프, 왕수학, 과학, 한자, 전뇌발달) 헐-, 짱 나, 디따 쬐그만 잠수함 열쇠 엄마한테는 잃어버렸다고 하지 뭐, (우리 문화) 땅바닥에 침을 세 번 뱉고 그 위를 발로 세 번 구른다.
7	없음 (하수구에 빠진 돈) 5 마르크 (욕설) 못된 염소 (티브이 드라마) 스타트랙 없음	유희왕 카드 (놀이 도구) 5천원 배신자 마귀할망구 짱구 슬기(허를 낼름 내민다, 민호와 관계)
8	페터:아버지 재혼(딸 셋, 아들 하나) 밀리에게 '티브이' 중독자 (광고) 초콜릿, 맥도날드, 주유소, 농촌광 고, 제약품, 티브이 복권 50페니히 (노래) 브라운관 밀리 (서커스) 유령, 귀신, 괴물, 보안관	뭉치:(학원 문화) 컴터, 영어, 왕수학, 전뇌발달. (어휘) 당근, 왕창 (광고) 1-5 약속, 도장, 싸인, 복사 5백원 텔레비 짱(고무시키는 부작용) 티라노 방그루스 귀신 - 울트라 로보캅 터미네 이터 - 땅 속 괴물 럴커
9	(정말) 크다 막스:살인자 우르크스, 밀리:밤의 유령, 페 터:킬 시티의 보안관	(디따) 크다. (디따) 깜깜하고 민호:땅 속 괴물 럴커, 슬기:방구루스 귀신, 뭉 치:귀신 잡는 미래경찰 울트라 로보캅 터미네 이터
10	없음	(디따) 좋다. 뚜러뻥. 몽달귀신, 달걀귀신, 학원 가방
11	 병원놀이	텔레비(옳지 않음, 텔레비전) (디따) 좋을거야, (디게) 좋지 (똘똘) 말아서, (슈웅) 날아가서 베게싸움, 시체놀이

독일과 다른 우리의 상황 맥락을 반영하여 어휘를 구체화하였다. 여동생이 돌아올 때 어디에서 돌아왔는지도 구체적으로 명시하였고, 게임을 하는 시간도 5분이 아니라 1시간이 지났다고 말한 것이 대표적이다.

또한, 어린이들이 사용하거나 좋아하는 어휘나 화소를 선택하여 번안함으로써 생생함을 더했다. 학전의 번안 작은 독일에서 만든 그립스 극단의 원작을 근거로 하고 있지만, 이를 바탕으로 하였다는 것이 전혀 느껴지지 않았다. '스타트랙'이라는 드라마 제목 대신 '짱구'로 수정하여 현실감을 부여했다. '몽달귀신', '달걀귀신'이라는 용어도 그렇고, '베개싸움'이나 '시체 놀이'도 한국 어린이들이 많이 하는 놀이여서 생생하게 느껴진다. 그리고 '유보트'나 '5마르크'라는 용어는 독일 어린이에게는 익숙하지만, 한국 어린이들이 이해하기는 어려우므로 '쬐그만 잠수함'이라든지 '5천 원'으로 바꾸었다. 또한, '슈웅'과 같은 의성어와 '똘똘'이라는 의태어를 활용한 점도 생동감과 의미를 심화한 의미 있는 선택이다.

한편 비록 권장할만한 어휘나 문화는 아니지만, 한국에서 한국 어린이들이 사용하는 어휘까지도 관객과의 소통과 공감대 형성을 위해 포함했다. 예컨대 '헐-', '짱 나', '디따', '디게'라는 어휘가 대표적이다. 텔레비전을 텔레비라고 하는 것도 교육적으로 바람직한 것은 아니지만, 어린이들이 실제 생활에서 많이 사용하고 있어서 생동감을 높이기 위해 활용하였다. 그리고 '유희왕 카드'와 같은 어린이들의 놀이 도구도 어린이들의 놀이 문화를 반영한 것인데, 이를 통해 등장인물이 더욱더 생동감 있게 느껴진다.

② 초점화된 노래 제목

학전의 노래 제목 또한 어휘와 마찬가지로 원작의 의미를 구체화하거나 어린이들이 더욱 이해하기 쉽게 우리 문화에 대응하는 제목이나 가사를 사용하였다. 요컨대 번안 작의 노래 제목은 원작의 의미를 유지하면서도 초점이 무엇인지 더욱더 분명하게 하였다. 가령 〈위쪽 아래쪽〉보다는 〈위가 좋을까? 아래가 좋을까〉이 이층침대에서 선택을 위해 갈등하는 취지를 더 잘 나타내고 있다. 그리고 〈내겐 애완동물 하나 있네〉보다 〈우리 착한 곰돌이, 그리고 또 사우루스〉이 무엇을 대상으로 하는지 더욱더 분명하다. 하지만 〈테레비 짱〉이란 제목은 〈브라운관-밀리〉보다 못하다고 판단한다. 슬기의 티브이 중독증을 정당하게 나타내기보다 티브이에 관한 오해를 불러오는 문제가 나타나기 때문이다.

[표 9] 두 작품에 나타난 노래의 제목

	그립스 원작의 노래 제목	학전 번안 작의 노래 제목
1	〈위쪽 아래쪽〉	〈위가 좋을까? 아래가 좋을까?〉
2	〈내겐 애완동물 하나 있네〉	〈우리 착한 곰돌이, 그리고 또 사우루스〉
3	〈브라운관-밀리〉	〈테레비 짱〉
4	〈우린 친구 되기를 바라네〉	〈우리는 친구다〉
5	〈침대로 가는 건 참 좋아〉	〈이불 속은 참 좋아〉

③ 새로운 내용 첨가하기

학전의 번안 희곡을 보면 원작의 주요 내용을 유지하는 것도 있고, 수정한 대목 또한 발견된다. 그리고 원작에 없는 새로운 내용을 첨가하여 번안 작의 창조성을 확보한 부분도 있다. 예컨대 이사와 외가 등 우리 사회의 문화 현상을 잘 반영한 부분들은 새로운 내용을 첨가한 곳이다. 원작의 1장에 등장하는 어머니는 "나도 좀 쉬자, 나도 티브이 한 번 보자…"라고 하소연을 한다. 그렇지만 번안 작에선 "이사 온 지 한 달이 되도록 짐 정리하는 거 도와주길 했어 뭘 했어. …"라고 화를 내고 있다.

① 우리의 생활 문화를 반영하여 새로운 내용을 첨가하였다. 생활문화에는 놀이문화, 텔레비전 시청, 언어문화가 포함된다. 가령 원작에

없는 놀이문화의 사례로, 3장에서 민호와 슬기가 '두껍이집 짓기 놀이'를 하는 것을 들 수 있다. 그리고 텔레비전 시청의 영향으로 한국 어린이인 뭉치가 로보캅을 흉내 내고 있다. 또한, 언어문화가 나타난 사례로 어린이들이 많이 쓰는 '헐', '디따', '디게' 등을 들 수 있다.

② 공연할 때 본 내용으로, 4장에서 민호가 어린 슬기에게 '테레비'라고 하지 말고 '텔레비전'이라고 하라고 알려준다. 학교 교육의 영향으로 바른말 사용을 권장하는 사례가 나타났다. 아이들이 좋아하는 화소 '방귀'를 새롭게 넣은 부분도 있다. 가령 '티라노 방구루스 귀신', '뿌웅 뿡' 등의 의성어를 사용하는 것과 '독가스'라는 어휘를 사용하는 것도 그렇다. 민호가 '당연하지'라는 말 대신에 '당근이지'라는 말을 하는 것도 새롭게 첨가된 내용이다.

③ 그립스 원작에 없는 노래가 학전 번안 작 6장에 새롭게 첨가되어 있다. 6장 처음 부분에 〈장 보러 가기〉라는 제목으로 새로운 내용이 첨가되었다. 〈텔레비 짱〉이란 노래와 음악의 반복과는 다른 맥락이다. 번안자의 판단에 의해 새로운 어휘와 대사뿐만 아니라 노래까지도 새롭게 첨가될 수 있다.

④ 한국 어린이의 생활 문화가 새롭게 첨가되어 번안극의 문제를 극복하였다. 한국 사회의 교육 상황이나 가정 상황, 친구들 사이의 관계 등이 그것이다. 먼저 교육 상황으로 학원의 영향력이 큰 것과 가정에서 학교 교육을 위해 준비를 많이 하는 것이 잘 나타나 있다. 그리고 놀이터에서 모래 놀이를 하면서 '두껍아 두껍아' 노래를 부르는 것은 과거와 현재 어린이들의 모습이 나타났다. '약속! 도장! 싸인! 복사!!'라는 말을 하면서 손동작을 하는 것은 친구와 약속을 하는 한국 어린이의 생활 문화를 반영한 대표적인 사례이다.

④ 핵심을 나타내는 표현으로 바꾸기

• 친구의 의미를 강화한 제목 수정

그립스 극단의 원작 제목은 '막스와 밀리'이며, 주요 등장인물의 이름을 제목으로 사용하였다. 그러나 김민기는 번안극의 제목으로 등장인물의 이름을 사용하지 않았다. 얼핏 생각하면 '막스와 밀리'에 어울리게 대응되는 이름으로 '민호와 뭉치' 이렇게 작명할 수도 있었다. 그러나 이런 예상과 달리 김민기는 '우리는 친구다'로 지었다. 이렇게 한 이유는 무엇일까? '민호와 뭉치'라고 제목을 붙이고, 공연을 보면서 자연스럽게 '우리는 친구다'라는 메시지를 드러내어도 되지 않았을까? 그러나 '우리는 친구다'라고 제목을 붙여서 주제를 전면에 내세우면서 표나게 강조했다. 이것은 희곡의 핵심을 드러내기 위한 선택 가운데 하나로 볼 수 있다.

• 인물의 말투나 태도

민호를 비롯하여 슬기와 뭉치의 성격이 대사에 잘 나타나 있다. 민호의 성격이 소심하면서도 질투가 심한 것뿐만 아니라 슬기가 티브이 중독증이라는 사실, 뭉치가 학원가는 것을 몹시 싫어하는 것도 말투와 태도를 보면 알 수 있다. 민호와 슬기 사이의 관계가 슬기의 혀 내미는 동작이나 사용하는 어휘에 잘 나타나 있다. 민호와 뭉치 사이의 관계도 마찬가지다. 처음엔 민호와 뭉치가 서로 다투는 듯하지만, 시간이 지난 후에 서로를 위해 배려하고 돕는 모습이 어린이들의 건강한 미래상을 보여주고 있다.

Ⅳ. 결론

아동극 번안은 벽돌공장에서 벽돌을 찍어내는 것과 같은 기계적인 일이 아니다. 세상에 단 하나뿐인 예술 작품을 만드는 고도의 언어 활동이다. 그리고 다른 세계의 언어로 된 아동극을 또 다른 세계의 언어로 변환하는 일이다. 번안극의 최종 목표는 아동의 공감을 얻는 데 있다. 이런 번안극에서 중요한 전제는 아동을 중심에 둔 인간관과 인생관이 반영되어 있다.

앞에서 밝힌 아동극 번안의 몇 가지 원리는 지켜야 할 것과 바꿔야 할 것에 관한 담론이다. 이 글에서는 우리 아동극 대본의 현황을 바탕으로 아동극 번안이 활성화하는 것이 필요하다는 주장을 바탕으로 하여 이를 위해 필요한 몇 가지 원리를 제안하였다. 극단 학전을 이끄는 김민기의 아동극은 관객과 비평가에게 호평을 받고 있다. 그래서 그가 번안한 대본을 연구하여 그 원리를 찾아보았다. 이 연구에서 검토한 〈우리는 친구다〉는 독일 그립스(Grips) 극단의 원작 〈Max und Milli〉를 번안하였다. 학전 관계자에 따르면 극단 학전에서 번안한 여러 아동극 가운데 가장 우수하다고 자평하고 있으며, 공연을 관람한 관객들의 반응과 관객 인원 또한 이런 평가를 뒷받침해준다고 했다.

타국의 언어로 된 희곡을 자기 나라 언어로 옮겨서 상연하는 극이 번역극이며, 창작극의 상대 개념이다. 번안극(飜案劇)은 이런 번역극 가운데 한 유형이다. 번안극은 먼저 희곡의 의미를 해석하여 번역한 다음에 번안자의 의도에 의해 자국에서 쉽게 이해할 수 있는 언어로 표현한 것이기 때문에 어느 정도 각색이 이루어진 극이다. 즉 외국의 희곡을 번역하되 원작의 줄거리나 사건은 그대로 두고 시대적 배경, 풍속, 인명,

지명 따위를 자기 나라 풍토에 맞게 바꾸어 상연하는 것이 번안극의 특징이다.

이 연구에서 밝혀낸 〈우리는 친구다〉에 나타난 번안 원리는 다음과 같다. 첫째 원작의 장점을 유지하면서 강화하기. 둘째 원작의 한계 발견하고 수정하기. 두 번째 원칙의 세부 항목에는 '우리 문화 반영하기', '구체화한 표현 사용하기', '새로운 내용 첨가하기', '핵심을 나타내는 표현으로 바꾸기'가 포함된다.

참고문헌

🔊 자료

독일 그립스 극단의 희곡 〈Max und Milli〉.
한국 학전 극단의 희곡 〈우리는 친구다〉.
(사)국제아동청소년연극협회 한국본부(2013), "독일 그립스 극단(Grips Theater)의 국내수용 사례, 그가 생각하는 한국 아동청소년 연극의 구상", 『제21회 아시테지 국제여름축제 심포지엄』, 세종문화회관 예인홀.

🔊 논저

개구쟁이(2013), "정말 어린이를 위한다면 친구와 놀이를 주시라 -〈우리는 친구다〉", 『개똥이네 집』, 파주 : 보리, 100-103쪽.
국립국어연구원(1999), 『표준국어대사전』, 서울 : (주)두산동아.
김미도(2001), "김민기와 학전 뮤지컬의 성과", 『21세기 한국연극의 길 찾기』, 서울 : 연극과인간, 266-267.
김재석(2005), "〈병자삼인〉의 번안에 대한 연구", 『한국 극예술 연구』(한국 극예술학회) 제22집, 9-45쪽.

김효중(2004), 『새로운 번역을 위한 패러다임』, 서울 : 푸른사상.

오판진(2012), "가면극 연행 체험 교육 연구", 서울대학교 박사학위논문.

오판진(2013), 『비판적 희곡 읽기 교육론』, 서울 : 새문사.

유민영(2011), 『한국근대연극사 신론』, 서울 : 태학사.

이승진(2007), 「독일어권 공연예술 연구 : 장르별 공연 양식 분석 및 작품 컨텐츠 DB 구축」, 『브레히트와 현대연극』(한국브레히트학회) 제16집, 269-374쪽.

이윤택(1999), 「'지금-이곳-우리의 양식'이란 명제, 희곡 번안에 대하여」, 『한국연극』(한국연극협회) 4월호, 25-32쪽.

임인경(2009), "소극장뮤지컬의 역할과 기능에 관한 연구", 단국대학교 석사학위논문.

장미진(2004), "독일 연극의 한국 수용 연구", 성균관대학교 박사학위논문.

한국문학번역원(2007), 『문학 번역의 이해』, 서울 : 북스토리.

平子義雄(1999), 飜譯の原理—異文化をどう譯すか, 大修館書店. 김한식 외 역(2007), 『번역의 원리 : 異문화를 어떻게 번역할 것인가』, 서울 : 한국외국어대학교 출판부.

◀ 브레히트의 『어머니』에 나타난 각색 원리

I. 서론

연극계와 교육계에서 여러 가지 이유로 소설을 희곡으로 각색[1]하는 경우가 있다. 문화나 관광, 산업 등 여러 분야에서 콘텐츠 개발을 하는 것으로 범위를 확대하면 동화나 만화, 웹툰을 비롯하여 다양한 서사 텍스트를 영화, 연극, 뮤지컬, 텔레비전 드라마, 라디오 드라마 등 극 장르로 변환하는 사례도 이 주제와 관련이 깊다. 그런데 서사 텍스트를 극 텍스트로 전환할 때 어떻게 해야 하는지에 관한 방법론이나 목표론 또는 내용론 등에 관한 논의는 미흡한 실정이다. 그래서 서사에서 극으로 넘나드는 텍스트 변환에 관한 작업을 하거나 이를 교육하는 과정에서 참고할 사례가 부족한 실정이다.

예컨대 교육의 장을 살펴보면 초, 중등 국어과 교육과정에서 장르 변환을 주요 성취 목표로 설정하고 있다.[2] 그래서 학교 현장에서 학생들에게 문학의 장르변환을 가르치고 있지만, 그 교육 내용이나 방법 등을 검토해 보면 아쉬운 부분이 적지 않다. 특히 초등학교 6학년 국어 교과서에 나타난 그 교육적 설계는 개선이 필요하다.[3] 학습자가 교과서를

1_ "각색(脚色) : 시·소설·실화 따위를 각본으로 고쳐 쓰는 일. 각본화. 각본(脚本) : 영화·연극 등의 대사·동작·무대 장치 등을 자세히 적은 대본"(권태명 1994, 36).

2_ 문학(6) 작품의 일부를 바꾸어 쓰거나 다른 갈래로 바꾸어 쓴다(교육부 2014, 52).

3_ 12단원 문학의 갈래에서 "국어 활동"의 활동 내용으로 '동화를 희곡으로 바꾸어 쓰기'가 제시되어 있지만, 어떤 관점에서, 어떤 방법으로 바꾸어 쓰기를 해야 하는지 구체적이지 못하고, 선언

통해 서사 텍스트를 극 텍스트로 전환하는 공부를 하고 있지만, 실제로 이를 바탕으로 공연하려고 할 때 문제가 나타나기 때문이다. 수업 시간에 배우는 것을 통해 현실 속 희곡 각색을 잘 해내지 못한다면 그 이유가 무엇인지 탐구하고, 이를 위한 대안을 마련해야 한다.

이런 현실적 요구와 관련하여 훌륭한 희곡 각색의 모범적인 사례를 연구함으로써 해결의 실마리를 찾고자 한다. 이 연구에서는 러시아의 소설가 고리끼가 쓴 『어머니』를 각색하여 동명의 희곡을 만든 독일의 극작가 브레히트의 사례를 다루려고 한다. 고리끼의 소설 『어머니』가 사회주의 리얼리즘을 대표하는 작품으로 크게 주목받은 것은 물론, 브레히트가 각색한 희곡 또한 내용과 형식 측면에서 많은 사람이 관심을 가졌고, 높게 평가하였다. 그래서 이 글에서는 브레히트의 각색 희곡을 장르 변환에 관한 좋은 자료로 보고 연구 대상으로 삼았다.

독일에서 고리끼의 소설 『어머니』를 희곡으로 각색한 다른 사람도 있지만, 희곡 각색자의 자율성을 바탕으로 각색을 잘하여 주목받은 대표적인 극작가는 브레히트이다.[4] 브레히트는 원작에 충실하면서도 각색자의 해석을 통해 새로운 작품을 만들어낸 점에서 탁월했다. 이런 사실은 이 글의 3장에서 원작과 각색 희곡을 비교 분석하면 확인할 수 있다.

고리끼의 『어머니』를 한국어로 번역하여 출판한 사람은 적지 않다. (최윤락 역 1995; 이강은 역, 2009; 최은미 역, 2008; 이은경 역 1991; 김진욱 역 1991; 정세현 역 1991; 정성호 역 1995; 반광식 역 1995; 양희선 역 1996; 최호 역

적으로만 안내하고 있다(교육부 2014, 534-539).

4 _ "귄터 바이젠보른 Guenther Weisenborn과 귄터 슈타르크 Guenther가 베를린의 폭스뷔네 (Volksbuehne, 민중극장)에서 독일 사회당에 가까운 노선에 있던 극장을 위해 극화한 것이 최초였다. 이들의 극화는 장르상의 차이로 규모를 축소하고 중점적 장면들을 극적으로 집중시키긴 했으나 고리끼 소설의 추이를 비교적 충실하게 따른 것이었다."(브레히트 1938, 204-205).

1995; 강민희 역 1991; 황성우 역 1990) 그래서 연구 자료로 삼을 『어머니』 번역서를 선택하는 일이 쉽지 않았다. 번역서를 하나씩 검토한 결과 최윤락의 작품을 선택하였다. 왜냐하면 번역자 최윤락은 1989년이란 이른 시기에 원작을 번역하였고, 그 후에 책의 내용을 수정한 개정판도 여러 차례 출판하는 등 『어머니』 번역에 큰 노력을 기울였기 때문이다. (최윤락 역 1989; 최윤락 역 1990; 최윤락 역 1991; 최윤락 역 1907; 최윤락 역 2009) 반면 국내에 한국어로 번역한 브레히트의 『어머니』는 김미혜의 번역서가 유일하여서 이를 연구 자료로 삼았다.[5]

II. 원작과 각색 희곡의 비교 분석

이 글에서는 원작인 고리끼의 『어머니』와 각색 희곡인 브레히트의 『어머니』를 비교 분석하기 위해 내용과 형식 측면에서 살펴보고자 한다. 소설과 희곡 모두 내용 측면에서 서사가 핵심이란 점에서 같고, 형식 측면에서 장르가 서로 다르다. 서사의 구성 요소에는 인물, 사건, 배경이 있고, 희곡의 구성 요소에는 해설, 대사, 지문이 있어서 이를 기준으로 삼았다.

1. 내용 측면

소설을 희곡으로 각색하고자 할 때 가장 먼저 고려해야 할 일은 중심

---

5 _ "브레히트의 『어머니』는 1931년 12월 에밀 부리 Emil Burri의 주도하에 무대화를 위한 연습이 시작되었는데 이 연습 과정에서도 텍스트는 계속 변형되었다. 텍스트가 출판된 것은 1933년이었고 오늘날의 텍스트는 1938년 두 번째로 출판된 말리크판 Malik-Ausgabe에 몇 가지가 변경된 것을 대개 따른다."(브레히트 1938, 205).

인물을 누구로 할 것인지, 다시 말해 주인공을 정하는 일이다. 그리고 그 주인공을 강조하기 위해 어떤 인물이 필요한지 검토하여 인물을 적재적소에 배치해야 한다. 물론, 이런 인물 선정은 극작가가 주인공을 통해 무엇을 말하고 싶은지 결정한 다음에 해야 한다. 그래야 희곡의 주제가 분명해지고, 일관성을 유지할 수 있다.

1) 인물

고리끼의 소설과 브레히트의 희곡에서 중심인물은 '어머니'로 서로 같다. 원작을 각색할 때 각색자가 주목한 인물이 원작자와 다른 경우도 있는데, 브레히트는 고리끼가 주목한 '어머니'를 주인공으로 삼았다. 그 밖에 어떤 인물이 등장하는지 그 양상을 살펴보기 위해 표로 정리하였다.

[표 1] 인물 비교표

범주	인물 이름
공통	펠라게아 블라쏘바(어머니), 파벨 블라쏘프(아들), 안드레이 나호드카(같은 공장 노동자), 경찰관, 경감, 수위, 공장 주재 경찰관, 시고르스키(실직자), 감옥소 간수, 관리, 노동자들(남녀),
소설	미하일 블라소프(아버지), 개, 다닐로 베소프쉬꼬프, 거지들, 사모일로프, 야꼬프 소모프, 페쟈 마진, 나따샤(교사), 사샤, 니꼴라이 이바노비치, 마리아 꼬르수나바, 베군초프, 미하일 이바노비치, 리빈, 시조프(노인), 사모일로프, 이고르 이바노비치, 이사이 고로보프, 구세프 형제, 바실리, 헌병 장교, 바빌로프, 부낀, 술집 접대부들, 구멍가게 주인들, 예핌, 사복형사들, 다닐로 이바노비치, 미로노프, 조시모프, 미젠카, 니꼴라이 이바노비치, 소피아, 꼬르쨔, 이그나뜨, 사벨리(병자, 편자공), 지방관리, 알렉세이 바실리예비치, 로만 뻬뜨로비치, 이반 다닐로비치, 류드밀라 바실리예브나, 이반 다닐로비치(의사), 하사, 사제, 경찰서장. 니키다(농부), 소녀, 따찌아나 아줌마, 스쩨빤, 뽀뜨르 이고로프 라비닌(쉴로), 바르바라 니꼴라예브나, 스쩨빤의 아내, 추마꼬프, 야꼬프 바실리예비치, 고분, 나딸리아(사모일로바), 무명의 다섯 젊은이, 판사들, 검사, 변호사, 시장, 지방 원로, 귀족 단장, 페도세예프, 마르꼬프, 자가로프, 소년(세료자), 키가 작은 의사, 마부, 곱사등, 병사, 승객들, 농부 상인, 평민, 병사 5명, 헌병들.
각색 희곡	안톤 뤼빈(주흘리노프 공장 노동자), 이반 베소프취코프(같은 공장 노동자), 예고르 루쉰(공장 노동자), 카르포프(노동자), 니콜라이 베쏘프취코프(교사), 마샤 샬리토바(젊은 처녀 노동자), 스밀긴(늙은 노동자), 늙은 헌병 책임자, 노파, 퇴역군인, 상복 입은 여자, 하녀, 여인네들, 두 명의 파업 방해자, 바씰 예피모비치(백정), 백정의 아내, 집 주인 여자, 여자 농부(시골에서 온 질녀), 가난한 여인

(1) 펠라게아 블라쏘바(어머니)

어머니는 소설과 각색 희곡 모두에 등장한다. 두 텍스트에서 어머니의 성격은 크게 다르지 않다. 아들을 사랑하는 평범한 어머니가 혁명을 위해 앞장서는 투사로 달라지는 모습이 일관되게 나타나고 있다. 다만 소설에서는 어머니의 심리 묘사가 자세하지만, 각색에서는 대사와 지문에 간략하게 나타나 있다. 예컨대 소설『어머니』에는 과거에 겪은 일이나 꿈, 현재의 심리 상태까지도 묘사와 해설 방식으로 공들여 표현되고 있지만, 희곡『어머니』에서는 이런 부분이 축소되거나 생략되었다.

(2) 파벨 블라소프(아들)

소설에는 아들이 혁명가로 변화하는 과정이나 그 결과 나타난 여러 가지 모습이 풍부하게 나타나 있다. 그러나 각색 희곡에는 어머니의 눈에 비친 아들의 모습으로 그려져서, 축소되거나 생략된 부분이 많다. 특히 소설에서는 아들이 거리 시위를 주도한 후에 재판을 받고 유형을 떠나는 것으로 그려지지만, 각색 희곡에서는 중간 부분에서 총살을 당한다. 소설에서는 혁명가의 모델로 아들의 모습이 중요하게 취급되지만, 각색 희곡에서는 그렇지 않다. 각색 희곡에서는 어머니를 강조하기 위해 아들의 비중을 약화하였다.

(3) 미하일 블라소프(아버지)

파벨의 아버지이자 블라쏘바의 남편인 미하일 블라소프는 소설 시작 부분에서 큰 비중을 차지한다. 그리고 다른 장면에서 어머니의 회상 속에 나오기도 한다. 그러나 희곡에서는 아들이 아버지와 다르다는 언급만 있을 뿐, 아버지 미하일 블라소프는 등장하지 않는다. 각색 희곡에서 어머니를 초점화하는 데 아버지라는 인물이 불필요하다고 보았다.

(4) 노동자들

〔표1〕에 제시한 바와 같이 공장 노동자들과 이를 억압하는 경찰, 간수 등이 소설과 각색 희곡에 공통으로 등장한다. 그렇지만, 노동자들의 이름과 역할이 상당 부분 다르다. 소설에서는 도시와 농촌에서 다양한 노동자와 농민들이 풍부하게 등장하고, 매우 자세하게 묘사되거나 설명되어 있다. 반면 각색 희곡에서는 도시 노동자들만 등장하고, 그 인원도 대폭 줄어들었다. 안드레이만이 공통으로 등장하고, 다른 노동자들

은 이름이나 역할까지 달라졌다.

(5) 여성들

소설에서는 여성들이 여러 명 등장하고, 남녀 사이의 관계 또한 다층적으로 표현되어 있다. 그런데 희곡에서는 여성 인물들이 거의 등장하지 않고, 그 역할 또한 미미하다. 소설에서는 연인 관계로 두 쌍이 설정되어 있는데, 파벨과 사샤가 한 쌍이고, 안드레이와 나타샤가 또 다른 쌍이다. 소설에는 사샤와 나타샤가 하는 일 그리고 그들의 심리 묘사는 물론, 과거 행적까지도 매우 자세하게 제시되고 있다. 반면 각색 희곡에서는 어머니가 변화시키는 인물로 백정의 아내, 가난한 여인, 여자 1~4 등이 등장하여 어머니의 변화한 성격을 더 잘 보여주는 구실을 한다.

(6) 기타

소설 속에는 노동자를 억압하는 인물로 경찰서장, 간수, 헌병대장, 사장, 시장, 판사를 비롯하여 이들을 돕는 부하들과 지지자들이 다채롭게 등장한다. 그러나 희곡에서는 한두 명만 매우 소략하게 등장한다. 희곡에 등장하는 인물이 많아지면 주인공에 관한 집중도가 떨어져 산만해질 수 있고, 공연하는 데도 불편하기 때문이다.

2) 사건

소설이나 희곡에서 인물이 등장하여 갈등을 겪다 보면 사건이 일어나기 마련이다. 그런데 위에서 살펴본 바와 같이 소설과 희곡에 등장하는 인물이 서로 다르다. 따라서 인물들과 관련하여 일어나는 사건이 다소 차이가 있다. 다시 말해 등장인물이 축소되거나 생략될 때 또는 확대되거나 새로 생겨날 때 그와 관련하여 사건 또한 달라진다. 희곡과 소설에 일어나는 대표적인 사건을 간략하게 표로 정리하면 다음과 같다.

[표 2] 사건 비교표

장	브레히트 각색 희곡의 사건
1	어머니는 아들 먹을 것을 걱정함
2	혁명적 노동자들이 어머니 집에서 등사기로 삐라를 제작함, 경찰 수색하러 옴
3	어머니는 공장에 삐라를 몰래 가져가 노동자에게 전달함
4	노동절 데모를 준비하는 노동자들과 어머니의 대화
5	노동절 데모에 관한 어머니와 노동자들의 보고
6	어머니는 글을 배우면서 교사를 변화시킴
7	감옥에 있는 파벨 면회를 하러 간 어머니
8	파업 방해자로 오해를 받지만 파업자와 노동자들을 설득하는 어머니
9	유형에서 돌아온 파벨은 신문을 전달하고 온 어머니를 만남
10	파벨 총살당하고, 어머니는 종교 관련하여 가난한 여인을 의식화시킴
11	전쟁이 발발하자 혁명가들이 무기력해지지만, 어머니는 아픈 몸을 이끌고 투쟁의 길을 감
12	전쟁 반대를 외치다 다친 어머니, 노동자들에게 삐라를 나눠주며 의식화시킴
13	전쟁에 반대하기 위해 금속 수집소에 협조하는 여자들을 의식화시킴
14	파업과 폭동에 참여하여 행진하는 혁명가 어머니

2부 장	고리끼 소설의 사건
1	니꼴라이가 실의에 빠진 어머니를 시내 자기 집으로 이사하게 함
2	니꼴라이 집으로 이사하고 니꼴라이, 소피아와 친해짐
3	어머니와 소피아는 농촌에 신문을 전달하기로 함
4	누더기 차림으로 위장하고 시골로 가며 소피아와 대화
5	리빈과 다른 농민들에게 책과 삐라를 전달함
6	공장 사장과 애인 얘기를 하며, 만국의 노동자가 세상의 주인임을 확인함
7	어머니 니꼴라이에게 글을 배워 책을 읽을 수 있게 됨
8	어머니는 변장하고 다니면서 금서를 보급함
9	베소프쉬꼬프의 탈옥과 그가 숨을 수 있도록 도움

10	위독해져 입원한 이고르는 끝내 숨을 거둠
11	이고르 장례식 준비와 파벨 탈옥시키자는 논의가 진행됨
12	장례식에서 어머니는 경찰과 충돌하여 상처를 입음
13	선전 활동을 위해 인쇄소를 운영하며, 어머니도 참여함
14	어머니는 감옥에서 파벨을 면회함
15	시골에 우편마차로 금서 전달하려고 가다가 리빈이 체포된 모습을 목격함
16	경찰서장이 리빈을 폭행하고, 군중들은 찬성하거나 반대함
17	농민들 어머니의 유인물 받아 가기로 함
18	농민들은 어머니와 대화를 하면서 진심을 이해하고 의식화되어감
19	니꼴라이집 수색당하고, 파벨 탈옥시킬 계획을 계속 추진함
20	농촌에서 도망쳐 온 이그나뜨를 치료해 줌
21	베소프쉬코프가 세운 탈옥 계획을 듣게 됨
22	감옥 면회실에서 탈옥 얘기 전달했으나 거절당함
23	탈옥자들을 돕는 어머니
24	재판정으로 가서 재판받는 아들과 혁명가들을 지켜봄
25	검사의 논고와 혁명가들의 자기 변론을 방청석에서 지켜봄
26	안드레이 등의 변론과 선고를 들음
27	유형이란 형벌을 확인하고, 아들의 연설문을 인쇄하는 작업에 참여함
28	류드밀라에게 연설문을 전달하고 대중에게 배포할 계획을 수립함
29	기차역에서 유인물을 배포하다 헌병에게 체포되는 어머니

　가장 눈에 띄는 점은 각색 희곡에 나타난 사건이 소설과 견주어 상대적으로 적다는 점이다. 소설 텍스트 자체가 장편소설이어서, 분량이 방대하고 그 속에서 다루는 사건 또한 풍부하다. 그러나 각색 희곡은 한정된 시간 안에 관객에게 보여주어야 하므로 소설처럼 자세하게 다룰 수 없다.

　더불어 각색 희곡에서는 어머니와 관련이 깊은 사건을 중심 사건으로 배치하였고, 소설에 없는 사건을 더 만들어서 제시하기도 하였다.

반면 어머니와 관련이 떨어지는 사건은 삭제하거나 축소하였다.[6]

특히 희곡 각색의 첫 번째 장을 보면 어머니는 죽을 끓이면서 아들의 건강을 걱정한다. 아들을 사랑하는 어머니의 모습이 잘 나타나 있다. 그렇지만 소설의 도입 부분에서는 공장촌 사람들이 힘든 노동 때문에 술과 욕설, 싸움 등을 많이 한다. 파벨의 아버지에서부터 파벨까지 그런 모습이라는 점이 나타나고 있다. 소설 속에서 어머니의 모습은 복잡하고 다양한 사건 속에서 제시되고 있다. 그런 사건 속에서 어머니가 어떤 삶을 살아왔고, 또 사는지를 보여주고 있다.

또한, 각색 희곡의 10장에서 파벨은 총살을 당한다. 그러나 아들이 세상에 없음에도 불구하고 어머니는 제국주의 전쟁에 반대하며 열심히 투쟁하는 혁명가로 살아간다. 다시 말해 노동자와 여러 사람을 의식화시키는 활동을 계속한다. 마지막에 어머니는 파업을 벌이고 폭동을 일으키는 노동자를 돕기도 하고, 거리 시위에 참여하는 등 혁명과 관련된 여러 사건에도 참여한다.

3) 배경

일반적으로 소설과 희곡에서 배경은 시간적 배경과 공간적 배경으로 구분한다. 소설과 달리 희곡은 고정된 공간에서 한정된 시간 동안 같은 배우와 관객이 만나기 때문에 이 요소가 더욱더 중요하다. 그래서 희곡 각색을 위해서는 이 부분을 정확히 확인하고 결정해야 한다. 두 텍스트의 배경이 어떠한지 표로 정리하였다.

---

6 _ 브레히트의 각색 희곡에 나타난 사건 가운데 소설과 중복되는 공통된 분량을 〔표2〕의 '브레히트 각색 희곡의 사건' 부분에서 밑줄로 표시하였다. 대략 절반 정도의 사건이 여기에 해당한다.

[표 3] 배경 비교표

장	브레히트 각색 희곡의 배경(시간, 공간)
1	트베르에 있는 펠라게아 블라쏘바의 셋방
2	트베르에 있는 펠라게아 블라쏘바의 셋방
3	공장 마당
4	트베르에 있는 펠라게아 블라쏘바의 셋방
5	1905년 5월 1일, 거리
6	로스토프에 있는 교사 베소프취코프의 집
7	감옥
8	1905년 여름, 국도, 농장의 부엌,
9	1912년, 교사 베소프취코프의 집
10	교사의 집
11	세계대전 발발, 교사의 집
12	거리의 모퉁이
13	1916년, 조국을 위한 금속 수집소
14	1917년, 거리

소설에서 중심이 되는 시간적 배경은 1905년 5월 1일이다. 이 노동절에 벌어진 노동자의 시위는 1905년 러시아 혁명을 의미한다. 그러나 실제로는 1902년 오늘날의 고리끼시 근교 소르모프에서 일어난, 고리끼 자신이 목격했던 '5월 데모'를 바탕으로 하였다. (브레히트 1938, 203) 그리고 소설의 공간적 배경은 어머니의 셋방과 공장, 감옥, 니꼴라이의 집, 광장, 재판정 등으로 1905년 러시아 어느 공장촌이 중심이다.

그러나 브레히트는 소설 속 시간적 배경인 1905년 5월 1일을 각색 희곡의 전반부에 배치하고, 각색 희곡의 후반부에는 그 후 1917년 10월 혁명까지를 시간적 배경으로 설정함으로써 배경이 되는 시간을 12년 이상 확대한다. 이를 통해 세계대전을 제국주의 전쟁으로 규정하고 이를 반대하는 어머니의 모습을 더 강조하여 보여준다. 다시 말해, 고리끼의 『어머니』에서는 실패한 1905년 혁명을 중점적으로 다루고 있지만,

브레히트의 각색 희곡에서는 1917년 혁명까지 그림으로써 '성공한 러시아 혁명'이라는 주제를 표현했다.

한편 각색 희곡의 공간적 배경은 어머니의 셋방과 공장, 감옥, 베소프취코프의 집, 거리 등이다. 희곡의 공간적 배경 또한 소설과 같이 가난하지만, 혁명을 꿈꾸는 노동자가 사는 공장 촌이다. 다만 희곡의 후반부에 12년이란 세월 동안 어머니가 어떤 활동을 하며 혁명가로 살았는지를 보여주기 위해 소설에 등장하지 않는 공간을 더 설정하였다.

2. 형식 측면

브레히트의 『어머니』에는 일반적인 희곡 장르의 특성이 잘 나타나 있다. 앞부분에는 등장인물이 일목요연하게 정리되어 있고, 이어지는 부분에서 장 표시와 함께 배경이 명시되어 있으며, 대사하는 인물의 이름과 그 인물의 대사 및 관련한 지문 등이 그것이다.

그러나 다른 희곡과 달리 브레히트의 희곡에는 다음과 같이 다른 점도 있다. 이런 점은 브레히트가 주창한 서사극이라는 연극 양식의 대표적인 특징이기도 하다.

1) 서사적 방식으로 노래 사용하기

첫째 브레히트의 각색 희곡에는 노래 가사가 많이 나온다. 합창이나 독창 등 다양한 방식으로 인물들이 노래하거나 특정한 내용의 글을 낭송하기도 한다. 인물들 사이의 대화 중간에 극을 중단하고 노래하는 것은 지금 관객이 보고 있는 이 공연이 연극이라는 점을 강조한다. 그래서 관객 스스로 등장인물에게 감정이입을 하기보다는 이성적으로 사고

하고 판단하게 자극한다. 이것이 바로 브레히트가 원하는 연극의 특징이다. 일반적으로 연기와 대사를 하면서도 노래를 많이 사용하는 공연을 노래극 또는 뮤지컬이라고 한다. 노래극이나 뮤지컬에서 노래는 감정이입을 강화하는 역할을 하지만, 브레히트가 희곡에서 기획한 노래는 그와 반대로 감정이입을 방해하여 인물이나 사건에 관해 이성적으로 판단하도록 돕는 역할을 한다.

2) 관객에게 직접 말하기

둘째 브레히트 각색 희곡에서 배우들은 관객에게 직접 말을 한다. 일반적으로 기존 연극에서 배우들은 연기할 때는 자신이 어떤 역할인지 설명하지 않고 연기로 보여준다. 그러나 브레히트 각색 희곡에서는 이런 관습을 따르지 않는다. 예컨대 5장에서 1905년 5월 1일 있었던 거리 시위에 관해 어머니를 비롯하여 혁명적 노동자가 관객에게 직접 보고하는 장면이 대표적이다. (브레히트 1938, 37-41)

스밀긴　　제 이름은 스밀긴입니다. 저는 20년 동안 이 운동에 참여했습죠. 저는 공장에서 혁명적 계몽을 펼친 최초의 동지들 중 한 사람이었습니다. … 중략 … 제 뒤에도 수천 명이 있습니다만 저희 앞에는 다시 폭력이 있습니다. 그런데도 저희가 깃발을 치워야 할까요?

중략

스밀긴　　깃발을 못 내놓겠다! 교섭은 안 된다!

나호드카　　좋아요, 스밀긴! 하고 우린 말했습니다. 그렇게 해야 돼요. 이제 모든 게 제대로입니다.

베소프쉬코프 "그래", 하고 그는 말했고 얼굴을 앞으로 푹 숙이며 쓰러

졌습니다. 이미 총을 맞았기 때문이었죠.

이하 생략(브레히트 1938, 40-41)

등장인물들이 서로 대화하는 것이 아니라 등장인물이 관객에게 직접 말하고 있다. 그것도 이야기의 맥락상 이미 죽은 것으로 설정된 '스밀 긴'까지 등장하여 그 상황을 설명하고 있어 현재성을 중시하는 극적 표현과 괴리된다. 결과적으로 극적인 환상이 제거되고 사건이나 인물에 대한 이해와 평가를 하도록 유도하고 있다.

3) 긴 독백의 활용

셋째 각색 희곡에는 긴 독백이 많다. 일반적으로 극 관람이라고 하면 배우들이 서로 주고받는 대화를 훔쳐보는 것을 전제로 한다. 그런데 브레히트의 희곡에서는 이와 같은 극 관람 관습이 전복된다. 예컨대 1장에서 어머니가 한 대사가 대표적이다.

블라쏘바이걸 국이랍시고 아들 녀석에게 주려니 부끄럽구먼. 그렇지만 국속에 돼지비계 한 덩어리도 넣을 수가 없어. … 중략 … 저 앤 즈이 아버지하고는 영 딴판이야. 끝도 한도 없이 책을 읽는 데다 먹는 게 항상 시원칠 않고 요즘은 국이 더 형편없어졌으니 점점 더 불만스러워지겠지.(브레히트 1938, 11)

1장 전체가 블라쏘바의 긴 독백으로 이루어져 있다. 물론, 독백은 방

백과 함께 연극에서 사용하는 말하기 방식 가운데 하나이다. 그러나 인용한 것과 같이 긴 독백은 해설자가 하는 말과 다를 바가 없어서 일반적인 연극의 대사와는 다르다. 긴 독백은 극적이기보다 서사적인 특성이 강하다. 특정한 화자가 청자에게 말을 통해 설명하거나 묘사하는 표현 방식은 전통적으로 극보다는 서사에서 더 자주 사용한 방식이었다.

III. 브레히트 『어머니』의 각색 원리

고리끼의 소설을 브레히트가 희곡으로 각색한 원리의 저변에는 '선택과 배제'가 바탕이 되었다.[7] 그래서 원작 소설을 충실히 따르지 않는다는 비판을 받을 수도 있다. 그렇지만 희곡 각색도 독자적인 예술 작품이라고 볼 때 각색자의 독자성 또한 충분히 인정받아야 한다. 각색자가 원작에서 살릴 만하다고 판단한 것은 선택할 수 있고, 만약 그렇지 않다고 판단하면 배제하는 방식으로 각색을 할 수 있어야 한다. 물론, 이를 통해 생산된 결과에 관한 책임은 고스란히 각색자가 짊어져야 한다.[8] 이렇게 각색의 방식에는 원작에 얼마나 충실한가를 기준으로 하여

---

7 _ 이런 선택과 배제는 외국 작품을 번안할 때에도 마찬가지로 나타난다. "외국의 희곡을 번역하되 원작의 줄거리나 사건은 그대로 두고 시대적 배경, 풍속, 인명, 지명 따위를 자기 나라 풍토에 맞게 바꾸어 상연하는 것이 번안극의 특징이다."(오판진 2014, 611; 김미도 2001, 266-267; 이승진 2007, 269-374; 이윤택 1999, 25-32; 장미진 2004).

8 _ "일반 관객을 대상으로 하는 본격적인 공연은 한국 배우협회에 의해 실현되어 1993년 1월 24일부터 2주일간 문예회관 대극장에서 공연되었다. 본 협회의 성격상 인적 자원이 풍부하여 60여 명의 배우들이 출연하는 대규모의 스펙터클로 무대화된 한국에서의 『어머니』(연출 : 김효경)는 그해 문예회관 대극장에서 공연된 작품 중 극단 가교의 악극 『번지없는 주막』 다음으로 많은 관객을 동원했다."(김미혜 역 1994, 209-210).

그 정도가 다양하다.[9]

1. 각색자의 자율성 확대

브레히트는 소설 속 어머니를 강조하기 위해 인물과 사건, 배경에 관해 몇 가지 변화를 시도했다.[10] 필자는 이것을 각색자의 자율성 확대라고 규정하고자 한다.

1) 인물 설정의 자율성

(1) 인물의 삭제

파벨의 아버지인 미하일 블라소프는 고리끼의 소설에 등장하지만, 브레히트가 각색한 희곡에는 나오지 않는다. 각색자가 가족 구성원 가운데 중요한 사람인 어머니의 남편을 삭제하였다. 브레히트가 연극에서 보여주고 싶었던 혁명가로 변화하는 어머니의 모습을 초점화하기 위해 의도적으로 배제하였다. 파벨의 아버지 외에도 소설 속에서 비중이 높지 않은 인물들이 다수 생략되었다. 특히 소설 속에서 연인 관계로 등장하는 짝들이 각색 희곡에서는 전혀 언급되지 않았다. 그래서 혁명가들 사이의 애정 관계가 다루어지지 않아 인간관계의 입체성은 물론, 재미도 반감되었다. 그렇지만 이를 통해 어머니라는 인물을 초점화하는 효과를 얻었다. 브레히트는 각색 희곡에서 어머니 외에는 눈에 들어오는

---

9 _ 넓은 의미에서 번안 또한 각색에 포함되는데, 뮤지컬 영역에서 김민기의 《지하철 1호선》이 거둔 성과는 참고할만하다.(김미도 2001, 266-267; 장미진 2004)

10 _ 번역이 아닌 번안의 과정에서 번안자의 자율성 확대도 같은 맥락에서 논의할 수 있다.(오판진 2014, 611; 平子義雄 1999; 김한식 외 역 2007)

것이 없도록 의도적으로 인물을 설정하였다. 각색 희곡에서 많은 인물을 다루지 않고, 인물 사이의 관계를 삭제한 것도 각색자의 선택이다.

(2) 인물의 성격 변화

어머니의 아들인 파벨의 성격이 소설과 희곡에서 조금 다르게 표현되어 있다. 소설에서는 일반적인 젊은이로 시작하여 혁명을 이끄는 지도자가 되는 과정이 자세하게 그려져 있다. 특히 가장 투철한 혁명가가 되어 유형이나 죽음을 두려워하지 않으면서 데모를 준비한다. 그리고 재판을 받으면서 자기 사상을 논리적으로 변론하는 부분은 가히 압권이라 할만하다. 그리고 사랑하는 여인과의 사랑조차 사치라고 생각하여 포기하는 부분은 지나치다 싶을 정도로 영웅처럼 그려진다. 그러나 이와 달리 희곡에서는 아들이 혁명적인 노동자 가운데 한 사람으로 그려질 뿐, 그의 사상이나 정서가 두드러지지 않는다. 즉, 파벨은 거리 시위에 참여했다가 체포된 후에 유형을 떠나고, 그 후 다시 집으로 돌아오지만, 10장(전체 14장)에서 핀란드 국경을 넘으려다 체포되어 총살당한다. 희곡에서는 갑자기 사라지는 인물로 그려진다. 그러나 소설에서는 파벨이 1부와 2부에 걸쳐 총 58장이 끝날 때까지 차근차근 변화한다. 이 또한 브레히트가 아들의 역할을 축소하면서도 어머니는 강조하기 위해 의도적으로 선택한 결과이다.

(3) 인물의 추가

[표1]에서 제시한 바와 같이 소설에 나오는 인물과 희곡에 등장하는 인물은 조금 다르다. 완전히 다른 역할을 하는 인물이 추가로 만들어진 경우도 있고, 소설과 유사한 역할인데 이름이나 그 성격이 달라진 인물

도 있다. 특히 희곡 8장 이후에 추가된 인물들은 어머니가 혁명가가 되어 투쟁하는 모습을 보여주기 위해 새롭게 등장시켰다. 상복 입은 여자, 하녀, 여인네들, 두 명의 파업 방해자, 바씰 예피모비치(백정), 백정의 아내, 집주인 여자, 여자 농부(시골에서 온 질녀), 가난한 여인이 그들이다.

2) 사건 선택의 자율성

[표2]를 보면 소설과 희곡의 사건 가운데 공통으로 나오는 부분을 밑줄로 표시하였다. 밑줄 친 사건이 희곡의 절반 정도 된다. 이 사건들은 어머니가 아들을 사랑하는 평범한 어머니에서 세상의 노동자를 사랑하는 혁명가 어머니로 변화하는 것을 나타낸다. 반면 공통적이지 않은 나머지 사건들은 무엇인가? 그 사건들은 브레히트가 의도적으로 새로 만들어낸 것들이다. 결국, 브레히트는 소설 『어머니』에서 가장 핵심적인 사건을 선택하여 중심 사건으로 삼았고, 혁명가 어머니의 모습을 보여주기 위한 의도를 가지고 희곡의 나머지 사건들을 새롭게 만들었다.

3) 배경 선택의 자율성

소설과 각색 희곡의 배경 가운데 크게 차이가 나는 것은 시간적 배경이다. 소설에서는 1905년 5월 데모를 다루면서 어머니가 어떻게 변화하는지를 보여주었다. 반면 희곡에서는 1905년뿐만 아니라 1917년 10월 혁명까지 다루면서 세계 최초로 사회주의 혁명이 일어나는 과정을 배경으로 선택하였다. 일반적으로 각색이라고 하면 원작에 충실한 것이 보통이다. 그래서 많은 이들이 원작의 범위에서 벗어나지 않는다. 그렇지만 브레히트는 고리끼가 소설에서 다룬 어머니의 모습을 혁명의 완성과 관련하여 긴 호흡으로 보여줌으로써 어머니를 새롭게 창조하였다. 원작과 다른 배경을 선택함으로써 고리끼의 어머니보다 더 혁명적인 브레히트의 어머니가 탄생할 수 있었다.

2. 기본적인 희곡 요소의 활용

각색 희곡에는 소설과 다른 희곡 장르의 기본적인 요소가 잘 활용되고 있다. 희곡에서만 볼 수 있는 등장인물 소개나 장 표시, 등장인물의 이름 제시는 물론, 대사와 지문의 사용 등이 그것이다. 희곡의 요소에 충실한 것은 다른 각색자가 희곡을 각색할 때 참고할만한 교육 내용이다. 특히 초, 중등 학생들이 희곡 각색 공부를 할 때 필수적인 부분이다. 지나치게 실험적으로 희곡을 쓰는 작가의 작품을 보면서 희곡을 공부하다 보면 연극의 장르적 특성을 파악하기 어렵다. 물론, 다음 항목에서 다루겠지만 그렇다고 브레히트가 새로운 시도를 하지 않았다는 말은 아니다. 그는 새로운 길을 열어갈 때도 기존의 관습 가운데 기본적인 것은 충실히 지켰다. 그래서 브레히트의『어머니』는 각색을 공부하는 교육 텍스트로 의미가 크다.

3. 서사 기법의 도입

앞에서 살펴본 바와 같이 브레히트의 각색 희곡에는 '서사적 방식으로 노래 사용', '관객에게 직접 말하기', '긴 독백의 활용'이라는 기법이 나타난다. 이런 기법을 서사 기법이라고 하는데, 브레히트의 각색은 희곡의 내용뿐만 아니라 희곡의 형식에서도 새로움을 추구했다는 점에서 이례적이다. 희곡의 기본에 충실하면서도 각색자의 선택과 배제를 통해 서사 기법을 도입하여 훌륭한 각색 희곡을 완성하였다.

IV. 결론

브레히트의 각색 희곡 『어머니』는 고리끼의 소설 『어머니』를 각색하였다. 고리끼의 소설이 세계 문학사에서 높이 평가받는 탁월한 작품이었기 때문에 브레히트도 관심을 가졌다. 브레히트는 고리끼의 소설을 희곡으로 각색하여 무대에 올렸고, 관객들에게 큰 호응을 받았다. 이런 맥락을 근거로 하여 이 연구에서는 각색 희곡을 원작 소설과 비교 분석함으로써 희곡 각색의 원리를 찾아보았다.

먼저 각색 희곡의 내용 측면에서 인물과 사건, 배경이 원작과 같거나 다른 점이 무엇인지 분석하였다. 기본적으로 원작의 핵심을 바탕으로 하면서도 각색자의 생각이 첨가되어 새로운 작품이 되었다는 것을 발견하였다. 희곡의 형식 측면에서도 그러했다. 희곡의 기본적인 특징인 소설과 다른 장르적 차이가 나타나는 것은 물론,이고, 연극에 관한 새로운 인식과 실험이 각색 희곡에 잘 나타나 있다.

이 연구를 통해 밝혀낸 브레히트의 『어머니』에 나타난 각색 원리는 '각색자의 자율성 확대', '기본적인 희곡 요소의 활용', '서사 기법의 도입'이다. 물론, 모든 각색자가 이와 같은 방식으로 희곡을 각색해야 한다고 할수는 없다. 다만 희곡 각색을 할 때 원작에만 충실하지 않고, 각색자의 고민과 관객의 호응을 바탕으로 새로운 시도까지 포함할 수 있다는 것을 구체적인 사례를 통해 구명하였다. 앞으로 훌륭한 각색 희곡을 더 탐구하여 각색에 관한 논의가 활성화되길 기대한다.

참고문헌

📡 1차 문헌

고리끼, 막심(2009): 어머니(최윤락 역). 열린책들.

브레히트, 베르톨트(1938): 어머니(김미혜 역). 현대미학사.

교육부(2014): 국어 6-1 교사용 지도서. ㈜미래앤.

고리끼, 막심(1989): 어머니(최윤락 역). 열린책들.

고리끼, 막심(1990): 어머니(최윤락 역). 열린책들.

고리끼, 막심(1991): 어머니(최윤락 역). 열린책들.

고리끼, 막심(1995): 어머니(최윤락 역). 열린책들.

고리끼, 막심(2000): 어머니(최윤락 역). 열린책들.

📡 2차 문헌

개구쟁이(2013): 정말 어린이를 위한다면 친구와 놀이를 주시라『우리는 친구다』. 개똥이네 집. 보리. 100-103.

국립국어연구원(1999): 표준국어대사전. (주)두산동아.

권태명(1994): 동아 새국어사전. ㈜동아출판사.

김미혜(2008): 대본분석 이론과 실제-텍스트에서 공연까지. 연극과인간.

김미혜 외(2008): 연극의 지평. 연극과인간.

김미도(2001): 김민기와 학전 뮤지컬의 성과. 21세기 한국연극의 길 찾기. 연극과인간. 266-267.

김효중(2004): 새로운 번역을 위한 패러다임. 푸른사상.

오판진(2014): 아동극 번안의 원리 연구. 새국어교육 98. 한국국어교육학회.

유민영(2011): 한국근대연극사 신론. 태학사.

이승진(2007): 독일어권 공연예술 연구-장르별 공연 양식 분석 및 작품 컨텐츠 DB 구축. 브레히트와 현대연극. 한국브레히트학회 16. 269-374.

이윤택(1999): '지금-이곳-우리의 양식'이란 명제. 희곡 번안에 대하여. 한국연극 4월호. 한국연극협회. 25-32.

장미진(2004): 독일 연극의 한국 수용 연구. 성균관대학교 박사학위논문.

한국문학번역원(2007): 문학 번역의 이해. 북스토리.

平子義雄(2007): 번역의 원리-異문화를 어떻게 번역할 것인가(김한식 외 역). 한국외국어대학교 출판부.

스트린드베리, 요한 아우구스트(1999): 다마스커스를 향하여(김미혜 역). 한양대학교출판부.

◀ 희곡 각색 교육의 내용

I. 머리말

일반적으로 문학이나 예술 분야에서 한 장르의 중심 내용이나 특정 아이디어를 다른 장르로 바꾸는 것을 각색이라고 한다. 아동문학에서는 동화를 각색하여 동극 공연을 하는 사례가 많다. 이 글에서는 초등학교 학생들이 동화 텍스트를 동극 공연의 전제가 되는 문자 텍스트로 전환하는 사례를 대상으로 고찰하고자 한다.[1]

희곡 각색은 교육과정에도 명시되어 초등학생의 국어 교육 활동으로 이어지고 있다. 예컨대 초등학교 국어과 교육과정에는 다음과 같은 단원 성취 기준이 명시되어 있다. 초등학교 6학년 1학기 국어 교과서 12단원 '문학의 갈래' 1-5차시를 보면 시와 동화, 희곡의 특성을 생각하며 작품을 읽는 학습 요소가 제시되어 있고, 이 학습에 이어지는 '국어활동'에서는 2차시에 걸쳐서 '동화의 한 장면을 희곡으로 바꾸어 쓰고 역할놀이로 표현할 수 있다.'라는 학습 목표도 제시하고 있다.[2] 그래서 학급이든, 학년이나 학교 전체이든 이런 희곡 각색을 바탕으로 연극 공연

---

1 _ "연극의 언어적 대본인(이) 희곡에 상응하는 '어린이를 위한 희곡'에 대한 적합한 명칭이 없는 것은 여전히 아쉽다. 동극은 이미 극예술이지 그 자체가 문학의 장르종이 될 수는 없기 때문이다." 김상욱 외, 『한국 아동청소년문학 장르론』, 청동거울, 2013, 161면. (괄호는 오자로 보아 수정함)

2 _ 문학(6) 작품의 일부를 바꾸어 쓰거나 다른 갈래로 바꾸어 쓴다. 교육부, 『국어 6-1 교사용 지도서』, ㈜미래앤, 2014, 52면. 2015년 2월 현재 6학년 국어교과서가 전국의 초등학생들에게 배포된 상태는 아니지만, 그 내용은 이미 심의를 통과했다.

을 하고 감상하는 활동은 국어교육의 주요한 내용 가운데 하나이다.[3]

국어 교과서에 수록된 희곡 각색 교육의 내용이 초등학교 학습자에게 어느 정도 도움을 주는지는 검토된 바가 없다. 그래서 이 글에서는 학습자가 다른 장르와 구별되는 희곡의 특성을 정확히 파악하여 의미 있는 각색을 하기 위해 현행 초등학교 국어 교육의 내용이 적절한지 고찰하고자 한다. 서울강O초등학교 학생들의 희곡 각색 자료를 분석하여 희곡 각색 교육의 현황을 점검하고, 더 나은 교육 프로그램을 위한 기초를 닦고자 한다. 혁신학교로 지정된 서울강O초등학교에서는 2012년부터 6학년 2학기 때 학습자가 연극 공연을 올리는 특별한 교육 프로그램을 설계하여 운용하고 있다. 희곡 각색부터 공연까지 차근차근 준비할 수 있도록 시간을 충분히 편성한 후에 성실하여 운영하고 있으며, 그 성과 또한 적지 않다는 평가를 받고 있다.

서울강O초등학교에서 이루어진 교육은 희곡 각색 분야에 관심을 둔다는 자체만으로도 훌륭하다. 하지만 '첫술에 배부르랴'라는 속담처럼 처음엔 부족한 점도 있기 마련이다. 이런 미흡한 부분을 고찰함으로써 희곡 각색 교육을 통해 더 창의적이고 비판적인 능력을 기르면서 재미있게 희곡 수업을 하도록 도움을 주고자 한다.

3_ 학급뿐만 아니라 학년, 또는 학교 학예회에서 서사 장르를 극으로 변환하여 이를 바탕으로 공연하는 활동은 초등학교에서 일반적이다. 본 연구에서는 서울시 강O구 상O동에 위치한 서울강O초등학교 학생들이 만든 극본을 분석 대상으로 삼았다.

II. 용어의 개념 및 연구 자료

희곡사 측면에서 세계 여러 나라의 현황을 검토해 보면, 문자로 된 희곡보다는 몸으로 전승된 연행이 훨씬 더 많고, 일반적이다. 한국전통극 또한 마찬가지여서 문자로 기록된 희곡을 바탕으로 하지 않고, 몸에 기억된 연행을 중심으로 계승되었다. 그런데도 1930년대 이후 송석하, 이두현 등 민속학자들의 노력으로 당대의 연행이 문자로 채록되어 오늘에 전해지고 있다.[4] 그래서 이런 채록본을 참고하여 가면극이나 꼭두각시놀음을 공연하기도 한다. 반면 그리스비극이나 일본의 노오[5]를 보면 한국의 전통극과 달리, 극작가가 희곡을 먼저 쓰고, 그것을 바탕으로 연기 연습과 공연을 하였다.

한편 1900년대 이후 한국 근·현대극에서는 희곡을 바탕으로 한 공연이 한국연극의 중심에 섰다. 그 대신 연행을 바탕으로 한 전통극은 주변부로 점점 밀려나기 시작했다. 그래서 희곡이나 희곡 각색이란 용어가 점점 대중들에게도 알려지게 되었다. 어린이 연극의 장에서도 1900년대 이후 어린이들이 연극 공연을 할 때 희곡을 바탕으로 하였다.[6] 특

---

4 _ 이두현, 『(註釋本)韓國假面劇選』, 교문사, 1997.

5 _ "8. 노오의 대표작 ① 후나벤케이 〈후나벤케이〉는 간제코지로 노부미쓰 觀世小次郎信光의 작품으로 12세기 후반에 있었던 역사적 사건을 배경으로 하고 있다. (이하 생략) ② 도조지 〈도조지〉는 작자미상으로 도조지라는 절의 새로 주조된 종을 설치하는 데서 일어나는 귀녀鬼女를 주인공으로 하는 작품이다. (이하 생략) 이지선, 『일본전통공연예술』, 제이엔씨, 2007, 108~111쪽. "1443 ■ 일본의 뛰어난 배우 제아미가 사망했다. 제아미는 일본의 전통극인 노오(Noh) 배우이며 극단을 운영하던 카나미(Kwanami)의 아들이다. 제아미는 아주 어렸을 때부터 연기 수업을 받았으며 10대 초반에 쇼군의 후원을 받아 노오를 발전시키며 많은 레파토리를 만들었다. 직접 극작을 하거나 배우로 출연하던 제아미는 5세가 되었을 때 자기 아들에게 극단을 넘겨주고 속세를 떠나 스님이 되었다. (이하 생략)" 김중효, 『연극_시간의 거울』, 예전사, 2005, 203면."

6 _ "1920년대 교과서에 처음 실리게 되는 동화극 「심청」과 『어린이』에 실린 방정환의 「노래 주머니」가 공교롭게도 우리의 옛이야기를 새롭게 아동극 형식으로 각색한 것이어서, (이하 생략)" 박

히 학교 교육에서는 교과서에 실린 문자로 된 희곡을 바탕으로 어린이와 청소년들이 연기를 연습하여 학급이나 학교 학예회에서 공연하는 문화가 형성되고, 정착되었다.

그런데 희곡 각색은 공연 한 편을 올리기 위해 대본 한 편을 만드는 단순한 활동이 아니다. 다시 말해 희곡 각색은 동화의 내용에 대한 핵심 파악 능력을 바탕으로 하면서도 희곡의 특성을 이해하는 능력까지 필요한 통합적이고, 고차원적인 문학 창작 활동이다. 여기에는 문학 창작 능력은 물론, 그것을 뛰어넘는 일반적인 글쓰기 능력이 깊이 관련된 국어활동이다. 따라서 초등학교에서는 역할놀이나 촌극 공연을 연행의 관점에서 바라보는 것도 필요하지만, 국어 능력 신장 차원에서 희곡이나 희곡 각색을 바라보고 더 깊은 관심을 기울여야 한다. 물론, 희곡은 공연을 전제로 하므로 연극성과 함께 문학성을 모두 중시해야 한다. 그렇지만 이 글에서는 연구의 범위를 초점화하기 위해 희곡의 연극성보다는 문학성을 중심으로 논의하고자 한다.

1. 용어의 개념

이 글에서 사용하는 희곡이란 낱말과 유사한 용어로 극본이나 각본, 대본이 있다. 학교나 연극계 및 연극 연구의 장에서 이 용어들을 혼란스럽게 뒤섞어 사용하고 있다. 이런 용어 사이의 차이를 살펴보기 위해 사전에서 사용하는 용례를 검토해 보면, 희곡과 그 외 용어를 서로

영기, 「한국 근대 아동극이 걸어온 길 - 한국 근대 아동극의 형성과 전개」, 『아동문학 프리즘』, 청동거울, 2011, 179면.

다른 장에서는 다르게 인식하고 있음을 파악할 수 있다. 예컨대 교육의 장이나 희곡을 연구하는 이들은 문학성이 높은 상위 수준의 작품을 희곡이라 하고, 그보다 수준이 낮은 작품을 가리킬 때는 극본, 각본, 대본이라고 지칭한다.

희곡 戲曲, drama : 배우가 연기하는 극적 내용(줄거리의 전개)을 등장인물의 대화··독백 등을 근간으로 연출·연기·무대의 지정을 보조적으로 기술한 것. 일반적으로 극본·대본 등과 거의 같은 뜻으로 쓰이는데, 이것은 직접 상연을 목적으로 한 작품인 반면 희곡은 작가(劇作家)가 쓴 작품의 사상성을 중요시하고, 문학작품으로서도 감상할 수 있는 예술성을 지닌 작품을 일컫는 경우가 많다. 희곡이라는 말은 중국 송(宋)나라·원(元)나라 때부터 사용된 것으로 원래는 그 당시 잡극이나 잡희(雜戲)의 가곡을 뜻하는 것이었다. 그러다가 근대에 들어와 유럽 <드라마>의 번역어로서 희곡이라는 말이 선정되었으며, 그 뒤 연극의 극적 내용을 문자로 기술하여 활자화한 연극작품을 희곡이라 부르게 되었다. 드라마란 그리스어 <행하다, 행위하다>를 뜻하는 드란(dran)이 어원이며, 배우가 자기 육체로 관객에게 어떤 사건을 연기해 보이는 그 인물의 행위(사건·줄거리의 전개)를 가리킨다.[7] (이하 생략) (밑줄 인용자)

각본 脚本 playbook : 연극 · 영화 · 방송 등의 무대장치나 출연자의 대사 · 동작을 적은 것. 희곡과 비슷하나, 희곡이 일반 독자를 대상으로 하는 문학작품인데 비하여 각본은 상연을 목적으로 기술한다. 신파극 · 경

7_ 고정일, 『파스칼· 세계대백과사전』, 동서문화사, 1996, 18101면.

연극 등의 실연용의 대본을 특히 각본이라고 하고, 신극과 유럽연극을 희곡이라고 하여 구별하는 경우도 있다.[8](밑줄 인용자)

> 희곡 戱曲, play: 연기를 위하여 쓰여진 작품. 비극, 희극, 소극, 극시 등으로 나눌 수 있다. 두 사람의 약장수가 시장에서 지껄이는 대화로부터 극장에서 공연되는 제작품까지 범위가 넓다. (이하 생략)[9](밑줄 인용자)

인용한 바에 의하면 각색 작품 완성도를 기준으로 하여 그 수준이 높지 않을 때는 희곡이란 용어보다 각본이나 대본, 극본이란 용어가 더 적절하다고 보기도 한다. 다음으로 각색이란 용어에 관해 학계에서 사용하는 의미와 사전적 의미 등을 살펴보자.

> 각색 脚色 adaptation : 소설·실화(實話) 등의 원작을 무대에 상연할 수 있도록 재구성하여 각본(脚本)으로 극화(劇化)하는 것. 일반적으로 프로듀서의 요청에 의해 이루어진다. 줄거리 · 인물 · 대사에 이르기까지 원작에 충실한 경우와 플롯의 변경, 인물의 생략, 대사의 창조 등으로 각색자가 제2의 창작을 하는 경우의 두 가지 방법이 있다. 각색이라는 말은 원래 중국의 연극에서 생(生 : 主役) · 단(旦 : 女役) · 축(丑 : 敵役) · 정(淨 : 어릿광대역) · 말(末 : 端役) · 소생(小生) · 노단(老旦) 등의 분장(扮裝)과 역할을 의미하였다. 한국에서는 심청전 춘향전 등이 흔히 각색되어 영화나 연극으로 상영 · 상연되었다. 유민영[10]

---

8 _ 고정일, 같은 책, 221면.
9 _ 한국문화예술진흥원, 공연예술총서Ⅵ 『연극사전』, 예니, 1981, 337면.
10 _ 고정일, 같은 책, 222면.

각색(adaptation) - 일반적으로, 소설이나 음악 저작물을 영상적으로 각색하는 것과 같이, 기존 저작물을 특정 장르에서 다른 장르로 바꾸는 것을 의미한다. 각색은 같은 장르 내에서 소설을 청소년판으로 다시 쓰는 경우와 같이, 이용의 각 상황에 적당하도록 변경하는 경우도 포함한다. 각색은 표현 형식만을 바꾸는 번역과는 달리, 저작물의 구성을 변경하는 경우도 포함된다. 저작권법에서 보호하는 다른 저작물을 각색하는 사람을 각색자(adaptor ; adaptateur)라 하고 각색자는 각색물의 저작자로 본다. 'adaptation' 넓은 의미로는 편곡을 포함하므로 '각색'이라는 용어가 적합하지 않은 경우가 있다. 경우에 따라서는 개작(alteration)이나 변형(trausformation)과 구별 없이 사용하기도 한다. 이때에는 '개작'의 의미로 쓰는 것이 옳을 듯하다. 'adaptation'은 그 결과물을 의미하기도 한다.[11]

인용한 바와 같이, 각색은 주로 소설이나 서사시 등의 문학 작품을 연극이나 영화 등으로 고쳐 만드는 일을 지칭하는 용어로 사용하고 있다.[12] 하지만 각색(脚色)이란 용어는 다른 용어로도 사용할 수 있다. 개작이나 변형 등이 대표적이다. 이 글에서는 내용상 큰 차이가 없어서 가장 일반적인 용어인 각색을 선택하였다.

희곡은 무대에서 연기할 때 지침이 되는 말과 행동을 중심으로 대사와 지문으로 기술하고, 그에 따른 상황을 설명하는 글이 부수적으로 기록되어 있다. 장르의 형식 측면에서 보면 이런 점이 중요할 수 있다. 그

---

11 _ 문헌정보학용어사전 편찬위원회 편, 『문헌정보학용어사전』, 한국도서관협회, 2010.

12 _ "각색(脚色) : 시·소설·실화 따위를 각본으로 고쳐 쓰는 일. 각본화. 각본(脚本) : 영화·연극 등의 대사·동작·무대 장치 등을 자세히 적은 대본" 권태명, 『동아 새국어사전』, (주)동아출판사, 1994, 36면.

렇지만, 실제로 각색의 결과를 놓고 평가할 때에 핵심적으로 논의하는 것은 각색된 희곡의 주제와 인물, 배경 등 내용적인 측면에 관한 평가이다. 각색 작품을 통해 각색자의 관점이나 능력을 판단한다. 그래서 간혹 원작의 수준보다 낮아지거나 미흡하다고 평가하기도 하고, 원작의 장점을 잘 살려내거나 더 훌륭하게 재창조했다고 평가하기도 한다.

결국, 이 글에서는 '희곡'을 어린이연극을 위한 문자 텍스트를 지칭하는 용어로 사용하겠다. 그리고 '각색'은 동화를 희곡으로 고쳐 쓰는 과정을 지칭하는 용어로 보겠다. 이 글에서는 예술적 완성도보다 어린이의 교육 활동을 소중히 여기고 격려하는 차원에서 조금 부족할지라도 '희곡'이라고 지칭하고자 한다. '어린이'라는 용어처럼 어린 학생을 존중하는 인식이 연구의 장에서도 널리 인정되기를 바란다.

2. 연구 자료

우리나라에서 동화를 희곡으로 각색한 사례를 살펴보기 위해서는 1920년대까지 거슬러 올라가야 한다. 방정환이 혹부리영감이란 옛이야기를 희곡으로 만들어 『어린이』지에 실은 <노래 주머니>가 대표적이다.[13] 그리고 교과서에 실린 <크리스마스 송가>는 외국 작품을 희곡으로 각색하여 초등학교 국어교육의 텍스트로 사용한 대표적인 사례이다.[14]

이 글에서 고찰하는 연구 자료는 서울강O초등학교 6학년 학생들이

---

13 _ 이 작품 이외에도 『어린이』지에는 '동화극'이라고 지칭된 여러 작품이 있다. 졸저, 『『어린이』지 수록 동극 연구 : 장르명과 특징을 중심으로』, 아동청소년문학연구, 2014.

14 _ 「크리스마스 송가」는 1956년부터 1990년대 제5차 교육과정기까지 수록되어 아동극의 정전이 된 작품이다. 박영기, 「해방 이후 한국 아동극의 탐색과 기대」, 『아동문학 프리즘』, 청동거울, 2011, 206면.

만든 희곡이다. 이 학교는 희곡 각색을 바탕으로 학년 연극제까지 운영하는 내실 있는 교육 활동으로 주목받고 있다. 그러나 학생들이 국어 교과서에 제시된 희곡 각색 교육을 공부했음에도 불구하고 희곡의 적지 않은 부분에 문제가 있었다. 그래서 희곡 각색 교육 측면에서 고쳐야 할 부분부터 살펴보고, 그 대안을 찾아 교육 내용으로 송환하고자 한다.

[표1] 2014년 서울강O초 6학년 공동 각색 희곡의 제목과 원작 정보

	희곡 제목	원작 제목	원작자	원작 장르명
1	장수만세	장수만세	이현	동화
2	난 키가 작아 그래서 뭐 어쩌라고!	난 키가 작아 그래서 뭐가 문제야	야엘 아쌍 작 박선주 역	
3	마지막 이벤트	마지막 이벤트	유은실	
4	분노의 탈환	꽃가족	이상신, 국중록	웹툰
5	어머님께	-	-	동화
6	좋은 엄마 학원	좋은 엄마 학원	김녹두	
7	Together	-	-	
8	혼자가 아니야	동화 없는 동화책	김남중	

학생들이 만든 희곡을 분석해 보면, 원작이 웹툰인 경우도 있었지만, 동화가 대부분이었고, 그것도 창작동화가 많았다. 희곡 각색은 학습자 가운데 한 명이 대표로 마무리를 하였지만, 그 학생이 정리하기 전에 모둠 구성원끼리 의견을 나누는 과정을 거쳤다. 이렇게 함께 의논해서 만든 희곡은 공연하기 전까지 계속 수정해 나간다. 연구자가 분석해 보니 학습자가 각색 작을 수정할 기회가 있었음에도 부족한 점이 있는 것을 보면 학생들이 희곡 각색에 관해 정확히 모르고 있는 것을 알 수 있다.

III. 희곡 각색 과정에 나타난 문제

1. 희곡의 내용적 측면

1) 원작을 바라보는 학습자의 관점

연극 무대와 객석의 높이가 어떠냐에 따라 공연을 감상하는 자세가 달라진다.[15] 각색자가 원작을 어떤 눈높이에서 바라볼 것인가에 따라 원작의 무게가 다르게 다가온다. 대부분의 각색자는 원작을 지나치게 올려다보는 경향이 있다. 성인들이 선택하는 각색자의 관점들이 대체로 이런 유형이며, 초등학생들 또한 마찬가지이다. 서울강O초등학교 어린이들이 각색한 희곡을 분석해 보면, 이런 양상이 매우 두드러지고 있다. 예컨대 원작인 동화에 나온 인물과 갈등, 배경 등을 그대로 유지하면서, 심지어 인물의 말과 행동 및 그에 관한 설명이나 묘사까지도 똑같이 가져다 쓰기도 했다. 그러다 보니 원작의 한계를 뛰어넘지 못하거나 원작에 대한 각색자의 생각이 각색 작품에 전혀 반영되지 않는 사례도 있다.

(희곡 텍스트)

할아버지 :　(의자에 앉으며) 신경 쓰지 마. 나한테 하는 말 일거야.

　　　　　　영욱아 활명수 세 병만 사오렴^

영욱 :　안 돼요 저번에도 걸려서 엄마한테 혼났잖아요.

---

15 _ 영화나 사진에서 카메라와 피사체의 상호 관계적인 높낮이에 따라 작품의 느낌이 크게 차이가 나는 것도 같은 맥락이다.

할아버지 :　　그럼 딱 두 병만

영욱 :　　안 돼요 약국에서 한 병만 드시래요

할아버지 :　　<u>치사한 표영욱</u>. 밥 먹고 딱 세 병만 먹으면 체한 게 쑥
내려갈 것 같은데. 그 놈의 약국 여편네 때문에 (이하 생
략)[16](밑줄 인용자)

(원작 텍스트)

할아버지가 아팠다.

<u>손자야 활명수 세 병만</u> ^ ^

그 문자를 받았을 때만 해도 그냥 조금 아픈 줄 알았다. 할아버진 걸핏
하면 활명수를 먹기 때문이다.

<u>안 돼 저번에도 걸려서 엄마한테 혼났잖아</u>

우리 할아버진 활명수 중독이다. 세 개를 컵에 따라서 한꺼번에 마신
다. 어쩔 땐 하루에 열병도 먹는다.

그럼 딱 두 병만

<u>안 돼 약국에서 한 병만 먹으랬잖아</u> 하나만 산다

<u>치사한 표영욱</u> ㅠ.ㅠ(이하 생략)[17](밑줄 인용자)

16 _ 서울강O초등학교 6학년 학생들(한OO 외 4인 공동 각색)이 만든 〈마지막 이벤트〉 희곡 1면.

17 _ 유은실, 『마지막 이벤트』 바람의 아이들, 2010, 32~33면.

위에 인용한 자료 가운데 먼저 소개한 것은 서울강O초등학교 6학년 학생이 만든 희곡이고, 뒤에 제시한 것은 유은실 작가가 쓴 동화 가운데 일부이다. 활명수에 중독된 할아버지와 손자 사이의 작은 갈등을 다루고 있는데, 희곡과 동화의 내용은 서로 똑같다. "활명수 세 병만 ^^", "안 돼 저번에도 걸려서 엄마한테 혼났잖아", "안 돼 약국에서 한 병만 …", "치사한 표영욱 ㅠ.ㅠ" 등은 두 텍스트에 공통으로 나오는 대사이다. 원작과 각색작의 내용이 서로 똑같다.

물론, 원작자가 자기 작품에 소중하게 담았던 내용을 왜곡해서는 안 된다. 각색자가 원작을 지나치게 내려다보는 관점을 가지면 이런 유형이 될 수 있다. 원작자의 생각을 무시하고 원작의 내용을 자기 생각대로 재구성해서 희곡을 만든 후에 누구의 작품을 각색했다고 할 수 있다. 이런 각색은 원작자의 명성이나 인기에 편승하거나 거인의 어깨 위에 올라서서 득만 보려는 옳지 못한 처사이다. 이렇게 원작을 무시하려면 누구의 원작을 각색하기보다 차라리 새롭게 희곡 한 편을 쓰는 편이 낫다. 다른 장르의 작품을 각색할 때는 그 원작에 어떤 장점이 있기 때문이고, 각색자는 이를 살려내는 것을 기본으로 해야 한다.

2) 희곡의 핵심 내용 찾기

원작의 내용 가운데 무엇이 가장 중요한지를 결정해야 한다. 그리고 공연하기 위해 주어진 공연 시간이나 공연을 준비하기 위해 남아있는 기간 등을 기준으로 역산을 해 보아야 한다. 대체로 주어진 시간이 많지 않기 때문에 중심 장면이나 인물, 사건을 바탕으로 하여 그 장면의 앞과 뒤로 어떤 장면을 배치할 것인지 결정하거나, 전체 내용 가운데서 불필요한 대목을 생략하는 방법으로 각색을 해야 한다. 예컨대 학습자가 공연하는 시간이 몇 분이라면, 그 시간에 맞게 꼭 필요한 대목을 먼저 배치하고, 이를 보완하는 장면이 다음이며, 나머지 부분은 삭제해야 한다. 아래에 인용한 서울강0초등학교 6학년 학습자의 〈장수만세〉에서도 불필요한 부분이 많이 나타났다.

(희곡 텍스트)
장수가 방으로 들어간다.

혜수: (뭔가 기억났다는 표정으로) 아! 제 소개가 늦었네요. 저는 올해
　　　13살 박혜수라고 합니다. 보시다시피 저, 이런 집안 때문에 스트
　　　레스 받아 죽겠어요. 정말 …
아빠는 토를 하며 기어 나오고, 엄마는 그 뒤를 쫓아 나온다.

아빠: 우에에엑
엄마: 아휴 당신 때문에 내가 못 살아, 정말! 으이구…! (아빠를 때리는 시늉)[18]

　1막의 뒷부분인데, 핵심적인 내용이 아니라면 생략해야 한다. 예컨대 혜수가 자기를 소개하는 것도 불필요하고, 아빠가 토하는 장면도, 엄마가 짜증을 내는 장면도 그러하다. 그러나 이유가 있을 때는 포함해야 한다. '왜?'라는 질문을 해 보면서 각색을 진행하는 것이 무엇보다 중요하다. 이런 점에서 희곡 각색 교육은 학습자의 사고 능력을 신장시켜줄 수 있다.

18_ 서울강0초등학교 6학년 학생들(한0원 외 4인 공동 각색)이 만든 〈마지막 이벤트〉 희곡 4면.

3) 적절한 대사 표현하기

희곡의 핵심 내용이 정해지면 그것을 적당한 길이의 대사로 나타내야 한다. 지나치게 길지도 않고 또한, 짧지도 않게 써야 한다. 이런 부분에서 문제가 있는 사례를 살펴보자. 유은실의 <좋은 엄마 학원>을 각색한 희곡 중에서 한 대목이다. 원장이 소개한 입 가면과 귀 가면 가운데 입 가면을 쓴 다정이가 귀 가면을 쓴 엄마에게 하는 말이다.

(희곡 텍스트)

다정: (약간 빠르게) 엄마, 좋은 엄마 학원에 보낸 거 미안해, 나는 엄마가 내 이야기 들어보지도 않고, 엄마 마음대로 하는게 너무 싫었어. 진짜, 단지 그 것 뿐이야. 그리고 나 도장에서 시범단으로 뽑혔어. 주연이는 발레를 배운다지만 나는 태권도를 잘해. 난 엄마 닮아서 다리도 짧고, 배까지 나와서 진짜 발레는 도저히 못할 거 같아. 그리고 엄마, 나는 주연이처럼 인형 가지고 노는 것 보다 요리 하는게 더 재밌어. 내가 김치찌개나 볶음밥, 엄마보다 더 맛있게 만드는 거 알지? 저 번에 내가 김치찌개 끓였을 때 엄마도 맛있다고 밥 두 그릇이나 먹었잖아. 그 때 나한테 잘 먹었다는 말도 안하고… 그럴 땐 나도 너무 서운해. 왜 엄마는 내가 잘하는 걸 인정해 주지 않아? 나는 엄마가 요리를 못하고, 청소를 못하고, 또 엄마가 멋쟁이가 어니어도 진짜 엄마 좋아해. 내가 엄마 모습 그대로 엄마를 좋아하듯이 엄마도 나를 있는 그대로 좋아해 주었으면 해.[19]

19_ 같은글.

인용한 내용은 서사 전개상 꼭 필요한 내용이다. 하지만 지나치게 길다는 것이 문제이다. 물론, 문자로 읽는 동화책에서는 문제로 보이지 않을 수도 있다. 그러나 희곡에서는 문제가 된다. 왜냐하면, 한 인물이 무대 위에서 지나치게 길게 말하는 것은 공연에서 생동감이 떨어지게 하기 때문이다. 김녹두가 쓴 원작과 견주어 보자.

(원작 텍스트)

"자, 써 봐."

원장님이 시키는 대로 가면을 썼다. 그러자 내 맘하고 상관없이 저절로 입이 움직이기 시작했다.

"엄마, 좋은 엄마 학원에 보낸 거 미안해. 난 내 이야긴 들어 보지도 않고, 엄마 마음대로 하는 게 싫었어. 단지 그게 싫었을 뿐이야."

그 동안 엄마에게 하고 싶었지만 못했던 이야기가 술술 나왔다.

"엄마, 나 도장에서 시범단으로 뽑혔어. 주연이가 발레를 배운다지만 나는 태권도를 잘해. 난 엄마 닮아서 다리도 짧고 배까지 나와서, 발레는 도저히 안 될 것 같아. 그리고 엄마, 나는 인형 가지고 노는 것보다 요리하는 게 더 재밌어. 내가 김치찌개나 볶음밥을 엄마보다 더 맛있게 만드는 거 모르지? 저번에 내가 김치찌개 끓였을 때 엄마도 맛있다고 밥을 두 그릇이나 먹었잖아. 그 때 나한테 잘 먹었다는 말도 안 하고━━━━. 그럴 땐 나도 정말 서운해. 왜 엄마는 내가 잘하는 걸 인정해 주지 않아? 나는 엄마가 요리를 못해도 청소를 못해도, 또 엄가가 멋쟁이가 아니어도 엄마 좋아해. 내가 엄마 모습 그대로 암말 좋아하는 것처럼 엄마도 나를 있는 그대로 좋아해 줘."

내가 말을 이렇게 잘했었나 싶을 정도로 말이 술술 나왔다. 전엔 이런

생각을 하면 가슴이 탁 막히고 눈물이 먼저 나와서 한 마디로 할 수 없었는데----.[20](밑줄 인용자)

'그동안 엄마에게 하고 싶었지만 못했던 이야기가 술술 나왔다.'를 통해 긴 이야기의 앞부분에서 짧은 휴식을 준다. 그리고 뒷부분에 긴 이야기가 이어질 것을 예고하여 독자가 마음의 준비를 할 수 있게 한다. 그리고 긴 이야기가 끝난 다음엔 '내가 말을 이렇게 잘했었나 싶을 정도로 말이 술술 나왔다. 전엔 이런 생각을 하면 가슴이 탁 막히고 눈물이 먼저 나와서 한마디로 할 수 없었는데---.'라는 글을 통해 긴 글을 읽는 독자의 지루함도 해소해 준다. 작가가 쓴 동화에는 이런 섬세한 배려와 기교가 숨겨져 있지만, 어린이가 각색한 희곡은 그렇지 않다. 각색 희곡을 살펴보면, 대사를 섬세하게 다루는 능력이 부족하다. 그래서 동화에 있는 인물의 말을 희곡에 그대로 가져오기도 하고, 또 길게 한 말을 이어붙이기도 한다. 한 사람이 한 말이기 때문이다.

또한, 어린이가 각색한 〈좋은 엄마 학원〉을 보면, '전단지'라는 인물이 나온다. 동화에는 간단히 '좋은 남편 학원'이란 전단지를 발견하는 내용이 있어 산뜻한 아이디어로 보이지만, 각색 작품에서는 이를 비판 없이 수용하고 있다. 그리고 전단지라는 인물의 대사로 처리하면서 '좋은 아빠 학원'이라고 하여 동화의 내용과도 다르다. 전단지의 내용이 자세할 뿐 아니라 이 전단지의 내용에 아빠와 엄마, 다정이가 어떻게 반응하는 것까지 실려 있다.

---

20 _ 김녹두, 『좋은 엄마 학원』, 문학동네, 2004, 64~65면.

(희곡 텍스트)

전단지: 좋은 아빠학원? 이젠 아빠도 자격증 시대!!! 무자격아빠들이
　　　판을 치는 요즘, 좋은 아빠가 되기 위해 필요한 것은 많고도
　　　많습니다. 아빠가 술만 마신다고요? 늦게 들어온다고요? 재미
　　　있게 놀아주지 않는다고요? 아빠가 내 말을 들어주지 않는다
　　　고요? 원하는 대로 만들어 드립니다. 좋은 아빠로 변신 예감!
　　　좋은 아빠 학원을 만나보세요.

아빠는 바닥에 쓰러지고 다정이와 엄마는 아빠를 보았다가 마주보며
웃는다.[21]

(밑줄 인용자)

(원작 텍스트)

소파에 앉아 책을 펼쳐 드는데, 네모 반듯하게 접힌 종이가 마룻바닥에
떨어졌다.

뭔가 싶어 종이를 펼쳐 보았다. 전단지였다.

거기에는 이렇게 적혀 있었다.

좋은 남편 학원[22]

　원작과 달리 각색에서 전단지의 내용을 자세하게 다루는 것은 내용
측면에서 보면 좋은 선택이라 칭찬할 수 있다. 다만 '전단지'를 무대 위

---

21 _ 서울강○초등학교 6학년 학생들(한○원 외 4인 공동 각색)이 만든 〈마지막 이벤트〉 희곡 4면.
22 _ 김녹두, 『좋은 엄마 학원』, 문학동네, 2004, 69면.

에서 어떻게 표현할 것인지에 관해 더 생각하지 못한 것이 문제이다. 전단지가 인물인지, 아니면 글자가 쓰인 큰 전단지가 나오는 것인지, 전단지의 내용을 누가 읽는 것인지, 아니면 영상으로 무대 벽에 투사하는 것인지 알 수 없다. 희곡은 무대 위에서 시각과 청각 등으로 표현된다는 것을 전제로 하는 점이 문자로 된 동화책과 다른 점이다. 학생들은 이런 점에 주의하면서 각색을 해야 한다.

2. 희곡의 형식적 측면

1) 서사 텍스트와 희곡 텍스트의 차이

서사에서는 먼저 말이나 행동을 하고 그다음에 왜 그런 말이나 행동을 했는지 설명한다. 하지만 희곡에서는 그와 반대로 대사 앞에 괄호로 묶어 지문으로 소개한다. 그렇게 하면 인물이 말과 행동을 하기 전에 어떤 맥락에서 이를 표현해야 하는지 알려주는 효과도 있고, 희곡을 읽는 사람도 맥락을 생각하면서 읽을 수 있다. 그런데 학습자 가운데는 이에 관해 잘못 알고 있어서 오류를 범하는 사례가 많다.

（희곡 텍스트）
2막-혜수의 자살

엄마와 혜수가 이야기를 나누고 있다.

엄마: 혜수야! 현주랑 너랑 다음 주에 필리핀으로 영어연수 가기로 했어.

혜수: 뭐? 그게 무슨 소리야! 싫어!

엄마: (짜증을 참고 웃으면서)이번 기회에 너 영어실력 좀 늘려봐. 너
　　　도 오빠처럼 영어 잘하게 될 수도 있어.

혜수: <u>안 가!</u>(단호하게)

엄마: 어차피 영어연수라고 해도 해외여행이야! 여행가는 셈 치고 갔다 와.

(이하 생략)[23](밑줄 인용자)

　인용한 대목에서 밑줄 친 부분은 혜수가 하는 대사이다. '안 가!'라는
말을 단호하게 한다는 의미이다. 그런데 희곡에서 '단호하게'를 지문으
로 표시할 때는 '안 가!'라는 대사 앞에 배치해야 한다. 물론, 서사 텍스
트에서는 이와 반대로 '안 가!'라는 말을 먼저 하고, '혜수는 단호하게 말
했습니다.'라고 덧붙이는 것이 맞다. 그리고 서사에서는 묘사나 설명을
자유롭게 사용하지만 희곡에서는 그것을 지문으로 짧게 표현한다. 희
곡에서 인물의 대사를 뒷받침하는 지문에는 어떤 표정과 몸짓, 느낌으
로 말을 해야 하는지 포함되어야 한다. 만약 희곡에 이런 지문이 없다
면 배우나 연출이 대사를 분석하여 일일이 파악해야 한다. 또한, 희곡
에서 지문을 쓰는 요령도 알고 있어야 한다. 지문을 잘못 쓰고 있는 사
례를 살펴보자.

지밀과장: (①지밀과장이 울상을 하며 말한다.) 그런데 이걸 보게. 자
　　　　네들이 사람을 잘못 데려왔다네. (책상으로 가서 서류 두
　　　　장을 가져와 저승과 사자에게 내민다.)

---

23 _ 서울강O초등학교 6학년 학생들(구O림 외 5인 공동 각색)이 만든 〈장수만세〉 희곡 1면.

(②저승과 사자는 앞다투어 서류로 고개를 들이민다.)

저승 : 뭐라고?

사자 : 그럴 리가 없는데.

연화 : (③비비 꼬듯 말한다.) 치... 지밀과장이란 사람이 뭐 이래?

혜수 : (무턱대로 고개를 끄덕인다.)

(이하 생략)²⁴ (밑줄 인용자)

위에 인용한 대목 가운데 ①을 보면 불필요한 말들이 있다. 희곡의 지문에 어울리게 고쳐보면 '울상을 지으며'라고 괄호 안에 쓰면 된다. '지밀과장이'라는 말은 인물의 이름이 표시되어 있으므로 불필요하다. 그리고 '말한다' 또한 사족이므로 삭제해야 한다. ②를 보면 희곡 텍스트의 규칙에 부합하지 않는다. 이를 바르게 나타내기 위해서는 먼저 인물의 이름을 쓰고, 나머지를 대사와 지문으로 정리해야 한다. 여기에는 대사가 없고 동작만 있어서 괄호 안에 지문으로 정리만 하면 된다. 즉, 위의 문장은 '저승과 사자: (앞다투어 서류로 고개를 들이민다.)'라고 표현하면 된다. ③은 문장으로 표현하기보다 뒤에 대사가 있으므로 '비비 꼬듯이'라고 하면 된다. 지문은 문장으로 표현하기보다 어떤 표정이나 느낌으로 나타내는지를 지시하는 것으로 충분하이다.

2) 막과 장의 차이

요즘 어린이연극을 보면 장소나 시간 변화가 거의 없는 단막극이나

---

24 _ 서울강O초등학교 6학년 학생들(구OO 외 5인 공동 각색)이 만든 〈장수만세〉 희곡 3면.

장면이 적은 공연을 찾아보기 힘들다. 그 대신 다양한 장소에서 여러 시간대에 걸쳐 일어나는 사건을 바탕으로 한 연극이 많다. 그래서 학습자가 그것을 희곡으로 표현하기 위해서는 막과 장의 차이를 정확히 알고 있어야 한다. 대체로 장소가 달라지면 '막'으로 표시하고, 같은 장소에서 시간의 경과 등에 따라 사건의 한 대목을 지칭할 땐 '장'으로 나타낸다. 일반적으로 장이나 막의 전환이 적을 때 관객이 극의 내용에 몰입하기 쉽다. 그래서 막과 장의 길이가 지나치게 짧게 쓰는 것은 피하는 것이 좋다.

그리고 희곡 텍스트는 희곡에서 사용하는 기호와 규칙에 따라 써야한다. 예컨대 시나리오에서 사용하는 장면 표시 기호를 희곡에 사용하는 것은 피해야 한다. 시나리오에서 사용하는 '씬 넘버(#)' 대신 '장'이나 '막'으로 고쳐야 한다.

(희곡 텍스트)

#1. 다정이네 집, 저녁

*불이 켜지고 무대 가운데에는 의자 두 개가 붙어있다. 다정이가 무대 한가운데 의자에 앉아서 (TV소리) 효과음이 나는 곳을 바라본다.

　　엄마: (허둥지둥 빠른 걸음으로 들어오며 크게) 어이쿠, 다정아. 엄마
　　　　　가 좀 늦었다. 방학을 앞두고 학교에 일이 왜 이리 많은지… (다
　　　　　정이는 엄마 쪽 힐끗 바라보다 다시 등 돌려 앉는다. 엄마는 다
　　　　　정이 쪽으로 다가간다. TV소리 점점 작아진다)

　　엄마: (다정이 옆에 앉으며) 배고프지? 저녁은 귀찮으니까 그냥 밖에
　　　　　서 먹자. 피자 먹을까?

　　다정: 실망하듯이) 또 피자야? 나 오늘은 김치찌개 먹고 싶은데…

엄마: (웃으면서 크게) 김치찌개? 잘됐네, 여기 앞에 상가 있지? 거기 새로 식당 생겼다는데, 김치찌개 잘 하는 것 같더라. 나가자!

#2. 식당 (저녁)

*무대 가운데에는 관객 쪽을 바라보는 의자 두 개와 책상 (테이블) 하나가 있다. 불이 켜지면서 (사람들 떠드는 소리) 효과음이 난다.

엄마: (크고 약간 빠르게) 얘, 오늘 주연이 엄마 만났는데. 주연인 발레 배운다고 하더라. 방학 동안 너도 발레 배워보는 건 어때?

(이하 생략)[25] (밑줄 인용자)

(희곡 텍스트)

할아버지: 후우 … ㄲ어 … 방에 텔레비전이 있으면 좋은데

영욱이: 왜??

할아버지: 아플 때도 뉴스 좀 보게 … 영욱아, 전화해야겠다 …

영욱이: 누구한테??

할아버지: 다. …

영욱이: 전화해서 뭐라고 해??

할아버지: 죽을것 같다고 집합하라 그래 …

영욱이: 또?!

할아버지: 진짜라고 그래…

영욱이: 진짜로 죽을 것 같은거야?!!!!

할아버지: (숨을 헐떡이며) 영욱아, 전화해서 …. 할아버지 진짜로 죽

---

25 _ 서울강O초등학교 6학년 학생들(한OO 외 6인 공동 각색)이 만든 〈좋은 엄마 학원〉 희곡 1면.

<u>을 것 같다 그래....</u>

아빠: (전화벨이 울리고) 네 런던바게뜨입니다.

영욱: 아빠

아빠: (딱딱하게) 영욱이?

아빠: 전화를 했으면 저 영욱이에요 해야지. 하여간에 인사성이..

영욱: 아빠.. 저 영욱이에여

아빠: 야 인마, 말끝마다 바보처럼 여여 거릴래! 어쨌건 전화는 왜했어?

영욱: 저저젖 저기요

(이하 생략)[26] (밑줄 인용자)

   앞에 인용한 학생이 각색한 희곡에는 시나리오 기호를 사용되어 있
다. 희곡에서 사용하는 기호 대신 인접 장르인 영화 시나리오의 기호를
사용하여 문제이다. 〈좋은 엄마 학원〉 희곡에 사용된 #1, #2와 같은
기호는 시나리오의 장면 표시인 'Scene #2'이므로 희곡에는 '2장'이라고
표현해야 한다.

   그리고 뒤에서 제시한 또 다른 희곡에는 장면이 달라졌지만 특정한
표시 없이 한 줄만 비워두었다. 이런 방법은 희곡을 쓰는 관습에 위배
된다. 장면 전환이 많을 때는 장소가 바뀔 때마다 장면 표시를 다르게
하는 것이 좋다. 또는 무대 자체를 여러 장소로 설정하고 희곡의 앞부
분에서 설명하는 것도 한 방법이다.

---

26 _ 같은 글 2~3면.

3) 희곡의 도입 부분

희곡의 맨 처음 부분을 보면 제목과 작가의 이름이 있다. 각색일 경우에는 '원작자'와 '각색자'의 이름이 나란히 실려 있고, 그 밑에 '때, 곳, 나오는 이들'이 있으며, 무대 설명까지 소상하게 제시되어 있는 희곡도 있다. 그러나 학생들의 희곡을 살펴보면 이 부분을 소홀히 한다. 각색자가 충분히 소개해야 할 내용이 누락되었거나 지나치게 간단하게 소개한 사례가 많았다. 희곡을 모두 썼으면 완성한 내용을 바탕으로 꼼꼼하게 희곡의 도입 부분에 다시 정리하는 활동을 해야 한다. 희곡의 도입 부분이 잘 정리되어 있으면 이 희곡을 읽는 사람에게 필요한 정보를 정확하게 빠르게 알려주어야 하기 때문이다. 이와 관련된 오류 사례를 살펴보자.

(희곡 텍스트)

　좋은 엄마 학원

　<u>원작 : 유은실</u>

　극본 : 강O초 6학년 산반 공동각색 한OO 외 6인

　때: 현대

　곳: 다정이네 집

　등장인물: 다정, 엄마, 아빠, 원장, 직원1, 2[27]

　(밑줄 인용자)

---

27 _ 서울강O초등학교 6학년 학생들(한OO 외 6인 공동 각색)이 만든 〈좋은 엄마 학원〉 희곡 1면.

먼저 원작자 이름이 잘못되어 있다. 글은 김녹두가 쓰고, 그림은 김용연이 그렸는데, 원작을 쓴 사람이 유은실로 기록되어 있다. 그리고 '나오는 이들'을 모두 찾아 써 주어야 하는데 '응답기', '전단지', '직원들' 등이 누락되어 있다.

(희곡 텍스트)

전단지: 이젠 엄마도 자격증 시대!!! 무자격엄마들이 판을 치는 요즘, 좋은 엄마가 되기 위해 갖춰야 할 것은 많고도 많습니다. 엄마가 요리를 못 한다고요? 청소를 잘 못 한다고요? 재미있게 놀아주지 않는다고요? 엄마가 화를 잘 내고 잔소리가 심하다고요? 원하는 대로 엄마를 만들어 드립니다. 좋은 엄마로 변신 예감!!! 좋은 엄마 학원!!!

다정: (혼잣말하듯이) 좋은 엄마 학원? 요리, 청소, 빨래면 다 우리 엄마에게도 꼭 필요한 건데... 전단지를 보며) 123에 4567번? 한번 전화해볼까?

*다정이는 핸드폰을 누른다. 버튼 누르는 소리)

무대 뒤편에서 응답기 목소리가 나온다.

응답기: (아무 감정 없이) 네, 좋은 엄마 학원입니다.[28]

(밑줄 인용자)

학생들이 각색한 희곡을 보면 인용한 대목과 같이 '전단지'와 '응답기'라는 이름이 여러 번 나온다. 밑줄 친 설명대로라면 누군가는 응답기

---

28 _ 같은 글 2면.

목소리를 내거나 역할을 맡아야 한다. 그래서 이런 목소리는 인물에 포함해야 하고, 누가 맡아야 할지도 정해서 연습해야 한다. 또한, '직원1'과 '직원2'가 있고 '직원들'이라는 이름도 희곡에 있어서 이들 사이의 관계가 어떠한지도 설명이 필요하다. 이렇듯 형식적으로 주요 등장인물의 이름만을 적고, 중요하지 않은 인물의 이름을 누락시키면, 공연을 준비하거나 읽는 학생들에게 크게 불편하다.

Ⅳ. 희곡 각색 교육의 내용

Ⅲ장에서 분석한 바와 같이 서울강O초등학교 학습자가 만든 희곡에는 희곡의 내용 측면과 형식 측면에서 문제가 있었다. 따라서 희곡 각색 교육은 이런 문제들이 나타나지 않도록 희곡 각색 교육의 내용으로 포함해야 한다.

1. 희곡의 내용 측면

희곡 각색을 다루는 초등학교 국어 교과서에는 원작을 어떤 관점에서 바라볼 것인지를 검토하지 않고 있다. 서사의 어느 장면이나 사건, 인물, 주제 가운데 무엇을 핵심으로 삼아 희곡으로 재구성할 수 있는지 논의하지 않고 있다.[29] 단지 희곡의 형식적 특성에 관해 공부하고 이를 바탕으로 주어진 서사 전체를 희곡으로 만들어 보는 활동에 그치고 있

---

29 _ 교육부, 『국어 6-1 교사용 지도서』, ㈜미래앤, 2014.

다. 이런 방식의 희곡 각색 교육으로는 재미있고, 창의적인 문학 창작 경험을 하기 어렵다. 고차적인 사고 능력인 창의적이고 비판적인 문학 능력을 길러주기 위해서는 희곡의 형식 측면과 함께 내용 측면에서도 주체적으로 경험할 수 있도록 제시해야 한다.

1) 원작을 바라보는 학습자의 관점 선택하기

희곡 각색 활동을 하기 전에 원작을 바라보는 시선에는 한 가지만 있는 것이 아니라는 것을 지도해야 한다. 그림을 그리기 전에 구상을 하듯이 어떤 높이와 거리에서 대상을 바라볼 것인지에 따라 희곡의 내용이 크게 달라질 수 있기 때문이다. 이런 선택의 과정에서 원작을 바라보는 눈높이를 결정하고, 그에 합당한 이유도 찾을 수 있어야 한다. 설득력 있는 이유 대신 '그냥요'와 같이 무턱대고 선택하거나, 자의적인 맥락에서 원작을 각색하는 경험은 교육적으로 바람직하지 못하다. 예컨대 학습자가 대상보다 높은 위치에서 대상을 내려다 볼 때는 관조적인 경향이 나타난다. 대상에 따라 흔들리지 않는 자신감이 있는 태도일 수 있다. 하지만 이런 태도의 단점으로는 대상의 장점이나 특이점을 평가절하 할 수 있다는 것이다.

원작을 바라보는 학습자의 눈이 대상과 멀리 떨어져 있는 사례도 있다. 이런 관점은 대상에게 관대하다는 특징이 있다. 반면 대상에 관한 이해가 부족하고 수박 겉핥기식으로 바라보는 문제도 있다. 하지만 대상과 가까운 위치에 있으면 대상에 대해 자세하게 이해하는 장점이 있지만, 지엽적인 부분에 집착하거나 매몰될 가능성도 있다. 결국, 미시적이거나 거시적인 안목, 높거나 낮은 눈높이 등 다양한 관점을 이해하고 스스로 근거를 들어 특정한 관점을 선택하도록 기회를 주어야 한다.

그러면 학습자의 사고력이 신장될 수 있다.

2) 희곡의 핵심 내용 찾기

학습자가 관점을 선택한 다음에는 서사 텍스트에서 주제나 사건, 인물, 배경 등을 검토하여 무엇을 초점화할 것인지 정하도록 한다. 주어진 텍스트를 바탕으로 단지 장르만 다른 텍스트를 만드는 현재와 같은 교육 내용은 지나치게 단편적인 활동이 될 수 있다. 희곡 각색을 기능적으로만 접근하는 문학 교육은 학습자의 능력을 신장시키는 데 한계가 있다. 학습자의 성장을 위해 더 고차적인 능력에 주목해야 하고, 통섭적인 교육 활동을 제공해야 한다.

그리고 이 과정에서 희곡 각색 교육의 내용을 주어진 동화의 내용에 한정하는 것도 문제이다. 서사 텍스트에 이어지는 내용을 상상할 수도 있고, 텍스트에 빠져있는 부분을 추론하여 제시할 수도 있으며, 패러디를 만들 수도 있다. 동화교육이나 시교육을 할 때 창의적이고 비판적인 사고를 할 수 있게 교육 내용이나 방법을 마련하는 것처럼 희곡 각색교육을 하는 과정에서도 그러해야 한다.

3) 적절한 대사 선택하기

등장인물의 성격에 어울리는 적절한 대사를 선택해야 한다. 말을 많이 하는 인물과 그렇지 않은 인물, 친근감 있게 말하는 인물과 쌀쌀맞게 말하는 인물이 사용하는 대사가 같을 수 없다. 등장인물의 성격을 정확히 파악하여 그에 어울리는 내용으로 대사와 행동을 표현할 수 있어야 한다. 그런 다음 연극을 보는 관객이 누구인지를 고려하여 다시 수정해야 한다. 예컨대 초등학교 저학년까지 관람하는 학교 학예회에서 공연할 때에는 되도록 어려운 낱말은 쉬운 말로 고쳐 쓴다든지, 거친 말이나 심한 표현은 자제하는 것이 타당하다.

희곡의 대사는 내용과 불가분의 관계에 있다. 그래서 관객이 혐오스럽게 느끼거나 비교육적이라고 생각하는 내용은 희곡에서 제외하는 게 좋다. 부적절한 내용을 선택하면, 그에 상응하는 부적절한 대사나 행동을 희곡에 담을 수밖에 없다. 결국, 희곡 또한 문학이기 때문에 관객에게 감동을 주는 언어를 사용하기 위해 노력해야 한다. 그리고 희곡에 사용한 어휘나 문장에 오류는 없는지, 띄어쓰기나 붙여쓰기는 잘 했는지, 오자나 탈자는 없는지도 여러 번 점검하고, 바르고 고운 우리말을 살려 쓰는 노력을 이어가야 한다.[30]

각색을 하면서 지나치게 긴 대사가 나올 때, 그것을 짧게 고치면 공연에서 한 사람이 길게 말함으로써 지루해지는 것을 해결할 수 있다. 대체로 서사 텍스트에 나온 큰따옴표 속의 말을 무분별하게 대사로 옮겨서는 안 된다. 희곡에서는 인물들 사이의 대화를 통해 내용을 전달하는 것이 좋고, 불가피할 때에만 독백이나 방백을 통해 가급적 짧게 내용을 전달하는 게 효과적이다. 셰익스피어가 만든 〈햄릿〉의 독백처럼 길지만 훌륭하고 감동적인 대사도 있지만, 어린이 연극에서 지나치게 긴 대사는 줄이는 게 좋다.

2. 희곡의 형식 특성

희곡의 형식 특성이란 희곡의 장르적 특징을 지칭한다. 희곡에만 존

---

30 _ 이오덕, 『우리글 바로쓰기』, 한길사, 2009.

재하는 기호나 규칙(convention)을 말하는 것으로 초등학교 학습자가 범하기 쉬운 세 가지 사항이 있다.

1) 서사 텍스트와 희곡 텍스트의 차이

서사 텍스트와 희곡 텍스트의 차이는 쉽게 말해서 동화와 동극의 차이이다. 동화에는 해설과 묘사, 설명, 인물의 말과 생각 등이 자유롭게 사용되고 있다. 그렇지만 동극에서는 대사와 지문을 통해 인물의 말과 행동 중심으로 표현해야 한다. 따라서 각색을 하면서 동화에 있는 인물 묘사나 인물의 심리 설명 등을 그대로 옮겨서는 안 된다. 희곡의 장르적 특성을 고려하여 그에 어울리는 기호나 규칙을 수정해야 한다.

결국, 초등학생들이 국어 시간에 희곡 각색에 관해 공부할 때 그 교육 내용에는 희곡의 장르적 특성이 정확하고 자세하게 제시되어야 한다. 그러나 현행 교과서에 실려 있는 내용을 검토해 보면 서사 텍스트를 공부할 때 했던 내용을 반복하는 부분도 있고, 희곡으로 각색할 때 어떤 점을 주의해야 하는지를 안내하는 부분도 미흡하다. 그래서 초등학생들에게 희곡으로 각색을 하도록 하면 3장에서 언급한 것과 같은 문제들이 나타난다.

2) 막과 장의 차이

동화 가운데 장소나 시간의 변화가 단순한 것도 있지만, 대부분 그렇지 않다. 그리고 동화의 내용을 모두 희곡으로 담아야 한다는 강박증도 크다. 그래서 학습자는 희곡 각색을 할 때 막과 장의 개념을 무시하면서 같은 장에 줄만 바꿔가며 여러 장면을 표현하는 오류를 범한다. 장소와 시간의 변화는 곧 무대 위 상황의 변화이며, 이는 연극 공연에서 매우 중요한 차이이다. 동화에서 간단히 넘어갈 수 있는 시간과 장소의 변화가 희곡에서는 매우 큰 문제이다. 이런 차이를 수업 시간에 학습자에게 정확히 알려주어야 한다.

그런데도 학습자가 실수를 한다면 교사는 희곡을 보면서 함께 수정해야 한다. 3장에서 분석한 바와 같이 장소나 시간이 달라졌는데도 희곡에 어떤 표시도 없다면 희곡을 공연할 예정이었던 사람은 혼란스러울 수밖에 없다. 그래서 희곡 각색을 할 때는 학습자가 무대 상황을 늘 머릿속에 그려보면서 하도록 교육을 해야 하고, 이를 희곡에 정확하고, 적절하게 표현하도록 끌어야 한다.

3) 희곡의 도입 부분

희곡의 도입 부분은 희곡의 전체적인 정보를 제공하는 매우 중요한 곳이다. 시간이나 공간과 같은 배경을 제시하고, 등장인물이 누구인지 전체적인 양상을 알려주기 때문이다. 또한, 인물들이 활동하는 무대의 시각적인 정보나 특이점을 미리 제시해 주기도 한다. 어떤 극작가는 인물의 이름만 밝히는 경우도 있지만, 인물에 관한 정보를 더 자세히 제공하여 희곡을 읽는 독자가 쉽게 이해할 수 있도록 돕는 것도 좋다. 무대 그림이나 무대 사진은 물론, 배우들이 공연하는 장면을 희곡의 여러 곳에 제시하는 희곡도 있다.[31] 이렇게 친절한 텍스트는 어린이들이 희곡에 접근하기 쉽게 하는 장점이 있다.[32]

---

31 _ "일제 강점기에 발표된 아동극에는 무대 전체를 조망할 수 있는 삽화가 빈약한 실정이었는데 비해 이 시기에는 등장인물과 그의 의상, 무대장치, 전체적 분위기를 알 수 있도록 상세한 삽화가 제시되어 있어서 실제로 공연을 하였을 때 도움이 될 수 있도록 배려하였다." 박영기, 「해방 이후 한국 아동극의 탐색과 기대」, 『아동문학 프리즘』, 청동거울, 2011, 197~215면.

32 _ 희곡을 읽으면서 상상할 수 있는 측면을 제한한다고 부정적으로 평가하는 이도 있다. 그런 때

V. 맺음말

초등학교 6학년 1학기 국어 교과서에는 동화를 희곡으로 각색하는 교육 내용이 제시되어 있다. 그런데 교과서에 수록된 내용을 공부한 서울강명초등학교 학습자가 각색한 희곡을 살펴본 결과 몇 가지 문제점이 발견되었다. 그래서 이 글에서는 구체적으로 어떤 문제점들이 나타났는지, 그리고 이를 개선하기 위해서 교육 내용을 어떻게 설계해야 하는지에 관해 고찰하였다.

학습자가 만든 희곡을 분석한 결과, 다음과 같은 문제가 발견되었다. 먼저, 내용적으로는 학습자가 원작의 무게에 눌려 능동적이고 주체적으로 원작을 대하지 못하는 현상이 나타났다. 자신만의 이유나 근거를 바탕으로 동화를 새롭게 해석하는 창의적이고 비판적인 사고 과정이 매우 미흡하였다. 그리고 학습자가 희곡의 핵심을 파악하여 이를 중심으로 재구성하는 활동 또한 결여되었다. 다시 말해 동화의 내용을 똑같이 반복하는 수준에서 희곡을 완성하는 경향이 강했다. 그리고 희곡에 어울리지 않는 대사표현도 있었다. 무대 공연을 전제로 한 장르적 특성에 관한 이해가 부족했기 때문이다. 둘째, 형식적으로도 서사 텍스트와 희곡 텍스트의 장르적 특성을 이해하지 못하는 부분이 있었다. 대사와 지문의 차이, 막과 장의 차이를 이해하지 못한 사례였다. 서사 텍스트에서 사용하는 설명과 묘사를 희곡 텍스트에 사용한다든지, 시나리오에서 사용하는 기호를 희곡에 사용하는 것이 대표적이다. 끝으로, 희곡의 도입 부분에 관한 이해가 부족하여 부실하게 소개하는 문제점도 발

에는 친절하게 안내한 자료가 참고 자료라는 점을 교육해야 한다.

견되었다.

이런 문제들을 극복하기 위해 희곡 각색 교육의 내용으로 내용 측면과 형식 측면에서 대안을 제시하였다. 내용으로는 첫째, 원작을 바라보는 학습자의 관점이 선택의 문제라는 점, 둘째, 희곡의 핵심 내용 또한 원작에서 선택할 수 있다는 점, 셋째, 내용에 어울리는 적절한 대사 표현을 해야 한다는 점을, 형식으로는 첫째, 서사와 희곡의 차이를 정확히 파악해야 한다는 점, 둘째, 막과 장 등 희곡에서 사용하는 기호와 규칙을 이해해야 한다는 점, 희곡의 도입 부분에 희곡에 관한 정보를 더 자세히 주어야 한다는 점이 그것이다.

참고문헌

🔊 자료

김녹두, 『좋은 엄마 학원』, 문학동네. 2012.

유은실, 『마지막 이벤트』, 바람의 아이들, 2010.

이현 글 / 오승민 그림, 『장수만세』, 우리교육, 2007.

교육부, 『국어 6-1 교사용 지도서』, ㈜미래앤, 2014.

서울강명초등학교 6학년 학생들의 희곡 각색 자료.

🔊 논저

고정일, 『파스칼· 세계대백과사전』, 동서문화사, 1996, 221쪽, 222쪽, 18101쪽.

권태명, 『동아 새국어사전』, (주)동아출판사, 1994, 36쪽.

김미혜, 『대본분석 이론과 실제 텍스트에서 공연까지』, 연극과인간, 2008.

김상욱 외, 『한국 아동청소년문학 장르론』, 청동거울, 2013, 160쪽.

김중효, 『연극_시간의 거울』, 예전사, 2005, 203쪽.

문헌정보학용어사전 편찬위원회 편, 『문헌정보학용어사전』, 한국도서관협회, 2010.

박영기, 「한국 근대 아동극이 걸어온 길 - 한국 근대 아동극의 형성과 전개」, 『아동문학 프리즘』, 청동거울, 2011

오판진, 「『어린이』지 수록 동극 연구 : 장르명과 특징을 중심으로」, 아동청소년문학연구, 2014.

이두현, 『(註釋本)韓國假面劇選』, 교문사, 1997.

이오덕, 『우리글 바로쓰기』, 한길사, 2009.

이지선, 『일본전통공연예술』, 제이엔씨, 2007, 108~111쪽.

한국문화예술진흥원, 공연예술총서Ⅵ 『연극사전』, 예니, 1981, 337쪽.

B. 브레히트 지음, 김미혜 역, 『브레히트의 어머니 외』, 현대미학사, 1994.

◀◀ 가면극교육의 현황과 국어교육적 설계
- 초·중등학생을 대상으로 한 경우 -

Ⅰ. 서론

한국가면극의 연구사를 살펴보면 가면극의 기원과 미학 및 음악, 춤사위, 주변국과의 영향 관계 등 매우 다양한 층위에서 연구가 진행되었음을 확인할 수 있다.[1] 그런데 가면극의 실체와 속성 등에 관한 연구가 활발했던 것과는 달리, 이런 한국가면극을 어떻게 교육할 것인지 특히 초등학교와 중학교 학생들을 대상으로 한국가면극을 어떻게 교육할 것인지에 관한 연구는 부족한 실정이다.[2]

그런데 가면극 보존회 소속 전수조교, 전수자, 이수자 등 가면극 보존회 관계자들은 오래전부터 초등학교와 중학교 학생들을 대상으로 한국가면극을 교육해 왔다. 물론, 가면극 보존회 관계자들의 교육 현황은 국어교육 차원에서 하지 않았기 때문에 곧바로 국어교육의 장에서 활용할

---

1 _ "그 동안 한국의 '탈놀음' 연구는 1920년대부터 학문적인 관심사로 부각되기 시작하여, 1930년대에 들어서는 본격적인 학문적인 대상으로 자리 잡게 되었고, 그동안 나온 논문과 저서들이 1,000여 편에 이르며, 그 연구의 방향과 영역도 매우 다양해지고 넓어져 철학·민속학·인류학·연극학·무용학·음악학·문학 등, 여러 방면에 걸쳐서 연구가 진행되어 왔다." 김익두(2006), 「한국 탈놀음의 공연학적 해석-'동래 들놀음'을 중심으로-」, 〈공연문화연구〉 제13집, p.53. 사진실(2007), 「전통연희의 미학과 원리 연구의 동향과 전망」, 『공연문화연구』, 한국공연문화학회. 박진태(2005), 『한국고전극연구사 70년』, 대구대학교 출판부, 전경욱(2007), 「민속극 연구의 현황과 전망」, 이화여대 한국문화연구원 편, 『전통문화연구 50년』, 혜안.

2 _ 박진태(1999), 『한국 민속극의 실천』, 역락. pp.141~201. 박복희(1989), 「국민학교 탈춤 교육과정의 모형 개발 연구」, 연세대 석사논문, pp.30~39. 이지영(2001), 「탈놀이 교육 실천 연구:〈양주별산대 놀이〉중 '애사당 법고 놀이'를 중심으로」, 한남대 석사논문, pp.28~42.

수는 없다. 다만 이를 타산지석으로 삼아 국어교육에서 다루는 한국가면극의 모습이 어떠해야 할지 설계하는 데 좋은 참고가 될 수 있다.

그래서 이 연구에서는 먼저 가면극교육의 현황을 초·중등학교 교육과정과 교과서 수록 상황을 중심으로 살펴보고, 가면극 보존회에서 초·중등 학생들을 대상으로 교육하는 양상을 교육의 목표와 내용, 방법, 평가로 나누어 조사, 분석한 후에 초등학교와 중학교 국어교육에 필요한 기본 방향을 설정하기 위한 논의를 펼치고자 한다.

Ⅱ. 국어교육으로서 가면극교육의 현황

초등학교와 중학교 국어 교과서에서는 고전 제재 중 극 갈래에 해당하는 것으로 판소리를 제외하고는 다루지 않았지만, 고등학교 국어 교과서에서는 5~7차 교육과정에서 봉산탈춤의 양반과장을 수록하였다.[3] 물론, 고등학교 선택교과 가운데 하나인 '문학'에서는 가면극을 교육 제재로 다루어 왔다. 가면극 채록본을 바탕으로 가면극의 내용에 대한 이해와 사회사적 접근 그리고 수용과 창작에 초점을 두어 교육하였다.[4]

고전문학의 갈래 가운데 서사와 서정 장르는 초등학교, 중학교에서 다루고 있지만, 극 장르는 왜 다루지 않은 것일까? 조희정·서명희의 연구에 의하면, 고전 극 갈래의 작품들이 지닌 사회 비판, 풍자 등의 내용

---

3 _ 조희정·서명희(2006), 「교과서 수록 고전 제재 변천 연구(1)-건국 과도기부터 제7차 교육과정기까지 문헌 제재를 중심으로-」, 〈한국문학교육학〉, 한국문학교육학회, pp.433~434.

4 _ 제7차 교육과정 고등학교 '문학'교과서에서는 '봉산탈춤'(디딤돌, 대한교과서, 금성출판사, 상문연구사, 청문각), '양주별산대놀이'(교학사, 민중서림, 한국교육미디어, 문원각), '하회별신굿'(천재교육), '통영오광대'(중앙교육진흥연구소)를 교육 제재로 사용하였다.

으로 인해 초등 제재로 다루기에 벅찬 면이 있었을 것이라고 추론한 바 있다.[5]

한국가면극에 관한 연구 결과에 의하면 한국가면극의 본질은 풍자와 해학에 있다는 견해가 있고, 다른 한 편으로는 이와 같은 갈등에 기반한 화해라고 보는 견해도 있다. 양반과장을 보면 양반과 말뚝이 사이의 갈등이 도드라지게 나타나는 것은 사실이기 때문이다. 그래서 전자의 견해가 타당하다는 것을 알 수 있지만, 이 과장 또한 일방적인 갈등의 연속은 아니며, 대사를 통한 갈등과 춤을 통한 화해가 반복적으로 나타나고 있고, 양반과장이 아닌 다른 과장들을 보면, 갈등보다는 화해가 강조되고 있기도 하다.[6]

이처럼 갈등과 화해의 양상이 공존하는 가면극에서 초·중등학생들을 대상으로 하는 교육의 장에서는 '갈등을 넘어서 화해로 종결하는 가면극'이 '갈등의 결과 파탄에 이르는 가면극'보다 가치가 있고, 요구된다고 하겠다. 왜냐하면, 학생들이 생활하는 장에서 갈등을 넘어서는 화해가 매우 필요하고, 현재의 남북분단 문제를 대결과 갈등보다는 화해와 공존의 관계로 만들어야 하며, 다문화 시대에 타문화에 대한 배척과 폄하보다는 화합과 공존을 지향해야 하는 것이 시대적으로 요청되고 있기 때문이다.

그래서 한국가면극의 갈등과 분열적 측면이 아니라 화해와 화합이 나타나는 대목에 주목하고자 한다. 이런 주목을 통해 한국가면극을 초

---

5 _ 조희정·서명희(2006), 「교과서 수록 고전 제재 변천 연구(1)-건국 과도기부터 제7차교육과정기까지 문헌 제재를 중심으로-」, 〈한국문학교육학〉, 한국문학교육학회, p.433.

6 _ 정형호(2008), 『한국 전통연희의 전승과 미의식』, 민속원, 김학성(2002), 『한국 고전시가의 정체성』, 성균관대학교 대동문화연구원, p.315.

등학교나 중학교 국어교육의 제재로 다룰 수 있는 한국가면극의 과장이나 대목을 찾을 수 있기 때문이다. 다시 말해 양반과장이 한국가면극을 대표한다는 선입견에서 벗어날 수 있고, 초등학교와 중학교 학습자의 수준에 근접한 대사와 내용이 있는 노장과장이나 미얄과장의 특정 대목을 교육의 제재로 삼을 수 있게 된다.

제7차 교육과정 체육교과에서는 봉산탈춤 가운데 이목중의 춤을 교육 내용으로 수록하였다. 그래서 이 시기에 초등학교 4학년이었던 학생들은 체육 시간에 가면극의 춤을 공부하였다.[7] 그런데 왜 이목중의 춤을 교육내용으로 선택했을까? 양반과장에서 나오는 춤도 아니고, 노장의 춤도 아닌 목중의 춤을 배우는 까닭은 봉산탈춤의 여러 춤사위 가운데 가장 기본이 되는 춤이 이목중의 춤사위라고 보았기 때문이다. 이런 예처럼 국어교육에서도 가면극과 관련해서 시대적인 요청과 관련된 가장 기본적이고 중핵적인 부분을 자료로 선택하여 국어교육 프로그램으로 설계하는 것이 절실히 요청된다.

III. 예술교육으로서 가면극교육의 현황

본 연구에서는 가면극 보존회에 소속된 관계자 가운데 초등학생과 중학생을 대상으로 교육하는 14명의 가면극교육 전문가들을 조사 대상으로 삼았다. 가면극교육의 전문가들을 찾기 위해 가면극 보존회에 직접 방문하여 조사하기도 하고, 이들이 가르친 학생들이 벌이는 경연대

---

7 _ 2011년에 시작하는 5, 6학년 대상 7차 개정 교육과정에서는 5학년 체육 교과에서 탈춤을 학습하는 것으로 변경되었다.

회[8]공연을 관람한 후에 그 지도교사를 찾아내는 방법 등 다양한 경로를 통해 그들을 찾아내고 면담을 요청했다.[9] 조사 대상의 이름과 보존회에서 지위 및 초등학교와 중학교 학습자를 교육한 경력을 표로 정리하면 다음과 같다.

1. 조사 대상

[표 1] 가면극교육 전문가들의 이력[10]

	이름	가면극 관련 지위	가면극 교육 관련 경력
1	김O홍	양주별산대놀이 이수자, 전수조교	1996년부터 유양초등학교 40명, 2009년 현재 38명, 1996년 백석중학교 40명, 2004년~2009년 현재 덕현중학교 35명
2	송O우	강령탈춤 이수자	초등학생:1984년 14명, OO천주교 9명, 2005~ 2009년 지역아동센타(사랑의 꿈터) 23명, 2005~ 2009년 지역아동센타(오리배움터) 35명. 중학생:1984년 OO중학교 12명, 상도중학교 36명, 1996년 보라매 중학생 동아리 20명, 2005~2009년 지역아동센타 10명, 2006년 백신중학교 20명. 고등학생:1982~83년 정신여자고 20명, 1983~ 94년 송곡여자고 40명, 1981년~91년 성남고 18명, 1997~99년 덕소고 18명, 1999년 원미고 15명
3	정O일	강령탈춤 이수자	2008년 이하 생략, 2009년 10개 초등학교 150여명, 2009년 2개 고등학교 21명

---

8 _ 제16회 전국청소년민속예술제(2009. 9. 10-13일), 국립국악원. 제21회 전국청소년 탈춤경연대회(2009. 10. 31~11. 1.), 한국민속촌.

9 _ 송파산대놀이보존회의 경우, 보존회 관계자 가운데 초등학생, 중학생을 가르치는 경우는 없다고 하여 조사하지 못했고, 대사가 없거나 거의 없으면서 춤으로만 연행이 이루어지는 강릉관노가면극과 북청사자놀음은 논의에서 제외하였다.

10 _ 조사 대상에 포함된 이들은 각자가 속한 가면극보존회에서 가면극을 공부하였기 때문에 대학생이나 성인들을 대상으로 가면극 교육을 한 경력도 있다. 그러나 이런 경력들은 이 연구의 취지인 초등학교와 중학교 학생들을 지도한 부분과 관련이 없는 것은 아니지만 직접 관련된 경력이 아니어서 생략하였다.

4	구O일	은율탈춤 이수자	2003년~2007년, 인천서림초등학교 30명 내외, 2008년 ~2009년 인천 신흥초등학교 30명 내외
5	하O용	진주오광대 이수자, 사무국장	2004년 하동중앙중학교, 2005년 진주지역 초등학교 전교회장학생(한,일 문화교류), 2009년 진주금산초등학교, 2009년 진주시청소년수련관(초등)
6	정O배	동래야류 전수조교	1982부터 2009년까지 고등학생 40명전후 지도함
7	윤O호	동래야류 이수자	2008년 부산전자공업고등학교 학생40명 2009년 부산전자공업고등학교 학생 40명
8	박O기	강령탈춤 이수자	2007년 소래초등학교 38명, 2008년 소래초등학교 34명, 2009년 소래초등학교 30명
9	황O욱	고성오광대 이수자, 사무국장	고성오광대는 초등학교학생은 없으나 철성중학교 10년 정도 매년 30명내외. 신반정보고교 30명 10여년 정도를 가르치고 있습니다.
10	신O하	하회별신굿 이수자	1999년 안동성희여고 1학년 20여명, 안동중앙고 1,2,3학년 40여명, 안동경안고 1,2,3학년 30여명, 안동성창여고 1,2학년 20여명. 2005~6년 안동신성초 4,5,6학년 25여명, 2008년 안동서부초 5학년 300여명, 2008년 안동남선초 3,4,5,6학년 40여명, 2009년 안동길주초 4,5,6학년 35여명
11	손O랑	가산오광대 이수자, 사무국장	2002~4년 사천축초 학생 35명, 2004~7년 함안관동 초 학생 35명, 2005~9년 사천축동초 학생 35명, 2007~9년 사천용남중 학생 35명, 2009년 사천남중 학생 700명, 2009년 사천여중 학생 200명
12	김O율	수영야류 이수자, 전수조교	1989년부터 2009년까지 각45명씩 수영초등학교 2001부터 2009년까지 각 35명씩
13	손O만	봉산탈춤 이수자	2008년~2009년 망우초 학생 30명, 2006~2009년 두레중 학생 15명, 09년 안양예고 학생 20명
14	조O나	봉산탈춤 전수자	2008년 수내초등학교 200명, 2009년 디딤돌학교 28명

가면극교육 전문가들에 대한 조사는 2009년 5월부터 12월까지 하였으며, 조사 방법은 설문지를 기본으로 하여 직접 면담과 전화 면담을 병행하였다. 가면극교육 전문가들의 이력을 살펴보면, 보존회 관련 지위가 인간문화재 바로 아래 단계인 전수조교에서부터, 이수자, 전수자

등이 있고, 학생들을 가르친 경력 또한 짧게는 2년에서부터 길게는 30년 가까이 되는 등 다양하다. 교육을 한 전문가들의 지위나 경력에 따라 교육의 깊이가 다양한 것이 사실이지만, 이런 다양성은 이 연구 목적을 달성하는 데 부정적인 영향보다는 오히려 긍정적으로 기여한다고 판단하여 모두 포함했다.

특히, 이들 중에 초등학교 교사이면서 동시에 보존회 이수자나 전수자인 경우가 있어서 학교 교육에서 어떻게 교육하는지 기대가 되었다. 그런데 그 교육 현황을 살펴본 결과 국어교육이나 특정 교과교육과의 관련성은 나타나지 않았고, 다른 가면극교육 전문가들과 마찬가지로 예술교육 차원에서 교육하고 있었다. 즉 학교에서 이루어지는 정규 수업 시간에 하는 교육이긴 하지만 교과교육적 접근이 아닌 특별활동이나 재량교육의 일환으로 수업을 진행하고 있었다.

2. 조사 내용

가면극교육의 현황을 더욱더 자세하게 살피기 위해 교육 목표와 교육 내용(영역 및 자료), 교육 방법, 교육 평가라는 항목으로 구분하여 조사하였다. 이 항목들은 국어교육적인 설계를 위해 반드시 파악해야 할 필수항목들이다. 타일러의 이론에 기반한 일반적으로 교육학적 설계를 위해서는 교육의 목표와 내용, 방법, 평가에 대한 논의를 바탕으로 해야 하기 때문이다.[11]

---

11 _ Tyler R. W.(1949), *Basic Principles of Curriculum and Instruction*, The University of Chicago Press, pp.15~106.

1) 가면극교육의 목표

[표 2] 전문가들의 가면극교육 목표

	이름	가면극교육의 목표
1	김O홍	1) 춤사위를 중점적으로 하며 최대한 재담을 자연스럽게 할 수 있도록 합니다. 2) 춤사위는 탈춤의 가장 기본이며, 재담은 과장을 엮어 가는데 우리 옛 생활의 자연스러움을 연출하게끔 하기 위함입니다.
2	송O우	1) 강의, 체험(심미체험), 공연 2) - 강의 : 교육을 통한 올바른 사고 (가면극의 기초 이해), - 체험(심미체험) : 전통문화예술에 대한 관심 유발(상생적 성장), - 공연 : 문화에 대한 흥미 배가 및 계기(예술적 완성도, 해학)
3	정O일	1) 가면극을 즐겁게 체험하는 것 2) 가면극을 처음 접하는 학생들에게 즐거운 기억이 될 수 있도록…
4	구O일	1) 가면극 연행의 예술적 완성도 2) 가면극의 기초 이해는 사전 이해를 위해 오리엔테이션의 개념으로 사전에 충분히 하며, 아무래도 가면극의 내용과 춤사위, 노래 등등을 제대로 이해하고 이를 표현해내는 것이 중요하기에 완성도를 위해서 꾸준히 연습함.
5	하O용	1) 장단, 호흡, 기본적인 춤사위 2) 장단의 흐름을 알아야 기본적인 호흡을 할 수 있고, 이를 통해 굴신과 발디딤 그리고 손사위의 이해가 빨리되고 몸이 빨리 부드러워지고 몸 전체 동작의 기본 동작을 만들 수 있다.
6	정O배	1) 가면극의 성격과 배역별 역할 예술적 표현 (춤)지도 2) 가면극은 양반의 핍박을 받은 한을 풀고자하는 서민이 양반을 욕하기 위해 탈을 쓰고 극을 하니까
7	윤O호	1) 예술적 완성도 2) 전수학교로서 가면극 본래의 내용에 충실해야 함으로
8	박O기	1) 동작의 기본 습득 2) 그 까닭 : 어렸을 때 기본을 습득하여야 이를 토대로 경험이 쌓여 더 높은 수준의 연희를 할 수 있다.
9	황O욱	1) 춤의 이해와 표현력입니다. 2) 그 까닭 : 춤을 이해하여야 내용을 알 수 있고 그래야 공부가 되겠죠, 참고로 체험학습은 하지 않습니다. 따라서 1주일간 합숙을 하기에 이렇게 가르칩니다.
10	신O하	가면극 안에서의 책임성과 나를 소중히 하는 것과 같이 전통연희 안에 모든 것에 대한 소중함 정도.
11	손O랑	학생들이 얼마나 극중 인물들을 잘 묘사하고 연기해 내는가에 중점을 두고 가르칩니다. 그러면서 원형을 벗어나지 않도록 지적을 많이 해줍니다.

12	김O율	1) 가면극을 즐겁게 체험 2) 가면극의 기본 이해와 우리 것이 최고라는 긍지를 가지고 상생적으로 성장
13	손O만	가면극의 기초 이해 및 예술적 완성도
14	조O나	즐겁게 체험하는 것

교육 목표에 대한 응답을 살펴보면, 가장 비율이 높은 세 가지 유형이 나타난다. 첫째, 가면극의 기본이 되는 춤사위에 대한 교육의 필요성을 강조하는 경우, 둘째, 가면극을 즐겁게 체험하는 것을 중시하는 경우, 셋째, 가면극 연행의 예술적 완성도를 목표로 하는 경우가 그것이다. 이 가운데 첫째와 둘째 목표는 초등학교, 중학교 학습자가 아니더라도 강조될 수 있는 교육 목표이다. 즉 모든 연령층에 공통으로 해당하는 교육 목표라고 할 수 있다.

그런데 이 두 가지 목표를 교육 목표로 설정하는 전문가들은 가면극 교육의 중심이 가면극이 아니라 학습자라는 인식을 하고 있다는 것을 추론할 수 있다. 그러나 셋째 경우인 '예술적 완성도'는 초등학교와 중학교 학습자와 같은 어린 학생을 대상으로 할 경우에는 적절하지 않다. 왜냐하면, 교육의 주객이 전도될 수 있기 때문이다.[12] 즉 초, 중등학교 학생을 대상으로 하는 교육의 성격은 전문적인 예술가 배출을 지향하는 것보다는 일반적인 생활을 영위하는 교양인 양성에서 찾는 것이 보편적이기도 하고 또 바람직하기 때문이다.

12_ 만약 '배움'이 빠지고 없다면 아무리 열렬한 '가르침'이 있다 하더라도 그건 '교육'이 되기 어려울 것이다. 김수업(2000), 『국어교육의 길』 나랏말, p.68.

2) 가면극교육의 영역

[표 3] 전문가들의 가면극교육 영역

	이름	가면극교육의 영역 중요도
1	김O홍	1. 예절 2. 춤 3. 대사 4. 몸짓 5. 가면 6. 의상 7. 반주
2	송O우	1. 예절 2. 춤, 대사 3. 몸짓, 반주 4. 가면, 의상 5. 탈춤의 유래, 역사 등
3	정O일	춤, 대사, 반주(장단 및 추임새), 가면 모양, 의상, 몸짓, 창작, 탈춤의 역사성
4	구O일	춤, 대사, 몸짓, 반주, 가면, 의상, 예절
5	하O용	예절, 가면, 몸짓, 대사, 반주, 춤, 소품, 의상
6	정O배	가면, 의상, 몸짓, 춤, 대사, 반주, 예절.
7	윤O호	춤 대사 가면 의상반주몸짓 예절
8	박O기	예절, 춤, 대사, 몸짓, 반주, 가면
9	황O욱	예절, 춤, 가면, 반주, 의상, 몸짓
10	신O하	어느 요소 하나 빠지면 가면극이 되지 않기에 어떻게 말씀을 드리기가 힘듭니다. 닭백숙에 닭이 없다면 닭백숙이 아니겠죠. 가면극에선 가면이 가장 중요하다고는 말씀을 드리겠습니다. 나머지 부분들도 없으면 안 되겠지만...
11	손O랑	극에 참여하는 마음가짐, 극에 대한 이해, 대사, 반주, (가면, 의상, 소품), (춤, 몸짓), 예절
12	김O율	예절, 반주, 춤, 대사, 가면, 의상
13	손O만	예절, 몸짓, 춤, 대사, 반주, 가면, 의상, 기타 등등
14	조O나	예절, 가면, 몸짓, 반주, 춤, 의상, 대사.

　가면극 보존회 관계자는 한국가면극을 교육할 때 어떤 영역이 중요한지 그 중요도에 대해 위와 같은 답변을 하였다. 이 항목을 조사한 의도는 한국가면극의 여러 영역 가운데 가장 기본이 되고, 또 중요한 것에 대해 가면극 교육 전문가들이 어떻게 생각하는지를 알아보려는 데 있었다. 그들은 교육의 대상이 초등학교, 중학교 학습자일 경우 가면극 자체보다 '예절'을 가장 중요하게 생각한다고 응답하였다. 일반적으로 예절이란 용어는 사람이 지켜야 할 도리를 지칭하며, 매우 포괄적인 의미로 사용되는 불확실한 용어 가운데 하나이다. 그런데 조사과정에서 확인한 바에 의하면 전문가들이 생각하는 예절의 의미는 자기 자신뿐만 아니라

상대방이나 전체를 생각하는 마음, 즉 가면극을 지도하는 선생님이나 가면극을 함께 배우는 동료들을 대하는 자세 등을 지칭하는 것이었다.

두 번째로 중요한 영역은 춤이다. 춤은 가면극 자체만 놓고 볼 때 가장 중요한 것이고, 다른 것과 관련되지 않은 순수한 춤이 아니라 장단이나 불림과 결합하여 있는 춤을 지칭한다. 그리고 가면극을 지도할 때 가면극의 상황과 사건이 전달되는 구체적인 매체인 대사는 세 번째 정도로 주목을 받고 있었다. 가면과 비슷한 정도였으며, 중요하긴 하지만 가장 핵심적인 교육 영역이 아니라는 생각을 하고 있었다. 여기에서 가면극 교육 전문가들은 국어교육의 관점에 서 있는 연구자와는 달리 가면극을 예술 활동으로 보는 예술교육의 관점에 서 있다는 것을 확인할 수 있다.

3) 가면극교육의 교재

[표 4] 전문가들의 가면극교육 교재

	이름	가면극교육의 교재
1	김O홍	양주별산대놀이 제5과장 3경 애사당 법고놀이
2	송O우	응답하지 않음
3	정O일	강령탈춤 제 6과장 팔목중춤의 대사 내용
4	구O일	은율탈춤 3과장 8목 중춤과 4과장 양반춤에 나오는 대사는 모두 가르침
5	하O용	진주오광대 2과장(문둥마당), 5과장(할미, 영감마당)
6	정O배	동래야류 소년당상 애기도령~~~연희본대로 지도한다.
7	윤O호	응답하지 않음
8	박O기	강령탈춤 노승, 취발이과정 팔목중 놀이, 목중춤, 상좌
9	황O욱	응답하지 않음
10	신O하	하회별신굿탈놀이 연희본에 있는 모든 마당에 대사
11	손O랑	가산오광대 4과장 양반대목
12	김O율	수영야류 전과장 (시간 제한 때문에 줄여서 30분에)
13	손O만	봉산탈춤 제4과장 취발이 대사 제5과장 사자춤
14	조O나	봉산탈춤 제2과장 2목 또는 창작할 때

가면극교육에 사용되는 교재는 가면극을 가르치는 교사 자신이 소속된 가면극 보존회의 가면극의 과장이나 대목 가운데 어느 것을 선택하여 사용하고 있었다. 가면극교육 전문가들은 대부분 춤 대목을 중심으로 선택하는 것이 특징이었다. 팔목중춤, 팔목중놀이, 목중춤, 사자춤, 이목이 추는 춤 등 춤이 중심이었고, 그에 따른 불림이나 짧은 대사는 부수적이었다. 그리고 가면극교육 전문가들은 성인들이 연행하는 내용을 성인들 수준과 같이 가르치지 않고, 자신이 알고 있는 가면극의 춤이나 대사를 초등학생이나 중학생의 수준을 고려하여 위계화하기 위해 노력했다. 가면극에서 중핵적인 내용이라 할 수 있는 부분을 기본으로 선택하여 학습자의 능력이나 교육 기간 등을 바탕으로 교육 자료를 재구성하였다. 그래서 대사를 통해 진행되는 극 부분이 아니라 춤을 통해 전개되는 대목이나 과장을 중심으로 교육했다. 그들은 대사를 가르치는 것은 크게 강조하지 않았고, 가르칠 경우에도 대사의 비중은 매우 낮았다.

가면극교육 전문가들에 대한 조사 결과 중에는 교재를 특별히 선택하지 않고 모두 가르친다는 응답도 있었는데, 이 경우에는 학습자의 발달 단계보다는 가면극 자체를 중시하여 가면극의 대사를 성인들의 그것과 같이 가르치고 있었다. 예컨대 어려운 한자어로 된 대사나 불림 등을 배울 경우 그 내용에 대한 이해를 바탕으로 한 새로운 창조적 계승을 지향하기보다는 반복 연습을 통해 전통 그대로를 계승하는 데 집중하고 있었다. 학습자의 발달 단계에 대한 고려와 교육 대상에 따라 탄력적으로 변화하는 유연성이 부족하다는 점이 교육적인 측면에서 볼 때 문제점으로 나타났다.

4) 가면극교육의 방법

[표 5] 전문가들의 가면극교육 방법

	이름	가면극교육의 방법
1	김O홍	1) 대사집을 주지 않고 구음전달법을 사용합니다. 재담을 글로 보게 되고 재담의 맛을 못 살리고 책 읽는 듯 하여 들려주고, 따라 해 보면서 자연스러움에 중점을 둡니다. 2) 5과장 3경 애사당 법고놀이 3) 직접 시범을 보여주고 따라서 하도록 지도합니다.
2	송O우	시범을 보여준 후에 따라서 하도록 한다. 이후 학생 스스로 자생적이게 한다.
3	정O일	1) 있는 내용을 가르치고 공연의 상황에 맞추어 대사를 바꾸어서 가르친다. 2) 강령탈춤 제 6과장 팔목중춤의 대사 내용 3) 직접 시범을 보여주신 후에 따라서 하도록 지도한 후에 학생이 쉽게 발음, 호흡 하는 데로 말하도록 하고, 크게 벗어나지 않는 한 학생이 하는 데로 둔다.
4	구O일	1) 가면극 연행에 있는 대로 가르침 2) 은율탈춤 3과장 8목중춤과 4과장 양반춤에 나오는 대사는 모두 가르침 3) 직접 시범을 보여주고 따라서 하도록 지도함
5	하O용	1) 대사는 연희본에 나와 있는 데로 가르치고, 상황에 맞게 적절 것 형식에 벗어나지 않고 바꾸는 경우도 있다.(대상의 수준에 맞게), 2) 2과장(문둥마당), 5과장(할미, 영감마당), 3) 동영상을 통한 대사를 어떻게 하는지 먼저 알고, 직접 시범을 보여주어 자기의 개성에 맞게 표현 하도록 한다.
6	정O배	소년당상 애기도령~~~연희본대로 지도한다.
7	윤O호	1) 대본대로 가르침 2) 응답 없음 3) 시범을 보임
8	박O기	1) 기본무를 전부 습득한 후에 배역으로 지도 2) 노승, 취발이과정 팔목중 놀이, 목중춤, 상좌 3) 시범 후에 지도
9	황O욱	1) 가면극 연행대로 가르치나 필요에 따라 수정합니다. 2) 응답 없음 3) 도제식으로 보여주고 따라하게 합니다.
10	신O하	대사 지도는 대본을 일단 줍니다. 그리고 DVD를 통한 공연실황을 보여주면서 자연스럽게 연기와 함께 대사를 듣게 합니다. 그리고 대본 지문을 학생들이 큰 목소리로 읽게 하면서 말하기 어려운 부분들이나 일정 단어, 연결부분 등 껄끄러운 부분들을 수정해주면서 대본을 재완성 시켜 줍니다. 그리고 수업을 하면서 억양이라든가 감정표현 등을 지도합니다.

11	손O랑	먼저 시범을 보여주고 따라하도록 지도한 다음 잘 되지 않는 부분을 다시 짚어 주면서 다듬어 가면서 가르치고 있습니다.
12	김O율	응답하지 않음
13	손O만	응답하지 않음
14	조O나	직접 시범을 보여주어 창작했을 때도 운율을 맞출 수 있도록 한다.

가면극교육 전문가들은 가면극을 교육하는 방법으로 자신이 가르칠 춤이나 대사, 몸짓 등을 직접 시범으로 보여주고, 이를 따라서 배우도록 하는 방법을 사용하고 있었다. 특히 양주별산대놀이보존회 김순홍 전수조교는 이를 '구음 전달법'이라 명명하고 있었는데, 이는 전형적인 도제식 교수법 가운데 하나였다. 이런 교수법은 국어과 교수법 가운데 하나인 직접교수법과도 일맥상통하는 교육 방법이며, 짧은 시간 안에 교육해야 할 내용을 정확하게 전달하는 훈련의 과정에 적합하다. 가르칠 내용을 글로 정리하여 이를 읽도록 하거나 또는 읽어주는 것이 아니라 교사가 시범 보이는 것을 눈으로 보고 귀로 들은 것을 토대로 하여 자기 몸으로 직접 말하고, 행동하면서 춤추는 것을 배우도록 하였다. 글로 된 대사를 먼저 보고 학습자 스스로 어울리는 대사를 찾아 나가는 일반적인 연극교육의 방식과는 매우 상반된 교수법이다.

이와 같은 맥락을 은율탈춤보존회 교육 과정에서 볼 수 있었다. 즉 은율탈춤보존회 관계자는 은율탈춤을 배우고자 하는 학습자에게 가면극의 내용을 문자 텍스트로 제공할 경우, 이와 함께 가면극 연행 동영상을 함께 보여주는 방식을 사용하였다. 특히 대사의 경우 학습자의 음성언어가 아니라 문자언어를 먼저 접할 경우에는 가면극에 담겨있는 다양한 의미와 맥락 등을 파악하지 않고, 대사만을 기계적으로 암기하여 무미건조하게 표현하는 경우가 많아서 이를 해결하기 위한 방안을 마련하였다. 즉 글로 쓰인 가면극 채록본을 바탕으로 가면극교육을 시작하는 것이 가면극의 연행적인 특성을 고려할 때 매우 비효율적이라서 동영상 자료를 적극적으로 활용하고 있다는 것을 짐작할 수 있다.

5) 가면극교육의 평가

마지막으로 가면극교육 전문가들이 가면극교육을 할 때 그들이 가르친 춤과 대사, 몸짓에 대해 어떤 기준으로 학습자의 표현을 평가하는지 조사하였다. 춤, 대사, 몸짓을 평가하는 기준을 정리하여 아래와 같은 표로 나타내었다.

(1) 춤을 잘 추는지 평가하는 기준

[표 6] 전문가들의 춤에 대한 평가 기준

	이름	답변 내용
1	김O홍	가르쳐 주는 동작의 정확성을 봅니다.
2	송O우	기초, 기본이 잡혔는지 그 춤의 특성을 알고 추는지 등등
3	정O일	박자에 따른 정확한 동작의 표현
4	구O일	정해진 춤사위 여부, 오금질 여부, 적극성 여부
5	하O용	장단의 흐름에 따른 호흡과 큰동작의 춤사위
6	정O배	기본 춤과 배김 사위춤이 잘 되어야 한다. 박자에 맞게
7	윤O호	춤의 기준에 따름
8	박O기	통일성
9	황O욱	응답 없음
10	신O하	춤을 잘 춘다는 기준점을 어디에 두느냐에 따라서 선생님들마다의 눈이 다릅니다. 내가 가르쳐 준 순서대로 춤을 추는지, 동선에 따라 춤을 추는지, 한복에 선을 얼마나 잘 살려내는지, 캐릭터를 얼마나 잘 표현하는지 등 서로가 보는 눈이 다릅니다. 그러나 대개 일단은 춤을 출 때의 자신감이죠. 보통 자신감이 없는 학생들은 가면을 들지 못합니다. 일단 가면을 쓰면 시야가 좁아지고 몸에 균형을 잡기 힘들어지기 때문에 고개를 아래로 떨구게 됩니다. 그러면 보여야할 가면은 보이지 않고 머리만 보이게 됩니다. 자신감을 가지고 춤을 춘다면 일단 자기 체형을 잘 살려서 그 캐릭터에 대한 개성표현도 자유로워질 뿐만 아니라 여유가 생기기 때문에 한결 보기 좋은 춤이 됩니다. 물론, 기본적인 춤의 내용이 깃들어 있을 때 평가를 할 수가 있는 것이죠. 가령 하회의 경우 남성들의 몽두리춤, 여성의 오금춤 등 각각의 기본춤사위가 바탕에 깔려있어야 평가가 가능하겠습니다.

11	손O랑	우리 가산오광대의 춤사위는 즉흥성이 많은 춤사위입니다. 보존회 회원들은 그렇게 해낼 수 있으나 아직 어린 학생들에게 즉흥춤을 시키기는 무리라 순서를 정해주고 춤을 가르치는데. 무엇보다 춤 장단의 拍子에 맞추어 추어야 하고, 음악에 맞추어 신명나게 추는 느낌이 들어야 합니다.
12	김O율	長短에 맞추어서 몸짓을 잘 하는지
13	손O만	順序에 맞게 잘하는지
14	조O나	長短을 잘 타는가

가면을 쓰지 않은 상태에서 춤을 추기도 쉽지 않다. 여기에 의상과 가면을 착용한 후에 춤을 추게 되면 몸의 움직임은 더욱더 불편해지고, 앞이 잘 보이지 않아서 춤추는 것이 매우 힘들어진다. 그래서 학습자는 장단에 맞추어 춤이나 동작을 표현할 때 다양한 수준차를 나타내게 되었다.

[표5]와 같이 전문가들은 학습자가 춤의 특성을 파악하여 반주 장단에 맞추어 순서대로 정확하게 출 때 춤의 기본이 잡혔고, 잘 추는 것이라고 평가하고 있었다. 그리고 춤을 아주 잘 추는 학습자가 춤을 출 때 자신감이 매우 강하고 즉흥성까지 나타내기도 하며, 신명 나게 춘다고 하였다. 그런데 가산오광대의 손O랑은 이 가운데 즉흥성을 평가 기준으로 제시하는 것은 어린 학습자에게 무리라고 보기도 하는데, 여기에서 춤에 대한 평가 기준이 가면극교육 전문가들 사이에서 아주 다르다는 것을 알 수 있다.

(2) 대사[13]를 잘 하는지 평가하는 기준

[표 7] 전문가들의 대사에 대한 평가 기준

	이름	평가하는 기준
1	김O홍	대사와 동작은 일치감을 가져야 합니다.
2	송O우	지역별 탈춤의 발성인지, 자기 표현에 녹아들었는지...등등
3	정O일	강렬한 목소리와 운율
4	구O일	대사의 속도, 대사의 높낮이, 감정 이입
5	하O용	탈춤은 마당에서 판이 열린다. 대사전달을 위해 핀마이크를 달고 하므로 대사는 천천히 해야 관객에게 또박또박 전달된다.
6	정O배	대사는 전달이 잘 될 수 있게 또박또박 하며 음감이 있어야 한다.
7	윤O호	대사에 얼마나 감정표현이 곁들여 있는지
8	박O기	자신감
9	황O욱	응답하지 않음
10	신O하	우선 하회별신굿탈놀이는 춤의 요소보다 탈 표정에 의한 대사전달이 가장 주로 이루어지는 연희극임을 먼저 밝힙니다. 대사는 어느 탈춤이나 같이 각 지역의 특성을 잘 나타내주기 때문에 그 지방의 특유의 말투나 억양, 사투리를 기본으로 하고 있습니다. 또한 각각의 배역에 맞는 음성의 변화가 있습니다. 양반이나 지배계층의 경우 느릿느릿하면서도 무게감 있는 어조로 표현되기도 하고 백정 같은 우악스러운 배역은 역시 걸쭉하면서도 호탕한 어조로... 물론, 배우는 학생들이기에 이 모든 것을 원할 순 없지만, 이런 성격들을 설명해주고 또한 그들의 대표적인 성품을 알려주기에 학생들에게 최소한의 것들을 원하고 또한 평가의 기준이 된다 하겠습니다. 하여 첫째는 지역적인 특색을 잘 나타내는 사투리이고 둘째는 각 배역들의 성품을 들어내는 음색이라 할 수 있습니다.
11	손O랑	극중 인물에 따라 억양과 말투가 다 특색이 있는데 그 특징을 잘 살려 대사를 해야 합니다.
12	김O율	발음이 명확하고 대사 전달이 정확한지
13	손O만	발음의 명확성 및 전달력
14	조O나	목소리가 크고 발음이 정확한가

---

13 _ '연극에서 배우가 하는 말'을 대사라고 한다. 그런데 한국가면극 관계자는 '대사(臺詞)'라는 용어 대신 '재담(才談)'이란 용어를 많이 사용하고 있다. 현대 연극의 대사가 갖는 여러 가지 특징들과 구별되는 부분이 많이 있기 때문에 이를 구별하여 쓰고 있다. 그렇지만 재담이라고 하면 일반적으로 '익살과 재치를 부리며 재미있게 이야기함'이란 의미를 지니고 있기 때문에 이 글에서는 이런 혼란을 차단하기 위해 재담이란 용어 대신 대사라는 용어를 사용하고자 한다.

가면극교육 전문가들이 제시한 대사를 잘 하는지를 평가하는 기준들은 매우 다양하다. 이런 기준들을 관통하는 핵심적인 것을 추출해 보면 '관객에게 대사를 잘 전달할 수 있느냐' 라는 것이다. 그래서 전문가들은 대사를 관객에게 잘 전달하기 위해서 천천히 또박또박 말하는 것을 강조하고 있다. 즉 발음이 명확하고 정확해야 한다고 했다. 이 기준들은 국어교육의 장에서 가면극교육을 설계할 때 주목해야 할 것이라고 판단된다. 왜냐하면, 발음에 대한 강조는 자기표현으로서의 말하기 능력과 밀접하게 관련되어 있는바 가면극교육이 단순히 고전 자료에 대한 이해에 그치는 것이 아니기 때문이다. 이런 표현 능력은 가면극에 등장하는 인물의 성격을 표현하는 능력과도 밀접하게 관련되어 있다. 그리고 감정이입과 억양, 말투 등과 같은 요소들도 더욱더 효과적인 말하기 능력 신장을 위해 다루어야 할 것들이다. 이런 점에서 국어교육의 장에서 하는 가면극교육은 총체적인 국어교육으로서의 가능성이 매우 크다 하겠다. 단순히 말하기나 표현에만 국한되지 않고, 말하기와 듣기, 표현과 이해, 국어활동 능력과 국어문화 능력 등이 서로 밀접하게 연결되어 있기 때문이다.

(3) 몸짓 표현을 잘하는지 평가하는 기준

[표 8] 전문가들의 몸짓 표현에 대한 평가 기준

	이름	평가하는 기준
1	김O홍	대사와 손짓, 동작, 시선처리를 봅니다.
2	송O우	차기 신체 즉 체형을 알고 표현하는지, 그 춤의 특성을 표현하는지
3	정O일	즉흥적 행동
4	구O일	감정 이입, 몸짓 표현의 속도
5	하O용	탈짓이 잘 되면 몸짓은 저절로 따라 가는 듯 합니다.

6	정O배	탈춤이므로 몸짓 표현이 매우 중요하다. 지금 무엇을 하고자 하는지 잘 나타나야 한다.
7	윤O호	대사와 몸짓 표현이 얼마나 잘 어울리는지
8	박O기	몰입도
9	황O욱	몸짓과 표현의 적합 여부입니다
10	신O하	몸짓 표현이라 함은 어떠한 상황에서도 자기 캐릭터를 잘 살려내는 것이라고 생각합니다. 이것은 위에서 말한 춤과 요소가 어느 정도 중복되기 때문에 넘어가겠습니다.
11	손O랑	대사를 할 때나 극중 일어나고 있는 상황에 어울리는 몸짓을 어색하지 않게 연기해야 합니다.
12	김O율	상대방과 조화를 잘 이루는지
13	손O만	한국인만이 가지는 장단의 반응 정도
14	조O나	즐거워하며 추는가

　　한국가면극의 몸짓 표현에 대한 평가 기준은 대략 세 가지로 요약할 수 있다. 첫째 혼자서 하는 대사, 춤, 손짓, 시선 처리 등과의 조화 여부, 그리고 이를 통해 배역의 특성을 잘 드러내는지의 여부에 대한 판단이다. 둘째 상대방과 함께 극 중 상황에 맞추어 조화롭게 표현하는지의 여부이다. 셋째 즐겁게 표현하는지 또는 즉흥적인 행동을 잘 소화하는지가 그것이다. 한국가면극의 몸짓 표현 능력은 혼자서 표현하는 부분에서도 확인할 수 있지만, 상대방과 함께 조화롭게 표현하는 과정에서 더욱더 확연하다. 그리고 이런 몸짓 표현의 기능을 바탕으로 표현하는 과정에서 즐길 줄 아는지, 그리고 즉흥적인 상황에 적절하게 대처하는 능력이 있는지까지도 평가 기준이 된다.

Ⅳ. 가면극교육의 국어교육적 지향

　　한국가면극은 지금도 성인 수준에서 다양한 형태로 향유되고 있다.

특히 무형문화재로 지정되어 보존되고 있으며, 마당놀이나 마당극, 창작탈춤 등으로 변화하여 현재 우리 사회의 여러 모습을 충실히 담아내고 있다. 그러나 초등학교와 중학교 학생들을 대상으로 하는 학교 교육은 전무하며, 고등학교에서만 국어나 문학 시간에 채록본을 바탕으로 한국가면극의 내용을 분석적으로 학습하는 데 머무르고 있다. 앞에서 조사한 전문가들의 교육 양상을 바탕으로 국어교육의 장에서 지향해야 할 바를 모색하고자 한다.

1. 가면극교육의 목표

2009년과 2010년 서울원0초등학교 학생들을 대상으로 조사한 바에 의하면 학습자는 한국가면극에 대해 알고 있거나 경험한 바가 없으면서도 가면극이 지루하고 재미없다는 선입견을 품고 있었다.[14] 한국가면극이 내포하는 재미와 요즘 학습자가 생각하는 재미가 서로 다르기도 하지만, 한국가면극에 대한 부정적인 인식 또한 그 뿌리가 매우 깊은 것이 현실이다.

가면극 보존회 관계자는 예술교육 차원에서 하는 교육을 살펴보면 교육하는 시간과 장소 및 기타 여건들이 정규교과 가운데 하나인 국어교육과는 매우 다르다는 것을 알 수 있다. 가장 크게 다른 요인은 수업시수이다. 아무리 많게 본다고 할지라도 국어교과에서는 가면극교육에 할애할 수 있는 수업시수가 예술교육 차원에서 이루어지는 수업

---

14 _ 2009년 6학년 154명과 교육연극부라는 특별활동에 참여했던 4~6학년 20명을 조사하여 확인한 사실이다.

과 비교할 수 없을 만큼 적다.[15] 이렇듯 한정된 시간 안에서 교육 활동이 이루어지기 때문에 가면극교육은 더욱더 한국가면극의 본질을 가르치는 데 집중해야 한다. 앞에서 논의한 바와 같이 한국가면극의 핵심은 풍자와 비판을 통해 갈등을 부추겨서 마침내 파괴와 파멸로 나아가는 데 있지 않고, 풍자와 비판을 통해 갈등을 보여주되 결국, 서로 화합하고 상생하는 것을 지향하는 것이 교육적으로 가치 있다. 따라서 이런 상생적인 화해 지향적 세계관을 한국가면극 교육의 목표로 삼고자 한다. 그래서 초등학교와 중학교 학생들에게 국어교육 차원에서 하는 가면극교육은 학습자의 수준을 고려하여 위계성을 갖추어야 하는데, 이를 위해서는 먼저 가면극교육이 예술적 완성도보다는 한국가면극에 대해 '즐거운 체험'을 하도록 하는 것이 타당하다.

2. 가면극교육의 내용

1) 가면극교육의 영역

가면극교육은 가면극 채록본을 분석적으로 공부하는 고등학교에서와는 달리 초등학교와 중학교 학습자를 대상으로 하는 경우에는 한국가면극의 대사와 몸짓 등을 입과 얼굴, 몸 등으로 직접 표현하면서 즐겁게 체험하는 것을 지향해야 한다고 보았다. 왜냐하면, 초·중등학교 학습자의 인지적 발달 단계가 형식적 조작 단계에 이르지 못한 구체적

---

15 _ 방과 후 교실 형태로 교육이 이루어지고 있는데, 한 학기 또는 두 학기 즉 1년에 걸쳐 한다. 그리고 보통 일주일에 한 번, 2시간 정도 교육을 한다. 이런 유형으로 적게 잡아 한 학기에 15주 정도 교육을 하는 경우에도 30시수 이상 수업시수가 확보된다. 따라서 단순하게 가면극을 이해시키는 데 집중하지 않고, 가면극의 예술성에 바탕을 둔 인성교육까지 나아가고 있다.

조작 단계에 해당하고, 연극교육의 위계가 놀이에서 공연으로 이어진 연속적인 속성을 지니고 있기 때문이다. 결국, 초·중등학생을 대상으로 한 가면극교육은 한국가면극에 대한 문자언어 중심의 지식과 이해, 분석보다는 가면극에 대한 음성언어, 몸짓언어 중심의 체험 속에서 지식과 이해, 분석이 이루어지도록 교육 프로그램을 설계하여야 한다.

이때 한국가면극의 어느 영역을 다룰 것인가 하는 문제 또한 중요한데, 예술교육을 표방할 경우에는 춤이나 노래 등을 중심으로 할 수 있다. 앞에서 논의한 바와 같이 가면극 보존회 관계자는 가면극교육을 춤 중심 예술교육의 일환으로 하는 경우가 많았다. 그들은 교육의 대상 가운데 초점화하는 부분이 국어교육 연구자와 달랐다. 국어교육에서 가장 주목하는 대사에 관해서는 관심이 부족하거나 소극적이었다. 이런 현상은 가면극교육 전문가들이 가면극이란 용어보다도 탈춤이나 탈놀이라는 용어를 더욱더 많이 사용하는 데서도 확인할 수 있다. 춤이나 놀이라는 말에서 확인할 수 있는 바와 같이 한국가면극의 핵심은 대사보다는 춤이나 놀이라고 여기고 있다.

그래서 국어교육의 장에서는 한국가면극의 교육 프로그램에 대한 가면극교육 전문가들의 의견을 다른 차원에서 재구성해야만 한다. 왜냐하면, 국어교육에서는 국어활동을 교육의 핵심 대상으로 삼고 있어서 가면극교육 전문가들이 한국가면극을 바라보는 관점과 서로 확연하게 다르기 때문이다.[16] 가면극교육 전문가들이 제시한 예절이나 춤, 노래보다는 대사를 중심으로 하는 교육적 설계가 가면극교육의 중핵이 되

---

16 _ 김대행(1995), 『국어교과학의 지평』, 서울대출판부, 최현섭 외(2005), 『국어교육학개론』, 삼지원, pp.53~64.

어야 한다. 이때 대사는 음성언어로 접근뿐만 아니라 문자언어는 물론, 몸짓언어, 매체언어 등과 관련지어 이해하고 표현할 수 있도록 해야 하는데 이를 위해서는 교사들이 언어에 대해 유연하고 포괄적인 안목을 갖는 것이 요구된다. 더불어 수업시수가 좀 더 확보되거나 다른 교과와의 통합교육이 전제된다면 가면극교육 전문가들이 강조하는 '예절'이나 '춤', 노래 등을 포함할 수 있어 금상첨화가 된다. 특히 초등의 경우 담임교사가 여러 교과를 재구성하여 통합교육을 할 수 있기 때문에 관심과 노력만 있다면 국어교육으로서의 가면극교육이 얼마든지 가능하다.

2) 가면극교육의 대사 선정 원리

가면극교육의 자료 선정 문제를 살펴보면, 가면극 가운데 어느 과장 그리고 그 가운데 어떤 대목을 가르칠 것인지를 선택하는 것이 중요한 문제이다. 그래서 이 문제는 또 하나의 연구 과제라 할 수 있다. 여기서는 대략적인 지침이나 가이드라인을 제시하는 정도에서 논의하도록 하겠다.

가면극의 특정 과장이나 대목을 가면극교육의 자료로 선택한 이후에도 한국가면극 대사를 더 면밀하게 검토하여 수정하거나 보완하는 작업이 필요하다. 이때 가장 중요한 준거가 되는 것은 가면극교육의 목표이다. 한국가면극이 지향하는 화해 지향적 세계관을 훼손하지 않으면서도 학습자의 국어 발달 단계를 교육적으로 고려하여 대사를 선택하여야 한다. 여기에는 선택과 배제의 원리, 교체의 원리, 덧붙여 설명하기의 원리가 준거가 되어야 한다고 보아 이에 대해 핵심적인 부분을 논의하도록 하겠다.

(1) 선택과 배제의 원리

한국가면극 가운데 초등학생들에게 가장 적절한 부분으로 어느 과장과 대목이 적절하다고 단정하기 힘들다. 다만 앞에서 밝힌 바와 같이 가면극에 나타난 세계관과 관련하여 화해 지향적 세계관이 두드러진 부분 중에서 갈등을 드러내는 인물 관계, 그리고 이런 인물들의 대사가 있는 대목을 선택해야 한다. 그런 다음 이를 중심으로 불필요하다고 판단되는 부분은 배제하는 순서로 교재로 사용할 텍스트를 마련해야 한다. 텍스트에 나오는 인물들이 갈등을 유발하는 사람과 이로 인한 피해자가 분명하게 나타나는 과장이나 대목일 때 초·중학생들의 국어교육에 가장 적절하다.

가면극의 내용뿐만 아니라 그 분량이 어떠해야 하는지를 판단하기도 쉽지 않아서 초등학생들과 중학생이 수업과 관련하여 읽을 때 적절한 한국가면극 자료를 선별해야 한다. 한국가면극은 성인을 대상으로 공연된 자료이다. 그래서 학습자의 수준을 고려하여 재구성하는 것이 필요하다. 문학작품을 국어교육의 자료로 삼을 때 그 분량이나 길이가 짧은 것은 문제가 되지 않지만, 분량이 많아서 길이가 긴 경우 문제가 된다. 이런 문제는 정책 판단에 속하는 결정이며, 한정된 시간에 가장 효과적인 교육을 하기 위해서는 경제성이라는 기준이 고려될 수밖에 없다. 2009년부터 시행되기 시작한 7차 개정 교육과정에서는 문학작품을 더욱더 많이 읽거나 공부할 수 있도록 교육 내용을 선정함으로써 이전 교육과정 시기 교과서보다 더 많은 분량을 실었다. 그러나 그렇다고 텍스트를 모두 실을 수 없는 경우가 많다. 그래서 결국에는 선택과 배제의 원리를 바탕으로 결단을 내릴 수밖에 없다. 만약 작품 전체를 실으려고 하다 보면 교과서의 분량이 너무 많아져서 또 다른 문제가 발생하기 때문이다.

(2) 교체의 원리

초·중등학생들의 국어 발달 단계를 고려하여 교육적으로 위계성을 확보하지 못하는 불필요한 대사들은 교체하는 것이 필요하다. 가면극에 풍부한 풍자와 해학의 용어들이 성인들에는 충분히 수용될 수 있고, 많은 의미를 전해줄 수 있다. 그러나 오늘날 현재의 어린 학생들에게 그런 내용이 전달되지 못하고 오해를 불러올 수 있는 낱말이나 문장이 있을 수 있다. 이해가 쉽지 않은 용어에서부터 과도한 욕설과 같은 낱말이나 문장은 성인을 주요 대상으로 하는 공연에서는 계속 사용해도 되겠지만, 국어교육학자 중에는 국어교육의 텍스트로 재구성할 때에는 생략하거나 순화하는 등 교체하는 것이 필요하다고 보는 이들도 있다. 그렇게 주장하는 이유는 만약 이런 조처를 하지 않는다면 욕설이나 육담 등이 가면극의 핵심이나 본질이라고 오해하고 가면극 전체를 멀리할 수 있는 계기가 될 수 있기 때문이다.

가면극 보존회에서 하는 대부분의 공연은 성인들을 대상으로 한다. 이런 공연들은 주로 성인들이 관람하지만 성인들이 초·중학생은 물론, 유치원생까지 동반하는 경우도 있다. 이렇게 성인을 대상으로 한 가면극 정기 공연을 성인들과 함께 관람한 초·중등학생과 인터뷰를 해서 관람한 소감을 물어보았는데, 그들은 가면극에 등장하는 용어에 대해 지적하였다. 욕설이 많아서 가면극에 대한 인상이 좋지 않다고 했다. 연구자가 조사한 바에 의하면 가면극에는 매우 많은 양의 욕설이 등장한다.[17] 물론, 성인들을 대상으로 하는 공연에서 이런 부분이 감소하는 것

---

17 _ 1957년 연희본에 사용된 욕설과 비속어 횟수 내역 : 제2과장 상좌와 옴중 - '놈' 6회, '지랄' 1회, '안갑을 할 놈' 3회, 제5과장 3경 애사당 법고놀이 - '놈' 33회, '년' 11회, '육시랄 놈(년)' 3회, '안갑할 놈(년)' 10회, '지랄' 6회, '미쳐(미친년)' 5회, '어미를 붙어(생피를 붙을)' 20회. 2009년

도 사실이다.[18] 그러나 학교라는 공식적인 국어교육의 장에서 이루어지는 교육이기 때문에 만약 비속어나 욕설을 교육하기 위한 자료로 사용할 경우라면 예외가 되겠지만, 그렇지 않을 때에는 좀 더 쉬운 용어로 바꾸어 흔적만 남기거나 아예 생략하는 것도 방법이라고 본다.[19]

(3) 덧붙여 설명하기의 원리

초등학생이나 중학생을 대상으로 하는 가면극 공연에서는 가면극의 대사 가운데 이해가 쉽지 않은 경우가 있다. 이런 경우에는 '덧붙여 설명하기'라는 방식으로 해결할 수 있다. 먼저 가면극에 있는 어려운 대사를 그대로 한 다음에 이어서 그 대사의 의미를 설명하는 방식인데, 공연 중에 사용하면 관객과의 자연스러운 소통까지 가능하게 한다. 양주별산대놀이 교육 프로그램[20]에서 학생 관객들을 고려하여 대사를 더 쉽게 풀어서 제시하는 사례들로는 다음과 같은 것들이 있다.

① 인성만성 - 제2과장 옴중과 상좌에 나오는데, '이렇게 많은 사람들이 모였으니'라는 뜻으로 사용되었다.
② 풍편 - 제5과장 팔목중 과장에서 노래에 사용되기도 하고, 다른 과장에서 불림으로도 사용되는데, '바람결에'라는 의미로 사용되

5월 5일 정기 공연에 사용된 횟수 내역 : 제2과장 상좌와 옴중 - '놈' 4회, '지랄' 1회, '망할 녀석아' 1회, 제5과장 3경 애사당 법고놀이 - '놈' 28회, '년' 6회, '육시랄 년' 2회, '안갑할 년' 1회, '지랄' 11회, '임마' 2회.

18 _ 였다.(2003년 1월 4일 면담 시) 전경욱(2007), 『한국가면극과 그 주변 문화』, 월인, pp.58~60., 재인용.

19 _ 이 부분에 대해서는 가면극 보존회 관계자의 의견이 국어교육학자의 그것과 매우 크게 차이가 나서 많은 논의를 통해 해결 방안을 찾아야 할 것으로 생각한다.

20 _ 초등학교, 중학교에서 진행되고 있는 방과 후 학교와 유치원, 초등학교, 중학교 학생들을 대상으로 운영되고 있는 체험학교를 들 수 있다.

고 있다.

③ 홍안백발 - 제8과장 신할아비와 미얄할미에 나오는 대사인데, '나이가 들어 머리는 세었지만 얼굴은 너희들 같이 어려서 붉고 윤기가 돈다'는 뜻으로 사용되었다.

이와 같은 용어들은 학습자가 쉽게 이해할 수 없기 때문에 풀이를 해주면 도움이 된다. 만약 학습자가 보는 채록본을 만들어 제공할 경우에는 각주와 유사한 방식으로 채록본 아래에 덧붙여 설명해 주면 활용도가 높다.

3. 한국가면극 교육의 방법

초등학교 학생들에게 아동극을 지도할 때 문자언어로 된 텍스트를 바탕으로 연극을 가르치면, 학습자가 생동감 있게 표현을 하지 못하는 경우를 자주 목격하였다.[21] 학교에서 국어 시간에 공부하는 희곡은 문자로 기록되어 있으며, 지금까지 그 문자를 중심으로 연극을 공부하면서 생동감 있는 표현을 하도록 어떻게 가르칠 수 있는지 방법을 제시하지 못했기 때문이다. 이에 대한 해결책은 아직도 분명하지 않았지만, 대체로 문자언어보다는 음성언어에서 출발하는 것이 해결 방법이라고 보는 이들이 있다. 그래서 문자로 된 대본에서 시작하기보다는 즉흥극을 통한 연기를 도입하거나 처음부터 대본이 없는 상태에서 연극 연습

---

21 _ 연구자가 초등학생들을 대상으로 20여 년간 희곡지도를 하면서 직접 경험한 바이기도 하고, 연극교육을 연구하는 동료 교사들이나 교육연극 관련자 또한 이런 문제에 대해 지적한 바 있다.

을 시작하는 방법은 이전과는 확연하게 다른 교육 방법이다. 앞에서 검토한 바와 같이 은율탈춤 보존회 관계자의 경우 동영상 자료를 사용하고, 다른 가면극 보존회 관계자가 대부분 '직접 시범'을 보여주는 것은 책을 읽듯이 대사를 하여 생동감이 없는 것을 극복하기 위한 좋은 방법이다.

그래서 가면극교육 또한 가면극교육 전문가들이 사용하는 이와 같은 교육 방법을 도입함으로써 생동감 있는 표현을 할 수 있게 지도하는 것이 필요하다. 이럴 경우 특정 대사와 인물에 대한 표현뿐만 아니라 공연에서 관객과 배우들의 소통 또한 원활해져서 한국가면극의 미적 특성인 신명풀이를 더욱더 효과적으로 발현하는 데 큰 도움이 된다.

4. 한국가면극 교육의 평가

한국가면극 교육에서 평가는 한국가면극이 지향하는 바를 학습자가 얼마나 학습했는지를 점검하여 미흡한 부분을 보충할 기회가 되어야 한다. 따라서 평가의 대상과 목표 등에 따라 평가의 유형과 방법 등은 다르게 설계되어야 한다. 먼저 가면극의 현재 모습을 충실하게 이해했는지를 살펴보는 것이나 한국가면극에 나타난 인간관, 인생관 등 세계관을 얼마나 이해하는지, 그리고 이를 바탕으로 하여 자기 경험과 안목을 새롭게 조정하고, 창조적으로 재구성하는 능력 등을 측정할 때에 가장 경제적인 평가 방법은 지필평가이다. 반면 가면극의 대사와 연기를 표현하는 능력이나 가면극을 바탕으로 하여 학습자 자기 경험과 안목을 조정하고, 새로운 내용으로 가면극을 개작하는 능력 등은 수행평가 performance assessment 방식이 도입되어야 한다. 학습자가 주어진 상황에서 실제로 '할 수 있는지'를 점검해야 하기 때문이다. 그런데 가면극교육 전문가들이 중시하는 '예절'과 같은 평가 항목은 실제 생활 속에서 평가될 수 있기 때문에 교사의 '관찰 평가'나 학습자 자신이 스스로 평가하는 '자기 평가', 또는 학습자 상호 간의 '동료평가' 등을 활용하는 것이 타당하다. 마지막으로 가면극 공연은 혼자 하는 것이 아니기 때문에 동료 학습자와 연기를 할 때 얼마나 조화롭게 하는지, 그리고 화합과 화해의 정신을 실천하는지도 평가해야 하는데, 이때에는 '개별 평가'보다는 '조별 평가'가 바람직하다.

V. 결론

한국가면극은 우리 조상들의 삶의 흔적이 그대로 담겨있는 소중한 공연예술의 결정체이다. 그런데 우리의 현실을 보면 이런 훌륭한 자산이 교육의 장에서 주목받지 못하고 있다. 한국가면극에 담겨있는 인간관계와 삶에 대한 인식의 틀은 현대에도 여전히 유효하므로 이를 거울삼아 학습자의 현재를 살펴보고, 미래를 설계하는 국어교육 프로그램을 설계할 수 있다.

가면극 보존회 관계자는 우리나라에서 공식적인 학교 교육이 시작되기도 전에 이미 어린 학생들에게 가면극을 교육하였다. 그런데 그들이 한국가면극을 교육하는 현황을 분석해 본 결과 그 교육은 예술교육 차원에서 이루어졌다는 것을 알 수 있었다. 그래서 국어교육의 장에서 가면극교육을 할 경우에는 가면극의 대사를 중심으로 가면극의 본질인 화해 지향적 세계관이 요체가 되게 교육과정을 새롭게 설계해야 한다. 이를 위해 필요한 교육 프로그램의 요소인 교육 목표와 내용, 방법, 평가에 대해 개략적으로 고찰하였다. 이어지는 후속 연구를 통해서 초·중등학교에서 이루어지는 더욱더 구체적인 대안과 사례를 제시하고자 한다.

참고문헌

김대행(1995), 『국어교과학의 지평』, 서울대출판부, pp. 5~25.

김수업(2000), 『국어교육의 길』, 나랏말, p. 68.

김익두(2006), 「한국 탈놀음의 공연학적 해석-'동래 들놀음'을 중심으로-」, 『공연문화연구』제13집, p. 53.

김학성(2002), 『한국 고전시가의 정체성』, 성균관대학교 대동문화연구원, p. 315.

박복희(1989), 「국민학교 탈춤 교육과정의 모형 개발 연구」, 연세대 석사논문, pp. 30~39.

박진태(1999), 『한국 민속극의 실천』, 역락, pp. 141~201.

_____(2005), 『한국고전극연구사 70년』, 대구대학교 출판부.

사진실(2007), 「전통연희의 미학과 원리 연구의 동향과 전망」, 『공연문화연구』, 한국공연문화학회.

서울대 국어교육연구소(1999), 『국어교육학사전』, 대교출판, p. 757.

이지영(2001), 「탈놀이 교육 실천 연구:<양주별산대 놀이>중 '애사당 법고 놀이'를 중심으로」, 한남대 석사논문, pp. 28~42.

전경욱(2007), 「민속극 연구의 현황과 전망」, 이화여대 한국문화연구원 편, 『전통문화연구 50년』, 혜안.

_____(1998), 『한국가면극 그 역사와 원리』, 열화당, p. 15.

_____(2007), 『한국가면극과 그 주변 문화』, 월인, pp. 58~60.

정대현 외(2000), 『표현인문학』, 생각의 나무, p. 276.

정형호(2008), 『한국 전통연희의 전승과 미의식』, 민속원.

조동일(1988), 『탈춤의 역사와 원리』, 기린원, p. 107.

조희정·서명희(2006), 「교과서 수록 고전 제재 변천 연구(1)-건국 과도기부터 제7차 교육과정기까지 문헌 제재를 중심으로-」, 〈한국문학교육학〉, 한국문학교육학회, pp. 433~434.

Tyler R. W. (1949), *Basic Principles of Curriculum and Instruc- tion*, The University of Chicago Press, pp. 15~106.

◀ 초등학생을 대상으로 한 한국가면극 패러디 교육

Ⅰ. 서론

학생들이 학교라는 공간에서 한 학기 또는 일 년 동안 함께 생활하다 보면 좋은 일도 있지만, 반대로 섭섭하거나 억울한 일도 생기기 마련이다. 특히 초등학생들의 경우 자기중심적인 성향이 강하므로 다른 사람의 관점을 고려하지 못하여 말이나 행동으로 잘못을 저지르는 경우가 많다. 그래서 학급의 친구를 비롯하여 학교, 학원 등에서 만난 여러 친구와 선생님, 부모님, 또는 자기 자신에게 좋지 못한 감정이 생기면서 큰 문제로 발전하기도 한다. 대표적인 예로 언론에 보도된 집단 따돌림이나 심각한 폭행 사건, 사망 사건 등을 들 수 있다.

전통연행예술 가운데 하나인 한국가면극은 우리 조상들이 살아가면서 힘들었던 근심과 걱정, 그리고 섭섭하거나 억울했던 일들을 모아서 함께 공유하고 소통했던 장르이다.[1] 조상들은 이런 한국가면극을 활용하여 개인이나 공동체에 남아있던 고민이나 아픔을 훌훌 털어내고, 화해와 희망의 공동체를 만들기 위해 힘썼다. 따라서 이런 전통문화를 학습하여 학생들이 생활하면서 갖게 된 고민이나 아픔을 담아내고, 공유하도록 하는 국어교육적 설계를 하고자 한다.[2]

---

1 _ 양반 풍자는 조선 후기 평민문학에서 두루 나타나는 주제이지만, 이 주제를 탈춤처럼 철저하게 심화한 다른 예를 찾을 수 없다. 조동일(1988), 『탈춤의 역사와 원리』, 서울 : 기린원, 107쪽.

2 _ 한국가면극 교육 관련 논문으로는 다음을 참고할 수 있다. 박진태(1999), 『한국 민속극의 실천』, 서울 : 역락, 1999, 141-201쪽. 박복희(1989), 『국민학교 탈춤 교육과정의 모형 개발 연구』, 연

한국가면극은 지금도 성인 수준에서 다양한 형태로 향유되고 있다. 특히 무형문화재로 지정되어 보존되고 있으며, 마당놀이나 마당극, 창작탈춤 등으로 현재 우리 사회의 여러 모습을 담아내고 있다. 그러나 초, 중등 학생들을 대상으로 하는 학교 교육을 살펴보면, 고등학교 국어나 문학 시간에 채록본을 바탕으로 한국가면극의 내용을 분석적으로 이해하는 데 머무르고 있다. 이처럼 한국가면극 교육이 이해에 초점을 두는 현상은 인문 교육은 물론, 인문학 전체의 문제와도 깊은 관련이 있다. 즉 인문학의 위기라는 지적이 그것인데, 이해에 대한 강조가 자연스럽게 표현의 부재로 이어졌다는 반성이 그것이다. 그래서 학계에서는 이에 대한 대안으로 '표현인문학'의 필요성을 제기한 바 있다.[3]

이 연구에서는 이해를 바탕으로 한 표현과 생산에 초점을 둔 한국가면극 교육에 관해 고찰하고자 한다. 즉 가면극에 대한 이해를 목적으로 하지 않고, 그것을 바탕으로 자기 생각과 느낌을 정리하여 이를 연극으로 생산하는 과정과 결과에 대한 논의이다. 다시 말해 한국가면극을 대상으로 한 패러디 교육의 실체를 밝히고, 그 교육 내용과 방법을 설계하는 것이 이 연구의 핵심이다. 이를 위해 한국가면극을 패러디하는 교육 프로그램을 만들어 교육하는 한국가면극 교육 전문가의 교육 내용과 방법을 조사하고, 분석하였다. 이 연구에서 분석하는 구체적인 사례는 전라남도 광주지역에서 활동하는 강령탈춤 이수자인 정재일의 가면극교육 프로그램이다. 그는 '전통연희놀이연구소'를 만들어

세대학교 대학원 석사학위논문, 30-39쪽. 이지영(2001), 『탈놀이 교육 실천 연구:〈양주별산대놀이〉중 '애사당 법고 놀이'를 중심으로』, 한남대학교 대학원 석사학위논문, 28-42쪽.

3 _ 이해인문학에 대조되는 표현인문학은 글을 읽고 이해하는 과제로 만족하지 않고 글 등을 써서 표현하는 것을 목표로 한다. 표현인문학은 능동적이고 적극적인 관점에서 표현에 접근하고자 한다. 정대현 외(2000), 『표현인문학』, 서울 : 생각의 나무, 276쪽.

초등학생들을 대상으로 교육을 하였는데, 그 교육 활동을 분석하여 국어교육의 장에서 의미 있는 교육 프로그램을 설계하고, 그것의 가치와 효과를 검증하기 위해 초등학생들을 대상으로 직접 적용해 본 후에 그 결과에 대해서도 논의하고자 한다.

II. 한국가면극 패러디 교육의 본질

1. 한국가면극 패러디 교육의 개념

한국가면극을 가리키는 용어에는 가면극, 탈놀이, 탈춤, 탈놀이 등이 있다. 같은 대상을 다르게 지칭하는 저변에는 관점의 차이가 있는 것이 사실인데, 이 글에서는 연극성에 대한 강조와 세계 여러 나라에서 널리 통용되는 용어를 사용하는 것이 좋겠다는 판단에서 한국가면극이라는 용어를 사용하기로 한다.[4]

가장 문제가 되는 핵심적인 문제는 패러디라는 용어의 개념이다. 먼저 패러디와 혼동하기 쉬운 관련된 것들에 대해 살펴보자. 패스티시 (pastiche)라는 용어는 잘 알려진 작가나 작품의 양식이나 기법을 모방하는 것으로 선행 텍스트와의 차이점보다는 유사성을 강조하지만, 비

---

4 _ 저자는 연구 초창기에 탈춤이란 용어를 사용했으나, 수년 전부터는 탈놀이라는 용어가 더 적당하다고 생각되어 탈놀이라는 용어를 많이 써왔다. 그런데 1997년 한 해 동안 미국에 나가 있으면서, 또 생각이 바뀌었다. 세계 여러 나라에서는 우리의 가면극보다도 오히려 연극성이 떨어지는 놀이도 mask drama, masked drama라고 부르고 있으며, 실제로 저자가 외국의 가면을 착용하는 전통극을 다룬 저서들을 찾아볼 때도 무용, 춤, 놀이 분야보다는 drama 분야에서 자료들을 찾게 되기 때문에, 우리의 경우도 외국어로 번역했을 경우 춤이나 놀이로 간주하기 쉬운 탈춤이나 탈놀이보다는 연극적 성격이 강한 가면극이라는 용어를 사용하는 것이 좋겠다는 생각을 하게 되었다. 전경욱(1998), 『한국가면극 그 역사와 원리』, 서울 : 열화당, 15쪽.

판력 없는 닮음이라는 점에서 패러디와 다르고, 풍자(satire) 역시 패러디와 흡사하지만, 패러디와는 달리 그 목적이 사회적·도덕적 개량에 있으며 반드시 선행 텍스트가 필요하지는 않는다.[5] 그리고 꼭 조롱을 목적으로 하는 것도 아니며, 여기저기 흩어져 있는 단어나 문장의 단편들을 하나의 텍스트로 조립·구성하여 파편화되고 분열된 현실을 표현하는 형식인 콜라주(collage), 몽타주(montage) 그리고 키치(kitsch) 역시 모두 패러디의 비판적 의도를 구현하지 못하고 단순하게 모방하는 특성이 있다.[6] 그러나 패러디는 그렇지 않다. 패러디는 반드시 조롱을 목적으로 하는 것만은 아니며, 선행 텍스트의 의도에 대한 비판을 포함하는데, 이런 비판에서 비평적인 행위가 창출될 수 있어서 국어교육계에서 주목하고 있다.[7]

국어교육학사전에서는 '패러디(parody)'라는 용어의 개념을 '특정 작품의 모방이되 원작을 생산적이고 창조적으로 재기능화하는 방법'[8]이라고 정의하고 있다. 패러디하는 사람의 의도가 원작을 조롱하거나 우습게 만들려는 데 있는 경우도 있지만, 이 연구에서는 이런 좁은 의미의 패러디 개념보다는 학생의 생각과 느낌을 담아내는 틀이나 구조를 차용하여 '차이가 있는 반복'[9]을 경험하도록 하기 위해 넓은 의미의 패러디 개념을 사용하고자 한다.

---

5 _ 정끝별(2002), 『패러디 시학』, 서울 : 문학세계사, 19~74쪽. 참조.

6 _ 이미란(1999), 『한국 현대소설과 패러디』, 서울 : 국학자료원, 16~19쪽.

7 _ 패러디를 '차이를 둔 반복'으로 보는 이인화의 논의와 맥락이 같으며, 특히 선행 텍스트를 기본으로 하고, 일종의 비평적 행위가 창출된다는 점에서 그러하다. 이인화(2008), 『패러디 기법을 활용한 서사 표현 교육 연구』, 서울대학교 대학원 석사학위논문, 14쪽.

8 _ 서울대 국어교육연구소(1999), 『국어교육학사전』, 서울 : 대교출판, 757쪽.

9 _ Linda Hutcheon(1988), *A Poetics of Postmodernism* : History, Theory, Fiction, Routledge, p.20.

2. 한국가면극 패러디 교육의 성격

일반적으로 패러디는 민주적이고 문화적으로 세련된 공동체에서 번성한다.[10] 그래서 비민주적이고, 권위적인 사회에서는 패러디를 찾아보기 어렵다. 우리 사회에 패러디 문화가 다양하게 존재하게 된 것은 문학은 물론, 사회 전반의 성숙과 관련이 깊다. 국어교육계에서도 패러디를 교육할 방안에 대해 많은 연구가 활발하게 이루어지고 있는 것은 이런 시대적 요청과 관련이 깊다. 이 연구에서는 국어교육계의 패러디 교육이라는 맥락을 바탕으로 이제 전통과 가치 측면에서 널리 인정받는 한국가면극이란 자료를 활용하는 교육 프로그램을 개발하고자 한다.

한국가면극 패러디 교육은 초점을 무엇으로 할 것이냐에 따라 다양하게 나타날 수 있다. 예컨대 주제를 중심으로 하는 경우와 대사를 중심으로 하는 경우, 등장인물을 중심으로 하는 경우 등이 있다. 무엇을 강조하느냐에 따라 한국가면극의 패러디 교육 프로그램은 그 목표와 내용, 방법, 평가 등이 달라진다. 이 연구에서는 주제나 대사보다는 등장인물에 초점을 두고자 하는데 그 까닭은 학생 자신과 자기 삶을 가장 깊이 있게 돌아볼 수 있게 하는 것이 등장인물이며, 등장인물들 사이의 관계를 바탕으로 인간관과 인생관이 크게 성장하기 때문이다.

---

10 _ Linda Hutcheon(1985), 『패러디이론』[(A) Theory of parody], 김상구, 윤여복 역, 서울 : 문예출판사, 154쪽. (원서, 1995, 출간)

III. 한국가면극 패러디 교육의 양상 및 분석

1. 한국가면극 패러디 교육의 양상

1) 교육 프로그램의 체계

'전통연희놀이연구소'의 대표인 정재일은 2007년 초등학교 다섯 개교, 2008년 초등학교 네 개교 및 여섯 개 단체 학생들을 대상으로 한국가면극 교육을 하였다.[11] 교육 프로그램 전체의 제목은 '신나는 예술여행 탈춤을 활용한 음악극 만들기'였는데, 그를 중심으로 이 프로그램을 수행한 이들이 한국문화예술교육진흥원에 제출한 연구 보고서의 제목은 '문화예술 교과 간, 장르간 통합적 접근의 실행사례 개발 - 전통문화를 활용한 음악극 만들기'였다. 한국가면극을 중심으로 관련 교과인 도덕, 국어, 사회, 음악, 미술을 통합하는 교육 프로그램 개발을 지향하고 있었다.[12] 전체 교육 시간은 16차시였다. 이 시간 가운데 국어교육과 밀접한 관련이 있는 시간은 탈춤의 대사를 배우는 시간, 이야기를 만드는 시간이었으며, 연습하고 발표하는 시간 등도 관련이 있었는데, 모두 합하면 대략 8차시 정도였다. 전체에서 8차시를 뺀 나머지 8차시는 춤, 노래, 장단을 배우고, 소품 및 의상, 탈 만들기를 하는 것인데 국

---

11 _ 2007년 교육활동 관련 소책자(주최 한국문화예술위원회, 주관 : 전통연희놀이연구소, 공동주관 : 거문초등학교, 천태초등학교, 별량초등학교 송산분교, 옥동초등학교, 대촌중0초등학교). 2008년 교육활동 관련 소책자(주최 : 한국문화예술위원회, 문화체육관광부, 주관 : 전통연희놀이연구소, 공동주관 : 서천 문산 도서관, 동초등학교 충효 분교, 외할머니댁 지역아동센터, 동순천 아동센터 부스러기, 담양 남면 남면초등학교, 순천sos어린이마을, 옥곡초등학교, 신안보육원, 함께할 새누리, 광양서초등학교).

12 _ 정재일 외(2007), 『문화예술 교과 간, 장르 간 통합적 접근의 실행사례 개발 -전통문화를 활용한 음악극 만들기-』, 한국문화예술교육진흥원 문화예술강사 자율연구모임 연구과제집.

어교육보다는 음악, 미술, 체육 등의 교과 교육과 밀접하게 관련된 내용이었다. 초등교육뿐만 아니라 예술교육의 통합적이고 총체적인 속성을 전제로 한다면 매우 바람직한 교육이라 할 수 있다. 그렇지만, 교과 교육 전문가 그중에서도 국어교육 설계자의 관점에서 보면 이 모든 교육 요소를 국어교육의 대상으로 설정하는 것은 무리가 아닐 수 없다.

2) 교육 프로그램의 내용

정재일의 '탈춤을 활용한 음악극 만들기' 교육 프로그램 내용은 '탈춤 배우기', '이야기 만들기', '소품 및 의상, 탈 만들기', '음악극 만들기', '공연'으로 이루어져 있다. 그는 탈춤을 가르칠 때 춤을 가장 중시하는데, 강령탈춤의 춤사위를 가르쳤다. 처음엔 모든 춤사위를 모든 학생에게 가르쳤지만, 배역이 결정된 다음에는 자기 배역에 필요한 춤사위만 집중적으로 연습하도록 했다. 예컨대 양반 과장에 나오는 양반들의 춤사위는 양반 역할을 맡은 아이들만 반복해서 연습한다. 정재일의 한국가면극 교육은 춤을 배우는 데 필요한 장단을 먼저 배우고, 거기에 맞춰 춤을 배우는 방식으로 진행되었다. 그런 다음 노래와 대사를 결합하는데, 노래는 학생들이 잘 알고 있는 창작국악 가운데 하나인 '산도깨비'[13]였다.

그런데 교과교육으로서의 국어교육의 관점에서 이 교육 프로그램을 살펴보면, 가장 관심이 가는 부분은 언어적인 부분 즉 대사와 어조, 몸

13_ 산도깨비의 가사는 다음과 같다. "달빛어스름 한 밤중에 깊은 산길 걸어가다 머리에 뿔 달린 도깨비가 방망이 들고서 에루화 둥둥 깜짝 놀라 바라보니 틀림없는 산도깨비 에고야 정말 큰일 났네 두 눈을 꼭 감고 에루화 둥둥 저 산도깨비 날 잡아 갈까 가슴 소리만 콩당콩당 걸음아 날 살려라 꽁지 빠지게 도망갔네."

짓 등이 아닐 수 없다. 그래서 그의 수업 가운데 이야기 만들기 과정에 주목하게 되었다. 그가 한 이야기를 만드는 과정은 한 사람 한 사람이 개별적으로 하는 것이 아니라 집단으로 한 것이 특징이었다. 즉 공동 창작 형식으로 이야기 만들기를 하였는데, 먼저 대사와 지문에 대한 인식을 점검하고, 부족한 부분은 보충, 설명하는 방식을 사용하였다. 그런 다음 이야기를 만들 기본적인 틀로 세 가지 장면을 제시하였다.

첫 번째 장면은 세 명의 선비가 한양으로 과거를 보러 가는 길에 호랑이를 만나는 장면이며, 꾀로 호랑이를 속여 살아남는다는 내용이다. 두 번째 장면은 호랑이에게서 도망친 선비들이 도깨비들을 만나는 장면이며, 그 도깨비들이 선비들에게 놀아달라고 말한 후에 원하는 선물을 준다는 내용이다. 마지막 장면은 선비들이 호랑이를 다시 만나게 되는데, 도깨비가 준 선물로 인해 호랑이를 물리친다는 내용이다. 여기에서 학생들이 해결해야 할 문제는 첫 번째 장면에서 어떤 꾀로 호랑이를 속이느냐는 것이고, 두 번째 장면에서 도깨비에게 어떤 선물을 받느냐는 것이다. 이런 두 가지 문제를 해결하면 이를 중심으로 대사와 지문을 만드는 단계로 넘어간다.

정재일이 설계한 가면극교육 프로그램의 교육 내용과 교육 일정과 교육 형태, 단계, 소요 시간, 진행 인원 등 관련 상황을 정리하면 다음과 같다.[14]

---

14 _ 2007년 교육활동 관련 소책자(주최 한국문화예술위원회, 주관 : 전통연희놀이연구소).

[표 1] 정재일의 교육 프로그램

방문횟수	교육차시	형태	단계	내용	소요시간	진행인원
1	1,2	교육	미적 체험	탈춤 배워보기 (춤, 노래, 대사, 장단)	2시간	2
2	3,4	교육		탈춤 배워보기 (춤, 노래, 대사, 장단)	2시간	2
3	5,6	교육	창작 체험	이야기 만들기, 장면 만들기, 역할 정하기	2시간	2
4	7,8	교육		소품 및 의상, 탈 만들기	2시간	2
5	9,10	교육		음악극 만들기	2시간	2
6	11,12	교육		음악극 만들기	2시간	2
7	13,14	교육		음악극 만들기	2시간	2
8	15,16	공연	현장 체험	전통형식의 탈춤 공연 관람, 사자춤 배워보고 체험 학생들이 만든 음악극 공연, 전통입체 탈 만들기	2시간	12

2. 한국가면극 패러디 교육의 분석

1) 춤 중심의 예술통합교육

정재일의 교육 프로그램을 분석하면 춤을 중심으로 하여 장단과 노래, 대사, 이야기, 소품, 의상, 탈 등을 종합하고 있다는 것을 알 수 있다. 즉 춤을 배우는 것을 시작으로 하고 있으면서도 전체 교육 시수인 16차시 가운데 4차시를 배정하고 있어서 4분의 1에 해당한다. 연극이 종합예술이라고 하지만, 한국가면극은 연기뿐만 아니라 춤, 탈, 노래 등이 더해져서 더욱더 다양하게 결합하여 있다. 따라서 이와 같은 방식으로 여러 영역을 아우르며 함께 교육하는 것은 예술통합교육 측면에서 볼 때 최선의 선택이며, 매우 바람직한 교육적 설계라고 평가할 수 있다.

그런데 이 교육 프로그램의 문제는 국어교육의 장에서 이를 똑같은 방식으로 진행할 수 없다는 것이다. 즉 정재일의 가면극교육 그 자체에는 문제가 없다. 다만 국어교육을 할 때 그가 설계한 것처럼 다양한 교과와 영역을 가르칠 수 있다면 문제가 없겠지만, 그렇지 않기 때문에 문제가 된다. 국어교과는 언어를 대상으로 하므로 한국가면극을 국어교육에서 다룰 때는 대사를 중심으로 해야 한다. 그리고 그것도 최소 수업시수를 책정하여 교육과정을 수립하는 것이 필요하다. 이렇게 교육의 초점이 달라지고 효율성을 추구하므로 가면극의 많은 부분이 생략될 수밖에 없다. 만약 이런 점을 보완하고자 한다면 초등학교에서 한국가면극교육을 할 때 미술, 음악, 체육 등 관련 교과와 영역을 찾아 통합적으로 운영하는 방식이 효과적이다.

2) 소극적인 패러디 교육

정재일이 지도하는 학생들의 교육 활동 모습을 살펴보면 이야기를 공동 창작하는 과정에서 교사가 자신들에게 제시한 이야기의 틀을 활용하여 재치 있는 생각을 담아내는 것을 알 수 있다. 하지만 주어진 조건이 매우 제한적이기 때문에 학생들은 평소 자신들이 생각하거나 느끼고 있던 삶과 관련된 고민이나 아픔 등을 표현하는 데 제한을 받을 수밖에 없다. 이것은 정재일의 가면극교육이 가지고 있는 패러디 측면에서 가장 큰 문제라고 할 수 있다.

물론, 이런 제한적이고 소극적인 교육 속에서도 학생들의 재미있는 생각은 나타나고 있었다. 아래 표에 제시된 내용이 그것이다.

[표 2] 정재일의 교육 활동 결과 정리

학교 명	(1) 무슨 꾀를 써 호랑이를 속였나요?
	(2) 도깨비에게 받은 선물은 무엇인가?
옥O초	(1) 잡아먹기 전에 숨바꼭질을 하게 해 주세요!
	(2) 쓰면 보이지 않는 도깨비탈
남O초	(1) 눈을 감고 입을 벌리시면 저희가 들어가겠습니다.
	(2) 쓰면 무서워서 도망가는 탈
문O초	(1) 다섯 바퀴 돌고 눈을 감고 열을 세요.
	(2) 쓰면 무서워서 도망가는 도깨비탈
거O초	(1) 정신없이 도망 다니다 따돌린다.
	(2) 호랑이가 무서워하는 도깨비탈
천O초	(1) 가위바위보를 하는데 계속해서 무승부
	(2) 호랑이 눈에 보이지 않게 되는 도깨비탈
대촌 중O초	(1) 돌에서 음식이 나오니 먹고 싶은 음식을 아홉 번 외치세요.
	(2) 호랑이가 무서워하는 도깨비탈
옥O초	(1) 저희를 잡아먹으면 온몸이 가려운 병에 걸린다.
	(2) 호랑이가 무서워하는 도깨비탈
순천 송O분교	(1) 신기한 것을 보여준다며 최면을 건다.
	(2) 호랑이 눈에 보이지 않게 되는 도깨비탈
동초 충O분교	(1) 주먹밥에 수면제를 섞어서 먹인다.
	(2) 호랑이가 무서워하는 도깨비탈

정재일이 가르친 초등학교 학생들이 만든 핵심적인 내용인 '(1) 무슨 꾀를 써 호랑이를 속였나요?'와 '(2) 도깨비에게 받은 선물은 무엇인가?'라는 두 가지 질문에 대한 대답을 정리하였다. 학생들은 집단적인 방법으로 이 문제에 대한 해결을 모색하였다. 그래서 호랑이를 속이기 위한 방법으로 숨바꼭질이나 맛있는 음식이 생긴다면서 눈을 감게 하거나, 정신없이 도망쳐서 따돌리기도 하고, 수면제나 최면 등의 방법

으로 호랑이를 잠들게 하겠다고 대답했다. 그리고 도깨비와 놀아준 보답으로 받는 선물에 대해서는 모두들 '도깨비탈'이라고 응답했다. 이탈을 쓰면 호랑이 눈에 보이지 않게 되거나 호랑이가 무서워한다는 것이 이유였다. 초등학생들의 수준에서 나올 수 있는 재미있는 응답들이었다. 그렇지만, 이런 응답 속에서 학생들의 현재 삶의 고민과 아픔 또는 경험 등을 찾아보기 힘들었다. 따라서 이를 보완하는 교육적 조처가 필요하다.

정재일이 위와 같이 소극적인 표현 교육을 하게 된 계기는 무엇보다도 교육에 필요한 시간이 많지 않았기 때문이라고 판단된다. 부족한 시간을 가장 효율적으로 활용하기 위해서는 사고하는 데 시간이 많이 필요하지 않은 소극적인 방식이 매우 효과적이다. 그렇지만 학생들의 삶을 반영하는 패러디 교육을 하기 위해서는 이런 방식으로는 해결할 수 없다. 그래서 학생들 스스로 자신이 생활하면서 문제라고 생각한 점을 찾아 공연의 내용으로 담아낼 수 있는 틀(frame work)을 제시해 주는 것이 필요하다.

3) 공연 체험의 강조

이 교육 프로그램을 비롯하여 기존에 연구된 '한국가면극 교육 프로그램'[15]들을 살펴보면 최종 활동으로 공연이 배치되어 있다. 이것은 한국가면극이 하나의 공연이기도 하며, 공연을 연극교육의 핵심으로 여

---

15 _ 박진태(1999), 『한국 민속극의 실천』, 서울 : 역락, 141-201쪽. 박복희(1989), 『국민학교 탈춤 교육과정의 모형 개발 연구』, 연세대학교 대학원 석사학위논문, 30-39쪽. 이지영(2001), 『탈 놀이 교육 실천 연구:〈양주별산대 놀이〉중 '애사당 법고 놀이'를 중심으로』, 한남대학교 대학원 석사학위논문, 28-42쪽.

기는 맥락에서 설계되었기 때문이다. 그러나 국어교육에서 한국가면극을 교육하려고 할 때 교육의 최종적인 도달점을 공연으로 설정한다면 가면극의 내용을 바탕으로 현재의 학습자나 미래의 삶에 대한 관심이 소거되지 않을 수 없다는 문제가 발생한다. 따라서 공연 체험에 대한 지나친 강조는 오히려 교육적이지 못한 측면이 있다. 공연 또한 하나의 과정으로 보고 그것을 즐길 수 있도록 해야 한다. 그래서 학생 자신과 주변의 삶을 되돌아보며, 부정적인 인식이나 사건을 해소하고 더욱더 긍정적인 인간관계와 인생관을 정립하기 위해서는 공연한 내용에 대해 평가하는 과정을 설정할 필요가 있다. 공연에 담아낸 내용에 대해 살펴보는 것은 등장인물에 대해 의견을 소통하고 공유하는 과정에서 학생 개인뿐만 아니라 그 개인이 포함된 집단 전체를 성찰할 기회를 주기 때문에 매우 의미가 있고, 가치가 높은 교육 활동이다. 그래서 공연 단계에 이어지는 평가 단계를 반드시 포함하는 것이 교육 활동에서 일반적이다.[16]

IV. 한국가면극패러디 교육의 설계 및 검증

1. 한국가면극 패러디 교육의 설계

앞에서 살펴본 바와 같이 정재일의 가면극교육 프로그램을 분석해 본 결과 그의 교육적 설계는 예술통합교육의 맥락에서 이루어진 매우

---

16 _ 사프텔 부부가 제안한 역할놀이 수업 모형이나 연극을 교육에 활용하는 교육연극 활동에서 이런 경향을 발견할 수 있다.

가치 있는 교육 프로그램이라 할 수 있다. 그렇지만 국어교육의 장에서 이루어질 수 있는 교육 프로그램으로 활용하기 위해서는 몇 가지 점에서 새로운 교육적 조정이 필요하다. 먼저 춤이나 음악이 아니라 대사, 이야기, 공연 및 평가에 초점을 두어야 한다. 국어교육이 문자언어, 음성언어, 몸짓언어, 매체언어로 확장되고 있긴 하지만, 여전히 가장 핵심이 되는 교육은 문자언어, 음성언어이기 때문이다. 그래서 문자언어, 음성언어를 중심으로 하여 몸짓언어와 그 밖의 다양한 언어를 포괄하는 방향으로 나아가는 교육적 설계가 바람직하다.

1) 교육 목표

한국가면극 패러디 교육은 한국가면극 자체에 대한 이해가 전제되어야 하는 고차적인 교육 활동이다. 따라서 앞에서 살펴본 바와 같이 패러디를 하기 위해서는 한국가면극이 무엇인지를 알아야만 한다. 즉 한국가면극 이해 교육에 대한 목표 설정이 선행되어야 한다. 이런 이해를 전제로 학습자의 경험을 가면극에 등장하는 인물이나 인물 관계에 조회하여 희곡으로 만들도록 한다. 이것이 바로 내용 측면에서 가면극의 인물을 패러디하는 것이다. 그런 다음 이를 공연하는 데 공연하기 전에 연기나 소품, 춤 등을 준비할 수 있는 시간이 필요하다. 여기에서 춤은 최소한으로 제한해야 하는데 그 까닭은 춤에 초점을 둔 수업이 아니기 때문이다. 그리고 마지막으로 가면극 교육의 모든 과정과 결과에 관해 평가하는 활동으로 수업을 마치도록 한다. 이처럼 한국가면극 패러디 교육을 진행할 때 그 목표를 다음과 같이 네 가지 층위에서 제시할 수 있다. 첫째 한국가면극 이해의 층위가 그것이고, 둘째 한국가면극 패러디 층위, 셋째 한국가면극 공연의 층위, 넷째 한국가면극 평가 층위가 그것이다.

① 한국가면극에는 조상들의 삶의 모습과 인간에 대한 이해가 나타나고 있음을 이해한다.
② 한국가면극의 인물 관계를 바탕으로 자기 경험을 패러디할 수 있다.
③ 한국가면극의 등장인물을 다른 인물과의 관계를 고려하여 효과적으로 표현할 수 있다.
④ 한국가면극 패러디 공연의 특이점을 찾아 평가할 수 있다.

2) 교육 내용

위와 같은 교육 목표를 달성하기 위해서는 그에 합당한 교육 내용을 마련해야 한다. 그래서 교육 목표로 설정한 네 가지 층위인 '한국가면극 이해', '한국가면극 패러디 표현', '한국가면극 패러디 공연', '한국가면극 패러디 평가'에 해당하는 교육 내용을 배치해 보았다.

먼저 한국가면극 이해의 층위에 해당하는 교육 내용은 '한국가면극 채록본 읽기'와 '한국가면극 동영상 시청'이다. 문자언어로 되어 있는 한국가면극 채록본 가운데 한 부분을 읽고 내용과 인물에 관해 공부하고, 그에 해당하는 동영상을 보면서 이것이 음성언어, 몸짓언어, 매체언어 차원에서 어떻게 표현되었는지를 파악하는 것이 그것이다. 특히 '한국가면극 동영상 시청'이란 교육 내용은 전문가들의 한국가면극 공연을 공부할 수 있는 최선의 방법은 아니지만, 한국가면극 전문가들의 공연을 학생들이 직접 관람할 수 없을 때 활용할 수 있는 효과적인 방안이라 할 수 있다.

두 번째 교육 내용은 한국가면극의 인물 관계를 이해하고 자기 삶에서 그와 관련된 인물 관계를 발견하는 것이다. 초등학생들의 수준에 적절한 교육 자료를 선정하여 이를 파악하는 것이 먼저 이루어져야 한다. 그런 다음 학생 자기 삶에서 그와 관련된 내용을 찾아 인물들을 배치한다. 물론, 직접 겪은 일을 소재로 삼아야 하겠지만, 만약 그런 경험이 없을 경우엔 친구들의 경험 또는 책이나 방송, 인터넷 등에서 보거나 들은 내용을 바탕으로 할 수도 있다.

세 번째 교육 내용은 인물들을 중심으로 한국가면극을 패러디한 내용을 연기하고 공연하는 것이다. 연기 연습과 공연은 소집단으로 이루어지면서 모든 학습자가 배역을 맡는 방식이 가장 바람직하다. 또한, 역할이 부족할 경우 악사나 가능한 인물을 더 만들 수도 있다. 공연의 과정에서 소외되는 학생이 발생하지 않도록 세심하게 살펴보고, 소소한 역할이라 할지라도 반드시 부여함으로써 다 함께 참여하고 만들어가는 것이 중요하다.

네 번째 교육 내용은 공연이 끝난 후에 공연한 내용과 형식 및 한국가면극 패러디 교육의 과정에서 일어났던 특이점들에 대해 공유하는 것이다. 긍정적인 점과 부족한 점을 살필 수도 있고, 한국가면극 패러디 공부를 통해 알게 된 것이나 알고 싶은 것 배운 것 등에 관해 토론하면서 공유하는 것이 필요하다.

3) 교육 자료

한국가면극 교육을 할 경우 읽기와 보기 등 이해 교육에 사용할 교육 자료가 필요하다. 그 이외에는 이를 근거로 한 해석과 응용이 중심이기 때문에 특별한 교육 자료는 필요하지 않다. 그래서 이해 교육 외 다른 활동에서는 교육 자료를 선정하지 않고, 교육의 내용과 과정 및 주의 사항 등에 대한 구체적인 지침이 제시되어야 한다. 정재일의 경우 '학생들에게 들려줄 이야기'를 준비하여 사용하였는데, 이것은 전승되고 있는 한국가면극의 내용이 아니라서 문제가 되고 있다.[17]

그는 옛이야기를 바탕으로 하여 패러디를 하는 교육을 설계하였기 때문에 우리 조상들의 삶과 지혜를 접할 수는 있다. 그렇지만 이 방식은 한국가면극의 패러디 교육이라고 하기 곤란하다. 왜냐하면, 한국가면극을 교육 자료로 사용하지 않아서이다. 그가 한 교육은 옛이야기 패러디를 바탕으로 한 탈춤교육이라고 해야 정확하다. 결국, 이 연구에서는 옛이야기가 아니라 한국가면극이라는 자료를 바탕으로 하므로 한국가면극 패러디 교육이라고 할 수 있다.

가면극을 자료로 사용할 경우 초등학생들에게 적합한 한국가면극의 어느 대목이나 과장을 선택할 것인지 쉽지 않다. 한국가면극이 성인을 대상으로 공연된 자료이기 때문에 학습자의 수준을 고려하여 재구성해야 한다. 한국가면극 가운데 초등학생들에게 가장 적절한 부분으로 '신장수춤'과 '취발이춤' 대목을 선정하였다. 가해자와 피해자, 그리고 해결자라는 인물들 사이의 관계가 분명하고, 인물들 사이의 갈등을 잘 드러낼 수 있기 때문이다. 그리고 신장수가 중에게 신을 팔았지만, 신값을 받지 못한다는 사건과 신값을 받기 위해 어떻게 할 것인지 고민하는 내

17_ 대강의 내용을 요약하면 다음과 같다. "선비들이 과거를 보러 한양을 향해 가는데, 산속에서 호랑이를 만난다. 호랑이가 선비를 잡아먹으려고 하지만 꾀를 내어 호랑이에게서 도망을 친다. 깊은 산속에 들어온 선비들은 밤이 되자 도깨비를 만나게 되고, 그들은 선비들에게 놀아달라고 한다. 선비들이 재미있게 놀아주면 원하는 선물을 주겠다고 하자, 그 말을 들어주고 선물을 받게 된다. 다음날 한양으로 가는 길에 선비들은 다시 호랑이를 만나지만, 도깨비가 준 선물로 호랑이를 물리치게 된다." 정재일 외(2007), 『문화예술 교과 간, 장르 간 통합적 접근의 실행사례 개발 -전통문화를 활용한 음악극 만들기-』, 서울 : 한국문화예술교육진흥원 문화예술강사 자율연구모임 연구과제집, 46쪽.

용을 초등학생들이 이해하는 데 어려움이 없다고 보았기 때문이다.

초등학생들의 발달 단계를 고려할 때 그들에게 사건이나 갈등이 발생하였을 경우 그 원인이 학생 자신에게 있지 않은 경우가 많다. 그래서 갈등이 발생하면 이를 스스로 해결하기 어려울 수 있다. 그럴 때 학생 자신보다 부모님이나 선생님, 학급의 동료 학생들 등 주위 사람들의 도움을 받는 것이 효과적일 수 있다. 초등학생이 무리하게 판단하여 스스로 해결하려다 보면 오히려 더 큰 문제가 생기는 경우가 많기 때문이다. 물론, 학습자 스스로 해결할 수 있는 게 어렵지 않은 문제라면 다른 사람의 도움을 받지 않는 것이 좋다. 그래서 이와 관련된 내용이 가장 잘 나타나고 있는 자료를 검토한 결과 신장수춤 대목은 '봉산탈춤 제4과장 노장춤 제2경'[18] 가운데 한 부분을, 그리고 취발이놀이 대목은 '양주별산대놀이 제6과장 노장 제3경 취발이놀이'[19]에서 한 대목을 선택하였다. 그래서 자료 측면에서 볼 때 이 연구는 봉산탈춤교육도 아니고 양주별산대놀이교육도 아닌 가면극교육이 분명하다.

4) 교수-학습 절차

서울원0초등학교에서 한 학기 개발활동에 주어진 수업시수는 모두 10차시였다. 그 가운데 2차시는 수업을 준비하는 과정으로 연극놀이 수업을 하였고, 나머지 8차시를 한국가면극 패러디 교육에 배당하였는데, 6차시는 관련 수업을 진행하고, 나머지 2차시는 설문지와 소감문 작성에 사용하였다. 결국, 전체 수업은 6차시 6단계로 구성하고, 진

18_ 이두현(1997), 『한국가면극선』, 서울 : 교문사, 165-171쪽.

19_ 이두현(1997), 『한국가면극선』, 서울 : 교문사, 56-64쪽.

행하였으며, 교육 내용과 학습 자료 및 유의점은 아래에 제시한 표와
같다.

[표 3] 한국가면극 패러디 교육 교수-학습 절차

단계	교육 내용	학습 자료 및 유의점
1단계	한국가면극 채록본 읽기	자료 : 한국가면극 가운데 한 대목 선정 유의점 : 학습자의 발달 단계 고려하기
2단계	한국가면극 동영상 시청	전체 영상 가운데 채록본에 해당하는 부분 발췌 유의점 : 이해를 돕기 위해 중간에 장면을 멈추고 설명하기
3단계	한국가면극 패러디하기	자료 : 현재 상황을 반영하는 인물, 사건 패러디 유의점 : 직접 경험 뿐만 아니라 간접 경험도 포용하기
4단계	한국가면극 패러디 연습	유의점 : 즉흥적인 대사 첨가, 삭제 가능함
5단계	한국가면극 패러디 공연	유의점 : 관객의 적극적인 개입을 권장함.
6단계	한국가면극 패러디교육 전체 평가	유의점 : 한국가면극 교육의 의미와 가치에 초점

1단계에서는 교육 목표에 부합하는 한국가면극의 특정 대목을 적절
한 길이만큼 선별해 주면, 이를 읽고 그 내용을 파악한다. 이때 이해하
기 어려운 어휘나 문장 등에 대해서는 교사가 설명해 주기도 하지만 학
습자에게 과제로 제시하여 스스로 파악하게 할 수도 있다. 이를 통해
등장인물의 성격에 대한 파악 및 한국가면극에서 관객의 위상 그리고
한국가면극의 맥락 등을 탐색하도록 하였다.

2단계에서는 한국가면극 자료에 해당하는 동영상 자료를 학생들에
게 보여주고 음성언어와 몸짓언어 및 기타 언어에 대해 파악하도록 하
였다. 어린이 관객을 위해 만들어진 공연 동영상을 구할 수 없기 때문
에 어린이와 성인 모두를 관객으로 하는 공연 동영상을 사용하였다.
공연을 볼 때 한국가면극 공연을 관람하는 분위기를 만들기 위하여 학

습자의 배치를 원형이나, 말굽 형태로 하는 것도 효과적인 수업 기법이다. 관객과 배우의 소통이 원활해지기 때문인데, 가면극 보존회에서 사용하는 공연 무대 또한 이런 배치를 기본으로 하고 있다.

3단계에서는 한국가면극에 등장하는 신장수와 노장, 취발이처럼 피해자, 가해자, 해결자가 드러나는 경험을 찾아 발표하도록 하였다. 처음엔 이에 해당하는 학습자의 경험이 잘 떠오르지 않아 발표가 없었지만, 교사가 예시를 좀 더 구체적으로 들어주고, 한두 명의 학생이 자기 경험을 발표하자 학습자는 경험담 발표를 자연스럽게 시작하였다.

4단계는 한국가면극을 연습하는 데 초점이 있다. 한국가면극 공연 상황을 염두에 두고, 즉흥적으로 대사를 옮기거나 생략, 축소, 확대하는 것을 익히도록 하였다. 배우와 관객이 함께 적극적으로 상호작용하는 것이 한국가면극의 화합 지향적 세계관[20]과 관련이 깊어서 여기에 초점을 두었다.

5단계에서는 관객들의 개입을 전제한 배우들의 공연이 이루어진다. 공연에서는 배우와 관객 모두 공연의 주체이기 때문에 서로에게 적극적으로 반응하는 경험이 중요하다. 공연에 적극적으로 개입하는 관객들의 모습은 현대에 들어와 마당극이나 마당놀이의 전형적인 특성으로 부각되었을 뿐만 아니라 근·현대 연극에도 영향을 준 한국가면극의 특징이다.

마지막 단계에서는 5단계에서 이루어진 공연과 공연을 준비하는 모든 과정을 대상으로 특이점을 찾고 그것의 의미와 가치에 대해 서로 의

---

20 _ "탈춤의 익살은 허용된 모욕이므로 그 이면에 신랄한 비판적 요소가 있다 하더라도 결국은 화해에 이를 수 있어 그 미학적 바탕이 다른 것이다." 김학성(2002), **한국 고전시가의 정체성**, 서울 : 성균관대학교 대동문화연구원, 315쪽.

견을 나눠보도록 하였다. 이와 같은 평가 단계가 한국가면극 패러디 교육에서 빠진다면 한국가면극 패러디 교육은 그 교육 목표가 분명하게 드러나지 않을 수 있고, 오히려 공연 체험을 지나치게 강조하는 문제가 발생할 수 있다. 이 단계를 통해 국어교육에서 중시하는 주체와 대상에 대한 '비판적 안목과 태도[21]'를 증진할 수 있도록 하였다.

2. 한국가면극 패러디 교육의 검증

1) 한국가면극 패러디 교육의 결과

한국가면극 패러디 교육의 효과를 검증하기 위한 수업 실험은 2009년 서울원O초등학교 4학년, 5학년, 6학년으로 구성된 계발활동 교육연극부 학생을 대상으로 하였다. 그 결과 아래와 같은 제목과 중심 내용의 학습 활동이 이루어졌다. 학생들은 자신이 직접 겪은 일을 포함했지만, 자기 삶과 직접 관련되지 않고 보거나 들었던 일을 쓰기도 하였다. 처음 수업을 계획했을 때에는 학생 자기 경험에 한정시킬 생각이었는데, 수업을 진행하다 보니 어떤 학생은 글을 전혀 쓰지 못하고 있었다. 그래서 자기 경험뿐만 아니라 친구들이나 다른 사람들의 경험까지 포함해 패러디하도록 그 폭을 확대하였다. 직접 경험이 부족한 경우엔 글을 쓸 수 있는 소재의 폭을 확장해주는 게 오히려 효과적인 측면이 있다는 것을 발견한 것이다. 그리고 이를 통해 자신뿐만 아니라 주위 친구들에게도 관심을 두게 되고, 학습자의 자기중심적인 성향에서 벗어날 수 있는 효과적인 기회로 활용할 수도 있다.

21_ 김대행 외(1999), **문학교육원론**, 서울 : 서울대학교출판부, 54쪽.

[표 4] 2009년 서울원O초 학생들의 한국가면극 패러디 내용

(4학년, 오OO) : '떡볶이', 깡패에게 떡볶이를 빼앗긴 이래, 이래 엄마가 나타나 깡패를 혼내줌.

(4학년, 송OO) : '삼촌', 무서운 형들에게 게임기를 빼앗겼는데, 아버지가 찾아줌.

(4학년, 강OO) : '떡볶이집에서', 놀아달라는 진희를 골탕 먹이려다 진희 찾느라 고생한 찬혁이.

(4학년, 김OO) : '용돈을 안 주다!', 시험 망친 민정이를 혼내려는 엄마에게 아빠가 딸 편이 되어줌.

(4학년, 김OO) : '백화점에서', 입어본 옷에 립스틱이 묻자 옷을 사야한다는 직원과 다투는 엄마, 결국엔 사장이 나타나 해결함.

(4학년, 이OO) : '학교에서', 수민이 미술작품을 망친 시우, 시우 언니에게 혼나려는 순간 엄마가 나타나 시우와 시우 언니를 혼내줌.

(4학년, 최OO) : '사이좋은 친구들', 상진이가 장난감을 빌려주지 않자 화가 난 영민이, 상진이 엄마가 상진이를 혼내주자 화가 풀림.

(5학년, 김OO) : '뽑기 아줌마', 아이에게 받은 돈 600원, 뽑기를 사지 않았지만 돌려주지 않자 아이들이 달라고 함.

(5학년, 성OO) : '동물들의 자리싸움', 동물들이 서로 좋은 자리를 차지하겠다고 다투다가 사자가 공평하게 정리해 준다는 내용.(수업의 취지와 다른 희곡을 씀)

(5학년, 임OO) : '게임기', 불량배들에게 5,000원을 빼앗겼는데, 경찰인 삼촌이 그들을 혼내줌.

(6학년, 노OO) : '도서관에서', 읽고 싶은 책을 어떤 형에게 빼앗겨 억울했는데, 사서누나가 해결해 줌.

(6학년, 유OO) : '운동장', 준하에게 돼지라고 놀린 명수가 재석이가 찬 공에 얼굴을 맞음.

(6학년, 이OO) : '불량배', 돈을 빼앗으려는 불량배들을 피해 경찰서로 달아남. 경찰인 아빠가 불량배들을 데리고 감.

(6학년, 한OO) : '바비 인형', 동생의 바비인형을 빼앗아 놀던 언니가 엄마에게 혼이 남.

(6학년, 한OO) : '동생', 학교에서 친구가 자기 연필을 억지로 가져가서 부러뜨리자 싸움이 나고 선생님에게 혼이 남. 집에 돌아와 동생에게 지우개 망가뜨린 일 사과함.

(6학년, 황OO) : (1) '내 방에서 나가', 게임하는데 방에 들어와 방해하자 엄마에게 말함. 엄마에게 혼나는 오빠.
(2) '잠바', 깡패에게 잠바를 빼앗겼는데, 친구 아빠가 깡패를 경찰서로 데리고 감.
(경험이 아니라 지어낸 글)

학생들은 사건에 등장하는 가해자와 피해자 및 해결자라는 등장인물 간의 관계를 바탕으로 자신이 직접 겪은 일을 반영하여 패러디하는 내용을 만들었다. 이 표에서 보는 바와 같이 희곡의 내용에는 학습자의 다양한 생활과 그 속에서 벌어지는 사건과 갈등이 나타나 있다. 성인 관점에서 보면 작아 보이는 사건과 갈등일 수 있지만, 학습자 개인에게는 그것이 이 세상에서 가장 큰 고민이고 아픔이다. 따라서 이런 문제들을 다른 친구들에게 얘기하고 함께 나누는 과정과 결과를 통해 학습자는 자기 삶을 즐겁고 행복하게 만들 수 있다. 따라서 이런 개인사들을 표현할 수 있도록 징검다리를 놓아주는 가면극교육 프로그램이 제시한다면 학습자가 한국가면극을 더욱더 적극적으로 향유할 수 있는 계기가 되고, 국어능력을 신장시킬 수 있다.

6학년 황OO 학생의 경우엔 먼저 교사가 설명한 방식대로 희곡을 하나 만들었다. 그런 다음 시간이 있어서 자기 경험이 아닌 가상의 상황을 바탕으로 패러디 형식으로 표현하기도 했다. 4학년 김OO과 5학년 성OO의 경우에도 한국가면극에 나타난 인물 관계를 활용하지 않고 자유롭게 희곡을 작성한 예이다. 한국가면극을 패러디할 때 그 범위와 수준을 정확히 전달하여 교육 목표에 근접할 수 있도록 해야 하는데, 초등학생들의 경우 집중력이 부족하여 이런 일이 발생하는 경우가 종종 있다. 앞으로 해결해야 할 문제 가운데 하나라고 할 수 있다.

학습자에게 자기 경험을 표현할 기회가 주어진 것은 분명했다. 그러나 연구자가 설계한 실험 수업을 해 봄으로써 그 한계 또한 분명히 확인하였다. 학생들이 가면극 패러디에 대해 학습하는 것이 일주일에 한 번 40분씩 특별 교실에 모여서 이루어지다 보니 연계성이 높지 못했다. 이런 조건은 학습자가 학습 목표를 달성하는 데 충분하지도 효과적이지도 못한 걸림돌이다. 그리고 3개 학년 서로 다른 반 학생들이 모였다는 또 다른 조건 때문에 피해자, 가해자, 해결자라는 인물들이 지금 이곳(now and here)에 없었고, 이 집단 내에서 일어난 문제가 패러디로 표출되지는 않았다. 그래서 함께 생활한 기간이 긴 학습자일수록 그리고 저학년보다는 고학년에서 사건과 사고가 다양하고, 가면극교육의 가치가 커지리라 판단된다. 따라서 국어교육의 장에서 교육 프로그램으로 설계된다면 연구자가 수행한 실험 결과보다 훨씬 나은 결과가 나오리라 예측할 수 있다.

2) 한국가면극 패러디 교육의 결과 분석

(1) 인간 이해의 심화

국어교육의 성격을 고려하여 설계한 이번 연구의 교육 프로그램 결과를 살펴보면 앞에서 고찰한 예술통합교육의 성격에 중심을 둔 정재일의 교육 프로그램 결과와 다른 확연한 차이를 발견할 수 있다. 가장 중요한 차이는 이 연구에 나타난 학생들의 희곡에는 학생들의 현실 문제가 다양하고, 풍부하게 반영되어 있다는 점이다. 이 교육 프로그램을 통해 한국가면극의 등장인물에 대해 생각해 보고, 특히 자신과 견주어 보는 경험을 할 수 있는데, 이런 경험은 인간에 대한 이해를 심화시킨다. 자신과 주변 인물에 대한 이해를 비롯하여 이를 공유하게 되면 동료 학습자의 경험과 인간에 대한 이해를 자기와 비교, 검토하여 더욱더 풍부한 인간관을 함양할 수 있기 때문이다.

6학년 황00 학생의 소감문을 보면 취발이와 관련한 인간 이해가 나타나는 것을 알 수 있다.

"내가 직접 패러디를 해 보았을 때 나는 다른 사람도 해 보고 여러 가지 역을 해 보았다. 그리고 취발이는 꼭 정의의 용사를 떠올리게 만들기도 하였다. 내가 취발이를 해 보았을 때 좋았다. 현실 세계가 아니더라도 체험을 해 보았기 때문이다. 솔직히 이런 정의의 용사가 돼 보고 싶다는 생각도 했다."

이 학생이 말하는 정의의 용사는 현실의 문제를 해결할 힘이 있는 사람을 말한다. 그런 사람이 되고 싶은 인간의 욕망을 한국가면극 패러디를 통해 표출한다. 스스로 자기 문제를 해결하거나 다른 사람의 문제를 해결할 수 있는 학생들은 많지 않다. 그렇지만 가상의 상황을 전제하는 연극을 활용한 교육 프로그램은 이런 한계를 극복할 수 있게 도움을 준다. 왜냐하면, 가면극교육은 안전하고, 즐겁고, 적은 비용으로 수행할 수 있는 특징이 있기 때문이다.[22]

6학년 유00 학생의 소감문에는, 신장수의 마음을 이해하는 학생의 마음이 잘 나타나 있다. "노장은 신장수에게 겁을 주려고 편지를 쓴 것 같다. 그리고 그것에 속은 신장수가 불쌍하다. 나는 그런 적은 없지만, 신장수의 불쌍한 마음을 알 것 같다." 자신이 당하거나 처한 현실이 아닐지라도 그 인물의 관점이 되어봄으로써 현실 속 다른 사람들을 깊이 이해할 수 있는 기반이 마련되는 것을 확인할 수 있다.

(2) 자기 수정적 사고 능력의 증진

교육의 결과는 즉각적으로 확인되거나, 양적·질적으로 확연하게 드러나는 것만은 아니다. 그러나 가면극교육 프로그램을 초등학생들을 대상으로 진행한 후에 받아본 소감문들을 보면 한국가면극 패러디 교육이 학생들의 '자기 수정적 사고'[23] 능력을 증진하는 데 긍정적인 영향

---

22 _ 이런 장점으로 인해 연극교육이 교육의 장에서 중요한 역할을 하므로 오래전부터 많은 교육학자, 연극학자가 주목해 왔다.

23 _ Matthew, Lipman(2002), 『고차적 사고력』[Thinking in education], 박진환 · 김혜숙, 서울 : 인간사랑. 283쪽 재인용. (원서, 2005, 출간) 퍼어스에 의하면 탐구의 가장 전형적인 특징은 약

을 준다는 것을 확인할 수 있다. 가면극 패러디 교육 프로그램에서는 학습자가 자기 생각이나 판단을 다시 한번 검토하여 스스로 수정하도록 하기 때문이다. 이런 자기 수정적 사고가 나타난 구체적인 자료는 다음과 같다.

6학년 한OO 학생의 '동생'은 학생 자신이 학교에서 친구에게 연필을 빌려주기 싫었는데, 친구가 억지로 가져가 부러뜨린 경험을 바탕으로 하고 있다. 그는 이 경험을 통해 집에서 동생에게 자신이 한 행동을 떠올리고, 반성하였다. 학교에서 자신이 당한 경험은 집에서 자신이 동생의 지우개를 억지로 가져가 망가뜨린 경험과 유사하기 때문이다. 학교에서는 피해자의 관점이지만, 집에서는 가해자의 관점이었다. 수업을 진행한 다음 날 그 학생과 직접 면담을 통해 사실 확인을 해 보니, 가면극 패러디 교육을 한 날 오후에 집에 가서 동생에게 자기 잘못을 말하고, 사과하였다고 했다.

또 다른 사례를 살펴보면 다음과 같다.

> "실제로 내가 친구와 싸운 적이 있는데, 학교에서 가면극을 만들어 행동한(공부한) 후에 친구에게 그대로 미안하다고 했더니, 친구와 다시 친하게 지내게 되었다. 취발이처럼 혼내면(싸우면) 그 친구와 사이가 더 나빠지니까, 친하게 지내자고 했다."[24]

4학년 강OO 학생의 소감문에도 자기 행동에서 문제를 발견하고 수정

점을 발견해내고 절차상의 잘못을 수정하는 데 그 목적이 있다. 그러므로 탐구는 자기 수정이다.

24 _ 소감문의 의미가 모호하여 인터뷰를 통해 보완함. 괄호 안은 면담 후에 수정한 내용임.

하는 과정이 나타난다. 가면극에서 취발이가 했던 것처럼 상대방과 겨루어 이기는 것이 아니라 오히려 말로 사과를 함으로써 원만한 인간관계 회복한 사례이다. 이처럼 문제에 대한 해결 방법만이 아니라 문제 해결의 실마리를 제공하여 자신이 더욱더 나은 인간이 되거나 인생을 영위할 수 있도록 사고의 전환을 가져다준다는 점에서도 가면극 패러디 교육은 매우 큰 의의가 있다.

다음 사례에서도 자기 말과 행동을 성찰하는 과정 즉, 탐구하는 모습이 나타난다.

> "저는 가면극 패러디 공부를 한 이후로 내가 다른 사람에게 노장처럼 행동한 적은 없는지 생각해 보았습니다. 그러자 이렇게 행동했던 일들이 조금씩 조금씩 생각나기 시작했습니다. 그러자 그 친구들에게 미안한 생각이 들었습니다. 저는 어제, 그저께 일어난 일들부터 생각이 나자 부끄러웠습니다. 잘못했다는 생각이 들어서 조금씩 뉘우치며 부끄럽지 않게 생활하기로 했습니다. 이 공부는 제 실력뿐만 아니라 사회생활에도 영향이 있었던 것(을 주는 것) 같습니다."[25]

이 학생 또한 한국가면극 패러디 교육을 받는 과정에서 노장을 거울삼아 자기 모습을 진지하게 살피고 있다. 그 결과 학생의 사고와 행동에 대해 성찰하고 부끄러움을 느끼고 있다. 이런 사고의 전환은 학습자의 삶을 한 차원 높은 곳으로 이끄는 계기가 된다. 구체적으로 무슨 일이 있었고, 어떻게 하겠다는 것인지 등은 자세하게 나타나 있지는 않

25 _ 괄호 안은 면담으로 보충한 내용임.

다. 그렇지만, 자기 자신에 대해 다른 관점에서 또 다른 안목으로 사고하는 것은 학습자에게 매우 필요한 교육 활동이다.

(3) 한국가면극의 창조적 계승

한국가면극 패러디 교육은 지금 자기 문제를 한국가면극 속 인물 관계와 견주어 봄으로써 상호텍스트적인 관점에서 현재 자기 문제와 한국가면극의 인물들을 견주어보면서 성찰하게 한다. 지금까지 국어교육에서는 문학 텍스트를 활용하는 교육이 그 의의를 인정받아 왔는데, 가면극 또한 학습자가 국어 능력을 신장하는 데 이바지할 수 있는 훌륭한 자료이기 때문이다. 같은 내용일지라도 노래나 이야기, 극, 수필 등으로 만나는 것은 그렇지 않은 것으로 만날 때와 달리 이해가 쉽고, 오래 기억되며, 그 과정 자체가 재미있는 특징이 있다. 그래서 우리 조상들의 소중한 문화유산 가운데 하나인 한국가면극은 국어교육에 꼭 필요하다. 6학년 한OO 학생의 소감문을 통해 이런 사실을 확인할 수 있다.

"엄마가 취발이 역할을 하고, 민정이는 신장수, 윤정이는 중 역할을 한다. 윤정이가 민정이의 바비인형을 빼앗아서 엄마에게 혼나는 일상생활의 모습이다. 나도 우리 동생이랑 그런 적이 많아서 나와 동생의 이야기를 바꾸어 쓴 거라고도 할 수 있다."

이 학습자는 자기 경험을 연극으로 표현할 때 한국가면극의 인물 관계를 활용하고 있다. 자기 자신은 억울하게 피해를 봤다고 생각하므로 주인공인 신장수 역할에 해당하고, 자기를 괴롭힌 동생은 악역인 중 역할이며, 동생을 혼내주는 엄마는 취발이에 해당한다고 보고 있다.

이처럼 가면극에 등장하는 인물이나 인물 관계를 활용하여 자기 경험이나 생각을 표현하는 것은 우리 조상들이 만든 전통극을 계승하는 것인데, 과거의 전통을 그대로 이어받는 것이 아니라 학습자의 삶과 관련지어 새롭게 표현하는 것이기 때문에 창조적인 속성이 나타난다고 할 수 있다.

수업 후에 제출한 다른 학생들의 소감문에도 이와 같은 측면을 확인할 수 있었다. 어떤 학생은 한국가면극 패러디 교육을 통해 조상들의 삶에 대해 알게 되었다고 기술하였고, 다른 학생은 한국가면극의 등장인물들을 보면서 그것을 조상들의 모습으로 한정시키지 않고 오늘날 학생 삶의 모습을 비춰보는 거울로 활용하기도 하였다. 전자와 같은 학생들의 관점 또한 한국가면극의 보존을 위해 필요한 가치 있는 관점이며, 후자와 같은 학생들이 관점은 한국가면극의 창조적인 이해와 계승을 위해 필요한 주목할 만한 관점이라 할 수 있다.

V. 결론

한국가면극은 우리 조상들의 삶의 흔적이 그대로 담겨있는 소중한 공연예술의 결정체이다. 그런데 우리의 현실을 보면 이런 훌륭한 자산이 교육의 장에서 주목받지 못하고 있다. 한국가면극에 담겨있는 인간관계와 삶에 대한 인식의 틀은 현대에도 여전히 유효하므로 이를 거울 삼아 학습자 자기 현재를 살펴볼 수 있는 자료로 삼을 수 있다. 이를 활용한 국어교육적 설계 가운데 하나가 한국가면극 패러디 교육이다.

한국가면극 패러디 교육을 설계하기 위해 조사 활동을 하던 중 실제로 초등학생들에게 한국가면극을 교육하는 연구자를 만나게 되었는데, 정재일이라는 한국가면극 전문가의 훌륭한 수업 사례가 그것이다. 그런데 그의 수업 설계는 예술통합교육의 맥락에서 이루어졌고, 패러디의 수준이 소극적이었으며, 공연 체험을 강조하고 있었다. 정재일은 교육에 대해 체계적인 연구를 수행하는 교육 전문가가 아니라 한국가면극을 공연예술의 관점에서 익히고 전수하는 데 집중하는 예술가였기 때문에 나타난 결과라고 분석하였다.

정재일의 교육적 설계를 바탕으로 국어교육의 장에서 사용할 수 있는 한국가면극 패러디 교육의 목표와 내용, 자료 및 절차 등을 설계하였다. 핵심적인 교육 내용은 여섯 가지이며, '한국가면극 텍스트 읽기', '한국가면극 동영상 시청', '한국가면극 내용 패러디', '한국가면극 패러디 연기 연습', '한국가면극 패러디 공연', '한국가면극 패러디 교육 평가'가 그것이다. 이런 교육적 설계를 바탕으로 초등학교 학생들을 대상으로 실험한 결과 학습자의 '인간 이해'가 심화하고, '자기 수정적 사고 능력'이 증진되었으며, 한국가면극이 '창조적으로 계승'될 수 있다는 점을 확인하였다.

학생들이 한국가면극 패러디 교육을 받는 과정은 조상들의 삶의 모습을 통해 오늘날 자기의 모습을 더욱더 정확히 이해할 수 있게 해 준다. 그래서 한국가면극의 인물들을 패러디하는 극본을 쓰고 이를 공연하는 과정뿐만 아니라 이를 다른 학생들과 소통하고 공유하는 과정에서 학습자의 현실 속 고민과 아픔이 해소될 수 있으며, 이를 통해 화해와 희망의 공동체를 만들어나갈 수 있게 된다.

참고문헌

자료

정재일 외(2007),『문화예술 교과 간, 장르 간 통합적 접근의 실행사례 개발 -전통문화를 활용한 음악극 만들기-』, 서울 : 한국문화예술교육진흥원 문화예술강사 자율연구모임 연구과제집.

2007년 교육활동 관련 소책자(주최 한국문화예술위원회, 주관 : 전통연희놀이연구소, 공동주관 : 거문초등학교, 천태초등학교, 별량초등학교 송산분교, 옥동초등학교, 대촌중0초등학교).

2008년 교육활동 관련 소책자(주최 : 한국문화예술위원회, 문화체육관광부, 주관 : 전통연희놀이연구소, 공동주관 : 서천 문산 도서관, 동초등학교 충효분교, 외할머니댁 지역아동센터, 동순천 아동센터 부스러기, 담양 남면 남면초등학교, 순천sos어린이마을, 옥곡초등학교, 신안보육원, 함께할 새누리, 광양서초등학교).

2007년 - 2008년 정재일의 수업 동영상 자료.

2009년 서울원0초등학교 학생들의 수업 자료(설문지, 소감문, 한국가면극 패러디 대본, 수업 동영상 등).

이두현(1997),『한국가면극선』, 서울 : 교문사.

논저

김대행 외(1999),『문학교육원론』, 서울 : 서울대학교출판부, 54쪽.

김학성(2002),『한국 고전시가의 정체성』, 서울 : 성균관대학교 대동문화연구원, 315쪽.

박복희(1989),『국민학교 탈춤 교육과정의 모형 개발 연구』, 연세대학교 대학원 석사학위논문, 30-39쪽.

박진태(1999),『한국 민속극의 실천』, 서울 : 역락, 1999, 141-201쪽.

서울대 국어교육연구소(1999),『국어교육학사전』, 서울 : 대교출판, 757쪽.

송경빈(1999),『패러디와 현대소설의 세계』, 서울 : 국학자료원, 22-41쪽.

유영희(1995), 패러디를 통한 시 쓰기와 창작교육, 국어교육연구 제2집, 서울 : 서울대학교 국어교육연구소, 75-96쪽.

이미란(1999), 『한국 현대소설과 패러디』, 서울 : 국학자료원, 16-19쪽.

이인화(2008), 『패러디 기법을 활용한 서사 표현 교육 연구』, 서울대학교 대학원 석사학위논문, 14쪽.

이지영(2001), 『탈놀이 교육 실천 연구:〈양주별산대 놀이〉중 '애사당 법고 놀이'를 중심으로』, 한남대학교 대학원 석사학위논문, 28-42쪽.

전경욱(1998), 『한국가면극 그 역사와 원리』, 서울 : 열화당, 15쪽.

정끝별(2002), 『패러디 시학』, 서울 : 문학세계사, 19-74쪽.

정대현 외(2000), 『표현인문학』, 서울 : 생각의 나무, 276쪽.

정형호(2008), 『한국전통연희의 전승과 미의식』, 서울 : 민속원.

조동일(1988), 『탈춤의 역사와 원리』, 기린원, 107쪽, 433-456쪽.

Hutcheon Linda(1985), 『패러디 이론』[(A)Theory of parody], (김상구·윤여복 역), 서울 : 문예출판사, 154쪽. (원서 1995 출판)

Hutcheon Linda(1988), A Poetics of Postmodernism : History, Theory, Fiction, Routledge, p. 20.

Lipman, Matthew(2002), 고차적 사고력[Thinking in education], 박진환 · 김혜숙, 서울 : 인간사랑, 283쪽. (원서 2005 출판)

한국 어린이연극의 희곡에 관한 비판적 고찰
-『학교야 연극하자』를 중심으로 -

Ⅰ. 서론

초등학교에서 어린이들이 희곡에서 출발하지 않고, 연극놀이를 통해 공연을 준비하는 때가 있다. 그렇지만 어린이들이 공연하려고 할 때 좋은 희곡을 찾는 때가 더 많다. 한 학기나 일 년에 한 번 학교행사로 하는 학예회를 준비할 때가 대표적이다. 이뿐만 아니라 국어 교과의 희곡을 비롯하여 여러 교과에서 수업 시간에 사용할 수 있는 역할극이나 역할놀이를 위한 희곡이 있으면 좋겠다는 교사들의 요구도 적지 않다. 그런데 어린이연극의 희곡에 관한 초등학교의 수요와 달리 공급은 부족한 실정이다. 이런 문제를 해결하기 위해서는 어린이연극의 희곡에서 그 내용이 어떠해야 할지 공론화하는 것이 필요하다고 판단하였다. 그래야 좋은 희곡에 관한 정보를 얻을 수도 있고, 더불어 훌륭한 희곡을 쓰는 데 참고가 되는 기준도 마련할 수 있기 때문이다. 그래서 이 글에서는 이 문제를 해결하는 데 도움이 된다고 판단되는 모범적인 희곡집을 찾아 몇 가지 기준을 바탕으로 분석하고자 한다. 어린이연극 희곡집 『학교야 연극하자』가 연구 대상이다. 우리나라에서 출판된 어린이연극 희곡집 가운데 좋은 희곡들이 많이 수록된 자료라고 판단하였다.

II. 어린이연극의 용어 개념과 전개

1. 어린이연극의 용어 개념

어린이연극이라고 하면 성인 연기자가 어린이 관객을 위해 공연하는 것이라고 알고 있는 사람들이 있다. 대학로를 비롯하여 연극 공연장에서 어린이 관객을 대상으로 한 성인 연기자의 어린이연극 공연이 일반화되어 있기 때문이다. 반대로 어린이 관객을 대상으로 어린이가 연기하는 어린이연극 공연은 학교나 지역 사회에서 간혹 볼 수 있을 뿐이다. 우리나라에서 어린이연극이 처음 만들어지기 시작한 1920년대에는 어린이들이 연기하고, 어린이들이 관람하였다는 소식이 신문에 실리기도 했다. 심훈이 《조선일보》에 쓴 글을 보면 이를 확인할 수 있다.

"아동극은 어린이의 손으로 하고 어린이 끼리 구경을 할 수 잇는 것"[1]

심훈 이후로 1920년대와 1930년대에 송창일과 김종명 등도 어린이연극을 '어린이가 주체가 되어 공연하는 오늘날 '학예회'의 개념'과 같은 것으로 보았다.[2] 그러나 1960년대가 되면서 어린이연극은 어린이가 주체가 되어 공연하는 개념뿐만 아니라 어린이를 위한 성인들의 연극

---

1 _ 심훈, 「아동극과 소년 영화」, 《조선일보》, 1928. 5. 9.
2 _ 임수선, 「한국 어린이연극 연구」, 단국대학교 석사논문, 2004. 7쪽.

까지 포함하는 것으로 달라진다. 이 시기 어린이연극 분야에서 앞장을 섰던 사람 가운데 한 사람이 주평이다.[3] 주평은 1961년 '아동극 연구회'를 조직하였고, 1962년 직업 아동 극단 '새들'을 창단하여 〈토끼전〉, 〈숲속의 꽃신〉, 〈빨간 신〉 등 자기 작품을 발표하였다. 그는 어린이를 위한 공연과 희곡집은 물론, 어린이연극의 저변을 확대하기 위한 교사연수나 정책 제안 등 다양한 활동을 전개하였다. 주평이 말하는 어린이연극의 개념을 살펴보자.

"동극은 일반적으로 아동극을 칭하는 말로 일반극과 대조되는 연극의 한 분야로 어린이를 위한 극이다. 그렇기 때문에 어린이들로만 이루어진 극이든, 어른과 어린이가 함께 참여하는 극이든, 어른 만으로 구성된 단원이 제작하여 어린이에게 보이는 극이든 어린이를 위해서 해야 한다."[4]

어린이연극에서 성인 연기자만으로 구성된 어린이연극도 가능하고, 어린이와 성인 연기자가 함께하는 것도 있다고 주장하면서 연기자의 저변을 확대하였다. 1970년대 이전까지 어린이연극은 어른들의 지도 아래 '어린이들에 의한 연극' 형태로 소규모로 공연되었으나, 1970년대 후반부터는 이런 공연양식에서 벗어나 전문적인 극단이나 성인 연기자에 의해서 '어린이를 위한 연극'으로 공연되며 새롭게 변화한다.[5]

이런 가운데 어린이 연기자가 연극 무대에 서는 과정에서 좋지 않은

---

3 _ 주평은 1929년 경남 진해에서 태어나 2015년 2월 6일 향년 86세에 심장마비로 미국에서 돌아가셨다.

4 _ 주평, 『교사를 위한 아동극 입문』 백록출판사, 1975, 11~13쪽.

5 _ 임수선, 앞의 논문, 33~34쪽.

문제가 생겨 사회적으로 이슈가 되었다. 그 결과 어린이 연기자가 연극 무대에서 공연하는 일이 급격하게 줄어들었다. 그래서 1970대 이후 성인 연기자가 어린이 관객을 대상으로 하는 어린이연극이 어린이연극의 중심을 차지하게 된다. 2015년 현재에는 어린이연극의 개념이 성인 연기자가 어린이를 위해 공연하는 것이라고 일반화되었다. 그러나 어린이 연기자가 무대에서 연기하는 어린이연극이 전혀 없었던 것은 아니다. '어린이연극 경연대회'가 대표적인 사례이고, 어린이 연기자가 어린이 관객을 대상으로 공연하면서 경연대회의 형식으로 이루어졌다.

2. 어린이연극 경연대회의 전개

어린이연극 관련 사료를 살펴보면, 어린이 관객을 위해 어린이들이 연기하는 공연을 경연대회 형식으로 진행한 사례가 1950년대에도 있었다. 1956년부터 전남일보사가 주최한 '호남 어린이연극 경연대회'와 1960년부터 교육주보사가 시작한 '호남 어린이연극 경연대회'가 그것이다. 아시테지 한국본부(ASSITEJ) 회장을 지낸 이반은 이런 어린이연극 경연대회가 1950년대와 1960년대에 한국연극의 인재난을 극복하는 데 중요한 역할을 했다고 긍정적으로 평가한 바 있다.[6] 1960년대에는 주평도 경연대회를 주도한 바 있다. 자신이 조직한 '아동극 연구회'를 '아동극 협회'로 바꾸고, 문공부와 문교부의 후원을 받아 1964년부터 '한국 아동극 경연대회'를 하였다. 그런데 1972년까지 계속된 이 대회는 '단체 동원을 한다, 잡부금을 징수한다, 교통사고에 염려가 된다.'는 등의 항

6_ 이반, 「한국 어린이 연극 운동의 과거와 미래」, 《연극과 교육 2집》, 1985, 2~6쪽.

의로 중단되었다.[7]

이렇게 중단된 어린이연극 경연대회는 20년 후에 부활하게 되는데, 그 중심에 연우무대 정한룡이 섰다. 그는 우리나라 연극계에서 창작극 운동을 주도하여 큰 성과를 이루었는데, 1991년부터 어린이연극 경연 대회도 이끌고 있다. 이 경연대회는 어린이 배우들이 연기하고 어린이와 어른 관객들이 관람하는 어린이연극 공연이며, 전국 규모에서 이루어지고 있는 것이 특징이다. '전국 어린이연극 경연대회'라고 부르는 이 대회는 여러 가지 면에서 성과를 인정받고 있고, 2015년 현재까지도 꾸준히 이어지고 있다. 정한룡은 장성희 교수와 함께 25년째 이어지고 있는 이 경연대회에서 발굴한 우수한 희곡 가운데 선별한 작품을 모아서 책으로 출판하였다.[8] 이 희곡집이 바로 『학교야 연극하자』이다.

III. 『학교야 연극하자』의 희곡 분석

교육의 장에서 희곡을 활용하고자 할 때 기준이 되는 네 가지 층위에서 분석해 보겠다. 첫째 희곡의 주제 층위이다. 주제와 소재 및 창작 여부 등을 살펴봄으로써 희곡에서 다루고 있는 핵심 문제가 무엇인지 파악할 수 있다. 둘째 인물 층위인데, 희곡에서 어떤 성격의 어린이에 주목하는지 살펴서, 바람직한 인물상, 어린이상에 관해 어떻게 생각하는지를 검토할 수 있다. 셋째 사건 층위이며, 초등교육의 장에서 어떤 사

---

7 _ 임수선, 앞의 논문, 30쪽. 재인용

8 _ 1회부터 20회까지 공연된 희곡의 총수는 203편이고, 그 가운데 우수한 희곡으로 선정하여 이 책에 실린 것은 18편이다. 정한룡, 「어린이연극 20년의 성과」, 『학교야 연극하자』, 연극과인간, 2012, 433쪽. 참조.

건이 관심의 대상인지를 확인할 수 있다. 마지막으로 대사 층위를 분석하여 적절한 어휘를 사용하였는지, 오탈자와 한글맞춤법 등에서 오류는 없는지를 살펴보겠다. 이런 분석을 통해 이 책에 실린 희곡을 활용할 때 미흡한 부분을 고쳐서 쓸 수도 있고, 어린이연극의 희곡을 직접 쓰려고 할 때도 여러 가지 층위에서 세심하게 신경을 쓰는 계기가 될 수도 있다.

1. 주제 분석

어린이연극에서 희곡의 주제는 어린이의 생활 속에서 어떤 문제를 다루는지와 관련되어 있다. 희곡집에 실린 희곡을 만들었던 주체가 현직 초등교사와 초등학생이기 때문에 그들의 관점에서 가장 의미 있는 메시지가 다루어졌다. 희곡의 주제를 표로 정리해 보면 다음과 같다.

[표 1] 희곡의 주제 양상

	희곡 제목	주제	소재	비고
1	점심먹자 조은옥	이성문제	사춘기의 고민	창작
2	치우이야기	용기	학교폭력, 치우천황	//
3	남자? 여자?	성역할의 고정관념	성적 관습	//
4	우렁이각시	장애 이해	게임 중독	//
5	심통이의 꿈	사랑	가정 폭력	//
6	왕따놀이	따돌림	학교 폭력	//
7	사랑의 북소리	우정	질병, 마을 축제	//
8	친구	우정, 자기 존중	소속감, 충성심	//
9	종이배	자아 발견	도벽 심리	//
10	지구도 하나 우리도 하나	환경 보호	연극 만들기	//
11	풀잎-우리들의 이웃	환경 보호	주변의 식물	//
12	여자다운 게 뭐야?	성역할의 고정관념	선입견	//

13	뽀로롱 상자속 초로롱 날갯짓	컴퓨터 활용	게임 중독	//
14	시험지의 여행	학력지상주의 비판	시험	//
15	효자 만든 지게	효도	고려장, 고령화사회	각색
16	21세기 놀부전	환경 보호	놀부전	//
17	연극놀이-토끼전	충성심, 지혜	토생전	//
18	팥죽할머니	협동, 지혜	팥죽할머니	//

희곡집에 실린 작품의 주제 가운데 가장 많이 나온 것은 '환경 보호'이며, 3편이었다. 물론, 이렇게 분류한 희곡이 '환경 보호'만을 다루었다고 볼 수는 없다. 이 주제를 바탕으로 친구들과의 우정이나 공동체 의식, 우애 등을 함께 다루고 있어서 초등교육의 장에서 주목할 만한 작품이라고 평가받았다. 다음으로 학교 폭력과 우정, 게임 중독, 성 역할, 지혜에 관한 희곡이 각각 두 편씩 실려 있다. '우정'이나 '지혜'라는 주제는 오래전부터 어린이연극의 주제로 널리 다루어졌던 평범한 주제지만, '학교 폭력'이나 '성 역할', '게임 중독'과 같은 주제는 시대적인 변화를 반영한 주제라고 할 수 있다. 어린이 인권에 대한 관심과 배려가 설득력을 얻어가고 있고, 어린이의 다양한 개성을 존중하여 성 역할을 폭넓게 이해해야 한다는 주장이 희곡에 반영된 사례이다. 다만 한 가지 '게임 중독'은 어린이들이 정신적으로 큰 압박을 받는 현실과 함께 달라진 매체 환경의 변화 때문에 나타난 사례라고 평가할 수 있다. '게임 중독'이 '휴대전화 중독'으로 변화하고 있고, 또한, 다른 유형으로 나타날 수도 있다. 앞으로 어린이의 정신적인 부분과 관련한 다양한 사건 사고가 나타날 수 있기 때문에 초등교육의 현장에서는 특히 의미 있는 주제라고 평가한다. 그 외에 발견된 주제에는 '학력'에 관한 문제, 사춘기 '이성' 문제, '도벽', '가정 폭력', '효도'와 같은 것이 각각 한 편씩 실려 있었다.

이 책에 실린 희곡들의 장점으로는 기존의 어린이문학 작품을 새롭게 해석한 각색 작품이 많이 등장하였다는 점과 함께 대부분의 희곡이 창작이라는 점이다. 이전 시기 어린이연극의 희곡 작품이 대체로 '세계 명작동화'나 'TV 영화, 만화' 등을 각색한 작품이 중심이었던 것과 견주어 특히 고무적이다. 모든 어린이연극의 희곡으로 일반화할 수 있는 자료는 아니지만 '세종문화회관 별관'에서 이루어진 어린이연극 작품 유형에 관한 아래의 자료는 당시 어린이연극의 희곡이 어떠했는지를 살필 수 있는 좋은 자료이다.

1970–80년대 대다수 극단들은 외국 명작동화나 TV 히트작을 각색하여 주로 공연하였다. 이는 어린이 연극 공연의 예술적 측면과 교육적 측면을 배제한 채 관객의 흥미유발만을 고려하여 작품을 선정하고 제작하는 상업적 목적이 강조된 까닭이다. 그 결과 창작극 부재현상을 가져왔고 어린이연극은 단순한 오락물로 전락하게 되었다. 그 한 예로 1976년부터 1983년 5월말까지 '세종문화회관 별관'에서 공연된 어린이연극 작품의 목록을 살펴보면 다음 [표2]과 같다.

[표2] 1976년부터 1985년까지 세종문화회관 별관에서 공연된 어린이연극[9]

	세계명작동화 각색	TV 영화, 만화 각색	창작극 및 전래동화	계
공연된 작품 수	42편	8편	7편	57편
백분율	73.7%	14%	12.3%	100%

인용한 표를 보면 '창작극'이나 '전래동화'를 각색한 공연이 전체의 12.3%라는 점이 눈에 들어온다. 창작극이나 전래동화를 각색하여 공

9_ 청소년연극제와 관련 행사는 제외하였다. 임수선, 앞의 논문, 334-335면.

연한 비중이 너무 낮다는 것을 알 수 있다. 그런데도 최근까지 극단에서 올리는 어린이연극 가운데는 '세계명작동화'나 'TV에 나온 영화나 만화'를 각색한 공연이 계속 이어지고 있다. 이분법적으로 말할 수는 없지만, 대형 기획사의 자본에 바탕을 둔 이런 공연은 어린이들이 자기 현실에 눈감게 만들고, 상업주의에 휘둘리는 부작용을 낳는다. 그리고 이런 어린이들이 자라서 어른이 되면 어린이연극계의 문제가 있는 흐름이 성인 연극계에도 적지 않게 영향을 미친다.

어린이연극에서 창작 희곡이 중요한 이유는 어린이들이 사는 현실과 그들의 고민을 구체적이고 생생하게 담겨있는 좋은 방안이기 때문이다. 지금 이곳에 사는 어린이의 관심사를 다루기 때문에 어린이연극이 단순한 오락거리로 전락할 위험이 줄어들 수 있다. 어린이연극에서 다룬 주제나 인물, 사건을 근거로 어린이들이 생각하고 느낄 수 있는 게 많아진다. 이런 교육적 효과는 어린이연극에 배우로 참여하는 학생뿐만 아니라 관객으로 관람하는 학생에게도 마찬가지로 나타난다. 그래서 우리나라에 사는 어린이들의 삶을 주제나 주제로 한 공연이 많아져야 한다는 주장을 어린이연극계의 발전을 바라는 사람이라면 이구동성으로 주장하는 바이다. 성인 연극계뿐만 아니라 어린이연극계에서도 창작 희곡의 중요성은 여러 번 강조해도 지나치지 않다.

2. 인물 분석

이 희곡집에 등장하는 인물은 우리 주위에서 쉽게 볼 수 있는 사람들을 대표하거나 상징하고 있다. 그래서 그 인물에 관해 대화하면서 현재 우리의 삶에서 무엇이 문제이며, 어떻게 하면 더 나은 삶을 살 수 있

는지 모색할 수 있다. 문제가 있는 인물이 달라지거나 성장하는 사례도
있고, 바람직한 인물이 시련을 이겨내며 더 성장하는 희곡도 있다. 주
요 인물을 표로 정리해 보면 다음과 같다.

[표 3] 희곡의 인물 양상

	희곡 제목	주요 인물
1	점심먹자 조은옥	은옥(비만아), 빛나(날씬)
2	치우이야기	치우(피해자), 손원(가해자), 치우천황
3	남자? 여자?	왈짜(남성적), 헛발질(여성적)
4	우렁이각시	진수(게임 중독), 진용 부모(청각장애인)
5	심통이의 꿈	심통이(문제아), 순영이(실명)
6	왕따놀이	상곤(피해자), 준형(가해자)
7	사랑의 북소리	동현(오빠, 우정), 주현(동생, 질병), 영준(버섯)
8	친구	미희(가해자), 정화(갈등, 병원 이발사 아버지)
9	종이배	격포(도벽 갈등), 강선생(수사관×, 교육자)
10	지구도 하나 우리도 하나	동극부 아이들, 선생님, 오염대왕
11	풀잎-우리들의 이웃	소나무, 두더지, 진우(질병), 아이들
12	여자다운 게 뭐야?	영호(스킬), 진영(학예회 연극), 종이봉지 공주
13	뽀로롱 상자속 초로롱 날갯짓	초롱(게임 중독, 오빠), 샛별(동생), 대마왕, 마우스
14	시험지의 여행	시험지, 은지 90점, 경수 60점, 복순 30점
15	효자 만든 지게	바우(아들, 지혜), 아버지, 할아버지
16	21세기 놀부전	놀부, 흥부, 흥돌이, 놀돌이, 지지배배, 우주대통령
17	연극놀이-토끼전	토끼, 자라, 용왕, 바다 생물들
18	팥죽할머니	할머니, 호랑이, 동물들

표에 있는 바와 같이 이 희곡집에는 매우 다양한 어린이의 모습이 등
장한다. 예컨대 〈점심먹자 조은옥〉에는 몸매가 날씬하지 않은 '조은
옥'이란 어린이가 등장하여 외모에 관심을 가지기 시작하는 초등학교
어린이들의 심리와 현실을 보여주고 있다. 그리고 학교 폭력의 가해자
와 피해자가 등장하는 희곡도 몇 편이나 있으며, 여성과 남성에 관한
고정된 인식에 문제를 던지는 인물들도 적지 않다. 또한, 도벽이 있거

나 친구들과 어울리는 문제를 고민하는 어린이도 등장하고, 시험 점수 때문에 고민하는 모습도 볼 수 있다. 하나씩 모두 얘기할 수는 없지만, 지금 여기 우리나라 어린이의 대표적인 모습이라 할 수 있다.

둘째 어린이가 주인공이지만 선생님이나 부모님 등 어른들의 모습도 주목할 필요가 있다. 어린이연극을 관람하는 어른들이 어린이들이 생각하는 어른의 모습을 보며, 자신을 성찰하고, 어린이에게 어떤 모습으로 다가가야 할지 생각하게 하는 계기가 된다. 예컨대 <종이배>에는 도벽이 있는 어린이가 있을 때 교사가 어떤 관점에서 어린이를 보아야 하는지를 생각해 보게 한다. 수사관이 되어 범인을 찾아낸 후에 벌을 내리는 것보다 교육자로서 어린이의 마음과 행동을 수정해 줄 수 있어야 한다는 메시지는 매우 소중한 사례이다. 그리고 <우렁이각시>에서는 장애가 있어 말을 못 하시는 부모님이지만, 자식을 사랑하는 마음은 다른 부모님보다 더 깊은 인물이 등장하여 큰 감동을 준다. 장애가 있는 부모님을 통해 '장애인에 관한 부정적인 인식'까지 제고할 수 있는 효과도 있고, 어린이와 어른 모두 함께 보고, 소통할 수 있는 계기를 마련할 수 있다.

셋째 어린이들의 상상력과 사고력을 자극하는 특이한 인물들도 있다. <21세기 놀부전>에 나오는 '지지배배'와 '우주대통령'도 그렇고, <뾰로롱 상자속 초로롱 날갯짓>에 등장하는 '대마왕'과 '마우스'라는 인물이 대표적이다. 그리고 <친구>에 등장하는 '정화'의 아버지 직업이 '병원 이발사'라는 설정 또한 반전을 느끼게 하는 재미가 있었다. 또한, <시험지의 여행>에서는 시험 점수가 하나의 인물이 되는 설정도 그러하다. 하지만 시험 점수가 90, 60, 30이란 점은 최근 초등학교 상황과는 어울리지 않아서 95점, 80점, 60점 정도로 조정해야 상, 중, 하 정

도의 점수가 되어 더 적절할 것 같다. 25년 동안 이어진 대회의 희곡을
모아놓은 만큼 시간과 공간적 맥락은 차이가 크기 때문이다.

3. 사건 분석

희곡집에서 다루고 있는 사건은 실제 현실에서 있을 법한 것에서부
터 가상의 상황을 전제로 한 것까지 다양하다. 현실성이 강한 사건을
선택한 희곡과 환상성이 큰 사건을 다룬 희곡 그리고 연극을 연극으로
보여주는 메타연극적인 사건이 포함된 희곡으로 나누어 분석하고자 한
다. 아래 제시한 표를 보면 희곡의 핵심 사건이 제시되어 있다.

[표 4] 희곡의 사건 양상

	희곡 제목	사건
1	점심먹자 조은옥	가을의 천사 뽑기를 둘러싼 외모 논쟁
2	치우이야기	치우천황을 통해 진정한 용기에 관해 깨우침
3	남자? 여자?	고정 관념이 된 성역할을 바로 잡으며 성장하기
4	우렁이각시	게임 중독 진수가 부모님의 선행으로 달라짐
5	심통이의 꿈	문제아 심통이를 배려한 실명한 순영이
6	왕따놀이	장난으로 친구를 따돌리다 사과하고 화해하기
7	사랑의 북소리	동생 주현을 구하려다 친구 동생을 구한 동현
8	친구	제멋대로인 양미희와 친구가 되어 갈등하는 정화
9	종이배	도난 사건을 해결하기 위한 종이배 접기
10	지구도 하나 우리도 하나	환경 보호에 관한 연극을 만드는 동극부 어린이
11	풀잎-우리들의 이웃	괴롭힘을 당하던 식물들이 떠났다 돌아온 일
12	여자다운 게 뭐야?	잘못된 성역할에 관한 연극 만들기
13	뾰로롱 상자속 초로롱 날갯짓	게임 중독인 초롱이 컴퓨터 나라에서 깨우침
14	시험지의 여행	90, 60, 30점을 받은 아이들의 꿈과 현실
15	효자 만든 지게	아버지를 버리는 데 쓰려고 지게를 가져온 바우
16	21세기 놀부전	감마별에서 온 지지배배와 환경오염
17	연극놀이-토끼전	토끼의 간을 둘러싼 지략 대결과 용서, 화해
18	팥죽할머니	호랑이의 독재와 할머니와 동물들의 저항

먼저 학교나 가정에서 실제 일어날 법한 사건으로는 '가을의 천사 뽑기', '장난한 것 사과하기', '종이배 접기', '장애 부모님의 학교 청소', '왕따놀이' 등을 다룬 희곡이 있다. 어린이의 생활 주변에서 있을 법한 사건을 바탕으로 하고 있기 때문에 특히 관람하는 어린이들에게 구체적인 생각과 느낌을 전달하여 긍정적인 공감대가 형성될 수 있다.

둘째 가상의 상황을 전제로 한 사건을 다룬 희곡이 있다. 〈치우이야기〉속 치우천황의 일화가 있고, 〈풀잎-우리들의 이웃〉에서 다룬 식물들의 떠남과 귀환, 〈효자 만든 지게〉의 마지막 부분에 있는 지게 다시 가져오기 등의 사건이 대표적이다. 이 유형에 속하는 〈21세기 놀부전〉의 감마별에서 온 외계인들과의 사건이나 〈뾰로롱 상자속 초로롱 날갯짓〉의 컴퓨터 나라에서 일어난 사건 등은 환상성이 특히 강하다. 두 작품에서 다룬 환상성이 강한 사건 모두 어린이의 현실을 바탕으로 하고 있기에 허무맹랑하지 않고, 설득력이 있다는 점도 공통점이다.

셋째 연극 만들기를 메타적으로 접근하는 어린이연극도 있다. 〈지구도 하나 우리도 하나〉에서는 상상을 전제로 환경 보호에 관한 연극을 만드는 사건이 포함되어 있고, 〈여자다운 게 뭐야?〉에도 '종이봉주 공주'라는 창작동화를 연극으로 만드는 일이 포함되어 있다. 이렇게 극중극 형식으로 되어 있는 희곡은 어린이들이 연기로 표현하기에 쉽지 않겠지만 연극을 하는 즐거움이 커질 수 있는 장점도 있다.

4. 대사 분석

초등학교 어린이들이 연극을 하는 희곡의 대사는 어휘가 적절하고, 오탈자가 없어야 한다. 한편으로는 초등교육의 장에서 활용되는 희곡이기 때문에 아름다운 대사를 사용하는 것도 필요하지만, 다른 한편으로는 교육적으로 문제가 되는 어휘나 맞춤법 측면에서 잘못된 사례가 나타나서는 곤란하다. 희곡에서 발견한 몇 가지 문제와 이에 관한 대안을 제시해 보겠다.

1) 적절한 어휘 사용의 필요성

[표 5] 희곡의 어휘 양상

* 리어카 - 54쪽에 '리어카'라는 낱말이 두 번 사용되고 있는데, '손수레'가 맞다. 같은 쪽에서 '수레'라는 말을 사용하는 것과 견주어 보면 이해하기 어렵다.
* 핸드폰 - 55쪽에 '핸드폰'이란 낱말이 나오는데, '휴대전화'가 맞다.
* 바래요 - 170쪽에 '바래요'라는 말은 '바라요'로 바꿔야 맞다.
* 너무 - 257쪽, 269쪽, 283쪽 등에 사용된 '너무'라는 낱말은 적절하지 않다. '정말'이나 '아주' 등으로 바꾸어 써야 한다. '슬기 와, 이번 연극은 너무너무 기억에 남을 거야.' -> '슬기 와, 이번 연극은 (정말, 아주) 기억에 남을 거야.'
* 자살골 - 틀린 말은 아니지만, 스포츠계에서는 '자책골'이란 말을 사용하는 추세임을 반영하면 좋겠다.

꼼꼼하게 점검하지 않아 사용된 부적절한 어휘가 있다면 수정하는 게 필요하다. 물론, 적절하지 않은 어휘라고 할지라도 이유가 있거나 필요하다면 사용할 수 있다. 그러나 특별한 이유가 없고, 대사를 수정해도 무방할 경우 적절한 어휘로 교체하면 부지불식간에 어휘교육도 된다.[10] 희곡집에서 발견한 부적절한 어휘에는 '리어카', '핸드폰', '바래요', '너무', '자살골' 등이 있다.

---

10 _ 심재기, 『한국어 우리말 우리글 : 우리말 바로쓰기』, 제이앤씨, 2009.

(1) 리어카

대체할 수 있는 우리말이 있을 때는 외래어 사용을 자제해야 한다. 이 희곡집에서는 '리어카'라는 일본어가 사용되었지만, 손수레라는 우리말이 있기 때문이다. 수레라는 어휘와 함께 사용하는 것을 보면 특별한 이유가 있나 싶기도 하지만, 그렇지 않은 것 같다.

(2) 핸드폰

'핸드폰'이란 어휘는 일상생활을 할 때 많은 사람이 사용하고 있다. '휴대폰'이라고도 하며, 잘못 사용하고 있지만, '휴대전화'라는 우리말로 된 어휘가 있기 때문에 이를 사용하는 게 적절하다. 특히 국어과에서 어휘에 관해 공부한 학생들이 이런 어휘를 통해 불필요한 외래어를 남용하게 되면 곤란하다.

(3) 바래요

'바래요'는 많은 사람이 잘못 사용하는 대표적인 어휘이다. '바란다'는 의미로 오용하고 있지만, 정확한 어휘는 '바라요'이다. 따라서 사용할 때 어색하긴 하지만 바른 어휘로 권장하는 '바라요'라고 사용해야 한다. 처음엔 불편하지만 자주 사용하다 보면 익숙해지고, 우리말을 정확하게 사용하는 길이기 때문에 훈련이 필요하다.

(4) 너무

'너무'라는 부사어는 부정의 의미를 강조할 때 사용하는 게 맞다. 그러나 긍정적인 의미를 강조할 때 '너무'라는 어휘를 사용하는 사람들이 많다. 특히 텔레비전이나 라디오 등 언론에 나오는 사람 가운데 잘못 사용하는 사람이 많다. 오히려 정확하고 적절하게 사용하는 사람을 찾는 것이 더 어려울 지경이다. 긍정적인 상황에서는 '매우' 나 '아주'와 같은 어휘를 사용하고, 부정적인 맥락에서는 '너무'를 사용하도록 해야 한다.

(5) 자살골

스포츠 중계에서 사용하는 아나운서들의 말 가운데 부적절한 어휘들이 있다. 대표적인 것이 '자살골'이다. 물론, 의미는 통하지만 '자책골'이라는 대치어가 있기 때문에 수정하는 게 좋겠다. 희곡에서 사용하는 어휘는 의미뿐만 아니라 어감도 매우 중요하다. 인물의 성격이나 맥락에 어울리는 적절한 어휘를 골라서 사용하는 능력을 학생들이 기를 수 있도록 희곡을 읽거나 쓰는 과정에서 주의해야 한다.

2) 오·탈자 및 띄어쓰기 점검하기

어린이연극에서는 의도적으로 오·탈자를 사용하거나 띄어쓰기 등을 잘못 하는 때도 있다. 이런 오류를 바로잡는 장면을 통해 교육적 의도를 나타내기 위함이다. 그러나 이런 의도가 아니라면, 기본적으로 표준어를 사용하고, 맞춤법에 맞게 희곡을 쓰고 읽도록 해야 한다. 이 희곡집에서 발견된 대사의 문제는 교정을 꼼꼼하게 보지 않아 벌어진 실수일 가능성이 높다. 그런데 어린이연극 공연을 관람하다 보면 의외로 대사를 잘못 쓰는 때가 많아 우려스럽다. 어린이연극의 희곡을 만들거나 편집하는 사람들은 특히 사명감을 가지고 신경을 쓰거나 다른 대안을 마련해야 한다.

[표 6] 희곡의 오·탈자 양상

* 20쪽 인물 이름이 '승법'으로 되어 있는데, '승범'이 맞다.
* 26쪽에 코를 씩씩 '불고'로 되어 있는데, '풀고'가 맞다.
* 96쪽을 보면 '진영이 엄마'로 되어 있는데, '진용이 엄마'가 맞다.
* 109쪽 정훈이의 대사 가운데 '네가 그렇게 잘 알줄 몰랐다.'가 있는데, '─ 잘 할줄 몰랐다.'가 맞다.
* 120쪽 - 121쪽을 보면 띄어쓰기 오류가 심하다. 마침표도 빠져있다. "어? 저기 용수아냐? 용수 너도 한번 맛 좀 봐라 히히!" "어? 저기 용수 아냐? 용수 너도 한번 맛 봐라. 히히!" / "─ 심통 이아냐?" → "─ 심통이 아냐?"
* 192쪽 '주연'이라는 말은 맞지 않고, '주현'이 맞다.
* 195쪽 '미리 안녕! 난 미리라고 해. ─' → '미희 안녕! 난 미희라고 해. ─'
* 269쪽 '은행나무 망초야, 두더지 아저씨도 많이 생각하셨겠지.─' → '은행나무 망초야, 두더지 아저씨도 많이 생각하셨겠지.─'
* 279쪽 '진우 지금으로서는 그렇게 생각 할 수밖에 벗어.' → '진우 지금으로써는 그렇게 생각할 수밖에 없어.'
* 300쪽 '드래곤 와아, ─ 배가 부른 거든. ─' → '드래곤 와아, ─ 배가 부르거든. ─'

IV. 한국 어린이연극에서 희곡의 발전 방안

어린이연극의 발전을 바라는 사람들은 이런 말을 많이 들어보았을 것이다. '좋은 희곡'이 없고, '마땅한 희곡'이 없으며, 심지어 '쓸 만한 희 곡' 조차 없는 게 현실이다.[11] 그러나 이런 현실에서 정한룡이 편집한 희 곡집은 많은 시사점을 주고 있다. 어린이연극에 관한 바른 안목과 어린

11_ "오늘날 사람들은 "연극은 인접 장르와의 경쟁 속에서 마이너 장르로 밀려나고, 서서히 도태 되고, 급기야는 사라지고 있다."고 연극의 위기를 말한다. 그리고 그 원인을 희곡의 부재, 특히 새로운 희곡의 부재에서 찾는다. (중략) 한국연극은 물론, 어린이연극의 가장 큰 문제점은 좋 은 희곡이 드물다는 점이다. 책방이나 도서관에 가보면, 넘쳐나는 어린이와 관련된 책들 가운 데 어린이연극을 위한 희곡집은 찾아보기가 매우 힘들다. 혹 구석에 쌓여있는 먼지 틈에서 몇 권의 희곡집을 발견한다 해도, 대부분 전래동화나 설화 등을 각색하거나 동화를 마음대로 고 쳐 쓴 유치한 작품들을 엮어 만든 책에 대해 곧 실망하고, 다시 제자리에 꽂아두게 된다. (하 략) 임수선, 앞의 논문, 78면.

이연극에 관한 변함없는 열정으로 이어온 25년간의 세월이 희곡집에 녹아있기 때문이라고 여겨진다. 또한, 교사와 어린이들이 공동 작업을 통해 희곡 만들기와 공연 연습을 하였기 때문이기도 하다. 3장에서 분석한 희곡집의 주제와 인물, 사건, 대사를 근거로 하여 한국 어린이연극에서 희곡이 어떠해야 하는지 바른 지향점에 관해 고찰하고자 한다.

1. 어린이의 삶 반영하기

무엇보다도 먼저 어린이연극에는 우리 어린이의 삶이 바탕이 되어야 한다. 창작 희곡이든, 다른 장르의 이야기를 각색하여 공연하든 어린이연극을 공연할 때는 우리 어린이의 이야기가 담겨 있어야 한다. 어린이들에게 더 가깝게 다가가는 이야기를 가지고 공연할 때 공감대를 형성할 수 있고, 감동이 크게 전달되기 때문이다. 연극을 보면서 인간과 인생에 관한 관점을 새롭게 하거나 높일 수 있으려면 우리 어린이가 주인공이 되는 창작 희곡을 주목한다. 이 글에서 분석한 이 희곡집의 가장 큰 미덕이 바로 여기 있다고 평가한다.[12] 정한룡의 자평뿐만 아니라 연구자 또한 그의 의견에 동의한다. 희곡집에 수록된 희곡에서 다루고 있는 주제나 인물, 사건을 살펴본 바와 같이 어린이가 살아가면서 느끼는 정서와 생각을 희곡으로 잘 담아내는 것이 우리 어린이연극계에서 해야 할 핵심적인 사업이 되어야 한다. 어린이연극을 통해 감동하거나 공감을 한 어린이들은 계속해서 어린이연극에 관심을 두게 될 것이다. 그

---

12 _ "학교 주변의 현실에 눈을 돌려 '공부 위주의 현실비판'에서 '학교폭력', '이성 관계' 그리고 '공해', '밀렵' 등 사회문제에 이르기까지 결코 쉽지 않은 문제를 진솔하게 다루어 가고 있다." 정한룡, 「어린이연극 20년의 성과」, 앞의 책, 433쪽.

리고 그런 어린이들이 성장하면 다른 장르의 문화 활동과 함께 연극을 관람하거나 더 좋은 연극을 만드는 일에도 관여해야 한다.

2. 건강한 어린이상 만들기

어린이들이 좋아하고, 어린이들에게 흥미로운 건강한 어린이상을 만들어내는 것도 필요하다. 서사 문학을 예로 든다면, 황선미의 〈마당을 나온 암탉〉에 등장하는 암탉 잎싹이나 나그네 청둥오리 또는 이문열의 〈우리들의 일그러진 영웅〉에 나오는 엄석대나 한병태와 같은 인물은 어린이나 청소년은 물론, 성인들에게도 강한 인상을 남겼다. 어린이연극의 희곡에도 생각할 거리가 있는 인물상이 제시되길 바란다. 그러면 학교 수업 시간뿐만 아니라 일상생활 속에서도 어린이연극의 등장인물을 예로 들면서 대화나 토론을 할 수 있다. 더 나아가 어린이의 생각을 넓고 깊게 하는 논술의 소재나 주제로 이어질 수도 있기를 기대한다.

3. 가족극으로 확대하기

이 희곡집에서 어린이연극이 가족극으로 나아갈 가능성을 볼 수 있었다. 어린이와 어른이 모두 등장하여 어린이뿐만이 아니라 어른조차도 자신을 돌아볼 수 있는 희곡이 몇 편 발견되었다. 〈우렁이각시〉, 〈종이배〉, 〈시험지의 여행〉, 〈효자 만든 지게〉 등이 여기에 해당한다. 어린이와 어른 모두 이해하고 공감할 수 있으며, 어린이와 어른이 서로 소통할 수 있는 내용이면 가족극의 범주에 들 수 있다. 어린이연극은 어린이들이 보는 연극이 아니라 어린이들과 어른이 함께 보고 대화하거나 토론할 수 있는 연극으로 나아가야 한다.

4. 전통문화 창조적으로 계승하기

1992년 1회 대회부터 2011년 20회 대회에 이르기까지 '어린이연극경연대회'에 본선에 참가한 작품을 분석한 자료에 의하면 어린이연극 희곡 가운데 각색이 차지하는 비중은 대략 35%이다.[13] 물론, 60% 이상이 창작 희곡이어서 대다수를 차지하고 있지만, 어린이연극 세 작품 가운데 하나는 각색이라 할 수 있는데, 적은 양이 아니다. 이런 각색에는 장점과 함께 단점도 있다. 먼저 널리 알려진 동화를 각색할 경우 장점으로는 대강의 내용을 관객과 배우들이 공유할 수 있어서 이야기 전달이 쉽다는 점이다. 희곡의 완성도가 조금 부족하거나 이를 무대 위에서 표현할 때 미흡할지라도 소통에는 큰 지장이 없기 때문이다. 그리고 오히려 이런 부족함을 관객 스스로 발견하고, 스스로 배우는 과정 또한 즐거움을 준다.

앞에서 분석한 바와 같이 『학교야 연극하자』에는 각색 작품이 모두 네 편 있다. 〈효자 만든 지게〉, 〈21세기 놀부전〉, 〈연극놀이-토끼전〉, 〈팥죽할머니〉가 그것인데, 특정한 책을 바탕으로 했다면 저작권 문제를 해결해야만 한다. 그리고 이 네 편과 달리 전체적으로 한 가지 이야기를 각색한 것은 아니지만, 〈여자다운 게 뭐야?〉에 극중극으로 들어가 있는 〈종이봉지 공주〉도 저작권 관련해서는 문제가 될 수 있다. 이

13_ '〈표4〉 본선 참가작품 분석'을 보면 창작 희곡이 127편, 창작동화나 전래동화, 외국동화를 각색한 작품이 73편, 성인/청소년 희곡이 7편이다. 정한룡, 앞의 글, 433쪽.

런 문제를 해결하기 위해서는 특정한 동화를 상업적으로 출판할 때 국가에서 지원하는 방안이 마련되었으면 한다. 좋은 각색 희곡이 널리 공유될 수 있는 가능성을 높이기 위함이다.

5. 어린이연극의 아름다운 대사 만들기

어린이연극의 희곡을 만들 때는 관객이 연극의 감동을 오래도록 간직할 수 있는 아름다운 대사도 염두에 두어 최소 한두 개는 만들었으면 한다. 연극의 좋은 대사를 암기하여 필요한 때 암송하거나 공유하는 게 가능하면 좋겠다.

반대로 어린이 관객에게 좋지 않은 영향을 줄 수 있기 때문에 다음과 같은 점은 지양하는 게 좋겠다. 먼저 폭력적이거나 잔혹한 대사나 행동은 어린이연극에서 가능한 다루지 않았으면 싶다. 둘째 흡연이나 음주하는 인물이나 대사, 장면을 다루지 않도록 한다. 셋째 성적인 내용은 어린이의 눈높이를 고려하여 다루도록 한다.

또한, 어린이연극의 대사는 전체적으로 어린이들이 이해하기 쉬운 어휘와 문장으로 써야 한다.[14] 영어나 한자식 일본어, 일본어 투의 표현보다는 우리말을 살려 쓰려는 노력이 필요하다. 어린이연극의 희곡을 쓰는 어른들이 아름다운 우리말을 살려 쓰려고 노력하면 모르는 사이에 어린이들이 우리말을 더 깊이 사랑하게 된다.

---

14 _ 이오덕, 『우리글 바로쓰기』, 한길사, 2009.

V. 결론 및 제언

이 연구에서는 초등교육의 현장에 도움을 주는 어린이연극의 희곡이 어떠해야 하는지를 중심으로 고찰해 보았다. 어린이들이 연기하는 데 필요한 희곡 문제를 해결하는 데 도움이 된다고 판단되는 어린이연극 희곡집 『학교야 연극하자』를 연구 대상으로 삼아 분석하였다. 희곡집에 수록된 희곡을 주제와 인물, 갈등, 대사의 층위로 고찰한 결과 다음과 같은 결과를 얻었다.

첫째 희곡을 만들었던 주체가 현직 초등교사와 초등학생이기 때문에 어린이가 공감할 수 있는 의미 있는 주제나 소재를 다루었다는 점이다. 어린이들이 사는 현실과 그들의 고민을 구체적이고 생생하게 담아낸 점이 중요한 특징이다. 둘째 희곡에 등장하는 인물 가운데 문제가 있는 인물로 다양한 어린이를 다루면서도, 교사와 부모 등 어른은 물론, 상상력과 사고력을 자극하는 가상의 인물들까지 폭넓게 포함하고 있다는 점이다. 인간이란 무엇이고, 어떻게 살아야 하는지를 생각해 볼 수 있는 계기를 제공한다는 점에서 의의가 있었다. 셋째 희곡에서 다루고 있는 사건들을 보면 현실성이 강한 사건을 선택한 희곡도 있고, 환상성이 큰 사건을 다룬 희곡도 있으며 연극 만드는 과정을 보여주는 메타연극적인 사건까지 포함하고 있었다. 현실과 가상을 넘나들고 메타적인 사고까지 가능하게 하는 사건을 배치하여 어린이들의 현실뿐만 아니라 꿈과 희망 등 어린이의 마음과 함께 연극을 하는 즐거움을 나타낸 점이 장점이다. 다만 한 가지 아쉬운 층위로 대사 표현을 들 수 있겠다. 좀 더 세련된 표현이나 꼼꼼한 교정이 요청된다는 점이다. 극작에 관한 전문적인 지식이나 경험이 부족하기 때문이라고 여겨진다.

이 연구에서 분석한 희곡집의 희곡에 많은 장점이 있지만 아쉬운 점도 있다. 첫째 희곡집에 실린 희곡을 공연하려면 대부분 30분 이상의 시간이 필요하다는 점이다. 그러나 초등학교에서 교육용으로 필요한 어린이연극의 희곡은 공연 시간이 10분을 초과하지 않기를 바라고 있는 것이 현실이다. 학예회에서 발표하는 종목들이 대체로 5분 이내여서 형평성을 근거로 연극 공연 또한 5분 내외이길 바라고 있기 때문이다. 물론, 연극 공연만 발표하는 연극제를 할 때나 연극 공연을 할 때 시간제한이 없다고 양해하는 때에는 상관없겠지만, 많은 학교에서 어린이연극의 희곡은 좀 더 짧으면서도 강한 인상을 남겨주길 기대하고 있다. 둘째 희곡집에 실린 희곡에서 담고 있는 장소가 많다는 문제이다. 동화나 영화, 만화, 텔레비전 드라마 등의 영향으로 다양한 장소와 시간에서 벌어지는 이야기에 익숙해 있기 때문에 무대 위에서 펼쳐지는 연극으로 표현하기에는 한계가 따른다는 점이다. 그래서 가능하면 한 장소에서 벌어지는 일 또는 장소로 최소화하여 사건을 다루는 극작법이 요청된다.

이 연구 결과는 어린이연극 공연에 필요한 희곡을 선택하거나 또는 어린이연극의 희곡을 만들 때 참고 자료가 된다. 다시 말해 좋은 어린이연극의 희곡에 관한 이해를 넓힐 수 있으며, 어린이연극의 희곡 창작에 디딤돌이 되길 바란다.

참고문헌

아동극 자료

정한룡, 장성희 편, 『학교야 연극하자』, 연극과인간, 2012.

아동극 논저

김영래, 「한국 어린이연극의 개선방향 연구」, 한양대학교 석사논문, 2014.

박재현, 「한국 근대 아동극 연구 - 특히 신문화운동기(1919-1932)의 공연 계보를 중심으로」, 동국대학교 석사논문, 2003.

심재기, 『한국어 우리말 우리글 : 우리말 바로쓰기』, 제이앤씨, 2009.

심훈, 「아동극과 소년 영화」, 《조선일보》, 1928. 5. 9.

안치운, 『연극제도와 연극읽기』, 문학과 지성사, 1996.

오판진, 「아동극 번안의 원리 연구 : 김민기의 〈우리는 친구다〉를 중심으로」, 『새국어교육』제98호, 한국국어교육학회, 2014.

오판진, 「이원수 아동극의 인물 유형 연구」, 『아동청소년문학연구』제9호, 아동청소년문학학회, 2011.

이오덕, 『우리글 바로쓰기』, 한길사, 2009.

이재철, 「아동문학개론」, 서문당, 1996.

임선영, 「어린이공연예술시장의 특성에 관한 연구 : 어린이연극을 중심으로」, 추계예술대 석사논문, 2010.

임수선, 「한국 어린이연극 연구」, 단국대학교 석사논문, 2004.

전봉호, 「'경주 예술의 전당'의 어린이 연극교육 활성화 방안 연구」, 영남대 석사논문, 2014.

주평, 『교사를 위한 아동극 입문』, 백록출판사, 1975, pp. 11-13.

최린, 「극단 '학전'의 어린이연극 연구」, 성균관대학교 석사논문, 2012.

2부

아동극 교육 사례

◀학습자 구연을 통한 전래동화교육의 방법
-〈오늘이〉를 중심으로-

I. 서론

2007 개정 교육과정 시기뿐만 아니라 그 이전에도 전래동화[1]는 초등학생들에게 교육되었다.[2] 그런데 전래동화를 교육하는 목표나 내용은 물론, 방법 측면에서도 전래동화의 본질과 거리가 있는 경우가 있다. 전래동화교육이 국어교육의 장에서 이루어지고 있어서 국어교육의 바탕이 되는 국어과 교육과정이나 국어교육의 목표와 내용 방법 평가 등의 영향을 받고 있기 때문이다. 그런데 구비전승을 중요한 특징으로 하는 전래동화의 경우 교육 방법 측면에서 이를 효율적으로 계승하고 국어교육이 지향하는바 학습자의 국어 능력 신장까지 도모하는 데 있어서 두 가지 문제점이 발견된다.

본 연구에서 살피고자 하는 〈오늘이〉는 이런 문제를 잘 보여주는 대표적인 사례이다. 이 텍스트는 전래동화의 내용적 이해나 구비전승적 방법에 대한 탐구보다는 국어과 교육과정에서 요구하는 국어교육

---

1 _ 학계에 이 용어에 대한 이견이 있지만 아직 학술용어로 전래동화라는 용어가 다수이기 때문에 본 연구에서는 '전래동화'라는 용어를 사용하기로 한다. "이 글에서는 우리가 옛이야기를 일컬어왔던 '전래동화'라는 말이 부적합한 말임을 고증하였다. 이 말은 어린이를 위한 이야기가 창작되지 않던 먼 옛날부터 전해져오는 이야기가 문자로 정착되는 과정에서 붙여진 이름이다." 한명숙(2008). 옛이야기 교육을 위한 용어 사용의 문제와 과제. 문학교육학, 제25호. 289쪽. 박현숙(2012). 설화 구연 전통에 기반한 옛이야기 들려주기 방법 연구. 건국대 박사논문.

2 _ 조희정, 서명희(2006). 교과서 수록 고전 제재 변천 연구(1) - 건국과도기부터 제7차 교육과정기까지 문헌 제재를 중심으로. 문학교육학, 제19호. 한국문학교육학회. 411-431쪽.

의 목표 가운데 하나인 줄거리 요약 능력을 신장시키는 데 사용되고 있다. 여기서 〈오늘이〉라는 텍스트가 국어교육의 장에서 단순히 요약의 도구로만 쓰이는 것은 크게 아쉬운 부분이기 때문에 이에 대해 먼저 문제를 제기한다. 그리고 〈오늘이〉의 경우 교육과정에서 제시한 국어 교육의 목표에 부합하지 않는 역할극이라는 교육 방법을 사용하고 있어서 학습자 구연이라는 교육 방법을 통해 이 문제 또한 해결하고자 한다.

II. 전래동화교육 방법의 문제점

1. 전래동화교육에 관한 연구사 검토

전래동화교육에 대해 살펴보기 위해 먼저 1984년 손동인이 논의한 전래동화에 대해 살펴보자 전래동화의 가장 중핵적인 부분을 잘 포착하고 있기 때문이다. 그는 내가 인생의 불변 법칙을 배우게 된 것은 시트라우스베르크 대학의 학창시절이 아니라 어머니의 무릎을 베고 듣던 옛날이야기 속에서였다는 괴테의 말을 인용하면서 어린이의 옛날이야기가 무엇보다 중요하다고 강조하고 있다. 그리고 이런 전래 동화의 세 가지 특징으로는 첫째, 옛사람들의 얼과 삶이 엮어져 있음, 둘째, 모든 것이 합리적으로 조화되는 적극성 셋째 권선징악과 교훈성이 있다고 했다.[3] 교육의 장에서 전래동화를 활용할 때 이런 점을 고려하지 않고 있어 문제이다.

최운식 김기창이 논의한 바에 의하면 전래동화교육이란 우리 조상들

---

3 _ 손동인(1984). 한국전래동화연구. 서울: 정음문화사. 머리말 부분 참조.

이 남겨 준 문화유산인 전래동화의 바른 이해와 전달을 통하여 전통문화를 계승 발전하며 올바른 사고력과 언어 능력을 갖추게 하고 한국적 정서와 가치관을 가지고 적극적으로 삶을 살아가는 바람직한 인간을 형성하도록 교육하는 것⁴이라고 한다. 전래동화 자체에 교육적으로 긍정적인 가치가 있다는 전제를 바탕으로 어떤 점에서 교육적인 의의가 있는지를 밝히고 있다. 하지만 초등학교에서 구현되고 있는 전래동화교육의 현상을 살펴보면 교육적으로 가치가 있는 전래동화의 본질적인 측면이 간과되고 있다. 예컨대 교육의 대상인 특정 전래동화에 관통하는 핵심적인 생각이 무엇이고 이런 핵심적인 생각이 현재 우리 학습자의 삶이나 미래와 어떤 관계가 있을지를 깊이 고찰하지 않고 있다. 즉 전래동화에 등장하는 인물이 왜 그런 상황에 부닥쳐 있고 그때 일어난 사건은 무엇을 의미하며 여기에 대처하는 인물의 언행은 무엇을 의미하는지 곰곰이 생각해 보게 하는 교육이 되지 않고 있다. 그래서 전래동화가 가지고 있는 긍정적인 가치가 발현되지 못하고 있어 바로잡아야 한다. 전래동화의 깊이 있는 내면에 대한 좀 더 깊이 있는 접근이 이루어지지 못하고 전래동화의 형식적인 요소라고 할 수 있는 배경이나 사건이 무엇인지를 찾아내고 인물의 성격 자체만을 파악하는 것으로 끝나는 것이 일반적이다. 그러나 전래동화의 본질을 구현하는 전래동화교육이라면 전래동화를 읽고 느낀 점이나 감동한 점이 무엇인지 서로 소통하도록 하거나 이야기의 배경과 사건 인물 등의 관계를 다각적으로 분석해 보면서 인간과 인생에 대해 한 발 더 깊이 다가가도록 해야 한다.

한편 전래동화가 교육적인 효과를 발휘하기 위해 교훈에 치중한 결

---

4 _ 최운식, 김기창(2003). 전래동화 교육의 이론과 실제. 서울: 집문당. 48쪽.

과 문학적인 특징이 위축되었다고 보는 견해도 있다. 물론, 전래동화교육은 이야기를 통해 교훈을 얻는 것도 중요하기는 하지만 그것만으로 전래동화의 본질을 모두 설명할 수 없다. 그래서 전래동화교육이 교훈성에 지나치게 경도되었다는 이 주장에는 타당한 측면이 있다.

전래동화란 20세기 전반에 생겨난 말로서, 옛이야기를 어린이들의 정서나 이해수준, 그리고 교육적 효과를 고려하여 개작하였다.[5] 그래서 이런 영향 때문에 전래동화하면 으레 권선징악이나 보은, 충과 효 등의 덕목의 교훈이 있어야 한다고 생각하여 이야기가 원래 지니고 있던 활기찬 삶의 흔적과 상상력을 죽이고 만다.[6]

위에 인용한 논의는 성인 중심의 설화가 아동용으로 개작된 과정에서 전래동화가 만들어졌으며 그 과정에서 교훈성에 초점을 두다 보니 이야기의 긍정적인 측면인 삶의 흔적이나 상상력이 사라지는 문제가 발생하였다고 보고 있다. 이와 함께 전래동화를 학교라는 공적인 공간에서 교육해야 하므로 고려되어야 하는 문제로 여러 관점을 가진 다양한 사람들의 의견을 수렴하는 과정에서 수많은 기준과 조건에 맞추느라 전래동화가 갖는 독특한 자질들이 많이 사라졌다는 주장 또한 덧붙일 수 있다. 학교 교육에서 다루어지고 있는 전래동화교육의 실상을 살펴볼 때 매우 설득력 있는 주장이다.

하지만 설화가 대상을 달리하면서 그 내용이나 전달 방식 등이 변화하는 것 또한 자연스러운 현상이라고 할 수 있다.[7] 어른들을 중심으로

---

5 _ 전래동화라는 말이 생기기 전에 조선고래동화, 전설동화, 조선동화로 불리다가, 박영만 편 『조선전래동화집』(1940)에 비로소 전래동화라는 말이 등장한다.

6 _ 이종란(2008). 전래동화 · 민담의 철학적 이해. 서울: 철학과 현실사. 140-141쪽.

7 _ "최명재 남성구연자는 육담이라는 설화 장르적 특성상 자기 자택이라는 폐쇄된 공간의 장소는 적절했으나 청중이 젊은 여성 조사자들이었다는 점에서 부담을 느끼고 기존의 설화 내용에서

향유되던 설화를 아무런 고려 없이 어린 학습자에게 내어준다는 것은 문학적일 수 있을지는 몰라도 분명히 교육적이지는 않기 때문이다. 대상을 고려한 이야기의 변화 속에서 어떤 점에 더욱더 주의를 기울이고 또한 초점화해야 할 것인지는 쉬운 문제가 아니다. 결국, 전래동화가 가지고 있는 여러 가지 자질과 함께 교훈성을 동시에 충족시킬 수 있는 방안에 대해 논의함으로써 더욱더 의미 있는 대안을 마련해야 한다.

앞에서 살핀 바와 같이 전래동화교육의 목적에 대해 최운식·김기창은 크게 두 가지를 거론하였는데 바람직한 인간 형성과 전통문화의 계승·발전이 그것이다.[8] 이 두 가지 교육 목표는 전래동화 교육의 상위 범주인 문학교육이나 국어교육의 목표에 부합하기도 한다. 국어교육이나 문학교육에서 추구하는 교육 목표를 효과적으로 실현하기 위한 텍스트로 전래동화를 주목하는 이유는 전래동화를 포함하는 동화 자체의 특징에서 찾을 수 있다. 최경희가 고찰한 언어교육적 지적 향상 면에서 동화는 사고력을 신장시켜 주고 창의력을 길러주는 데 도움을 주며 지식 전달 측면에서 교육적 효용성이 있다.[9] 라는 논의 속에서도 동화의 특성과 관련된 국어교육의 목표들을 확인할 수 있다.

나름 저속하다고 판단되는 장면을 크게 축소시켰다." 박현숙(2012). 설화 구연 전통에 기반한 옛이야기 들려주기 방법 연구. 건국대 박사논문. 74쪽.

8 _ "전래동화의 교육을 통하여 육성할 바람직한 인간은 어떠한 인간인가? 그것은 1 올바른 사고력과 언어 능력을 갖춘 인간, 2 한국적 정서와 가치관을 가진 인간, 3 고난 극복의 의지를 가지고 적극적인 삶을 살아가는 인간, 4 사랑과 신뢰를 바탕으로 따스한 인간관계를 맺으며 사는 인간이다. (중략) 전래동화는 우리조상들이 남겨준 문학 유산으로 그 속에는 우리 조상들의 풍속, 습관, 생활, 사상, 신앙, 가치관, 꿈과 소망, 웃음과 지혜 등 전통문화적인 요소들이 많이 용해되어 있다. 재미있는 이야기 속에 녹아 있는 이러한 요소들을 전통문화의 계승 · 발전을 위한 자료로 활용한다면 이 목적 역시 쉽게 달성할 수 있을 것이다." 최운식,김기창. 앞의 책. 52-53쪽.

9 _ 최경희(1993). 동화의 교육적 응용에 관한 연구. 한국교원대 박사논문. 16-21쪽.

2. 전래동화교육 방법의 바람직한 지향

전래동화교육의 목표에 중심을 둔 본격적인 전래동화교육이 아니라고 할지라도 전래동화를 통해 추구할 수 있는 교육 목표인 바람직한 인간 형성이나 전통문화의 계승발전과 관련된 교육을 할 수 있다. 예컨대 전래동화를 통한 바람직한 인간 형성을 교육 목표로 상정한다면 전래동화에 나오는 인물과 관련하여 학습자의 이해도를 점검하고 그에 대해 평가하는 방안을 생각할 수 있다. 반면 전통문화의 계승·발전을 교육 목표로 할 경우에는 전래동화와 관련된 설화에 관한 지식이나 정보 등 배경지식을 가르치는 한편 학습자의 구연 활동이라는 교육 방법에 초점을 두어 지도함으로써 학습자가 전래동화 계승의 주체가 되도록 할 수 있다. 이처럼 전래동화는 어떤 지향을 하고 교육할 것인지를 선택하는 교육 주체들의 의지에 따라 여러 가지로 달라질 수 있는 매우 잠재력이 풍부한 교육 자료이다.

본 연구에서 살피고 있는 〈오늘이〉는 제주도의 무속에서 전래하던 원천강 본풀이를 각색한 것이다.[10] 본래 초등학생들을 대상으로 한 서

---

10 _ "이 이야기는 계절을 대표하는 신에 대한 내용입니다. 신화에 따르면 원천강은 사계절이 모여 있는 곳으로, 〈오늘이〉는 어려서 원천강을 지키는 부모에게 버림받아 들에서 학을 친구 삼아 홀로 살다가 마을의 백씨 부인의 집에 입양되어 자랍니다. 어느 날, 백씨 부인의 꿈속에서 〈오늘이〉의 부모가 신관, 신녀가 되어 계절이 모여 있는 원천강을 지키고 있다는 것을 알게 되고, 〈오늘이〉에게 이야기를 해 주게 됩니다. 이 이야기를 들은 〈오늘이〉는 부모를 찾아 원천강으로 떠납니다. 가는 도중에 책만 읽고 집 밖에 나설 수 없는 장상 도령, 한 송이밖에 꽃을 피우지 못한 연꽃 나무, 여의주를 세 개나 얻었으나 용이 되지 못하는 이무기, 밑 바진 두레박으로 물을 퍼 담는 선녀들, 책만 읽고 밖으로 나갈 수 없는 매일이 등을 만나게 되고, 그들의 도움으로 원천 강에 도착하여 부모와 상봉합니다. 원천강에는 네 개의 문이 있는데, 첫 번째 문 안에는 봄이, 두 번째 문 안에는 여름이, 세 번째 문 안에는 가을이, 네 번째 문 안에는 겨울이 있습니다. 원천강에서 마을로 돌아오는 길에 〈오늘이〉는 장상 도령과 매일이를 맺어 주고, 이무기가 용으로 승천하게 도와준 뒤에 여의주를 받고, 선녀들의 밑 빠진 두레박을 고쳐 주고, 연꽃 나무에 여러 송이 꽃을 맺게 해 주고, 연꽃을 얻은 뒤에 집으로 돌아옵니다. 그

사는 아니었지만, 도덕적으로나 교육적 심리적으로 문제가 없도록 각색되어 국어교육의 교재로 사용되고 있다. 대표적인 무속 관련 설화인 바리데기처럼 〈오늘이〉 또한 무속인이나 성인을 대상으로 했던 텍스트가 초등학생이나 유아들을 대상으로 한 아동용 텍스트로 개작되어 널리 읽히고 있다. 〈오늘이〉는 내용 측면에서 볼 때 구복여행[11]이라는 민담과 그 내용이 유사하다. 초등학교 고학년에서 상호텍스트적인 관점에서 동서양 인물의 차이를 비교하는 과정을 통해 인간에 대한 이해를 증진할 수 있다.

〈오늘이〉를 비롯하여 다양한 전래동화 텍스트들이 교과서에 수록되어 있어서 그것이 전래동화 텍스트로 적절한지를 검토하는 연구는 매우 중차대한 논의가 아닐 수 없다. 그래서 〈오늘이〉 텍스트의 본질적인 특성을 파악하고 이후에 이에 적합한 학습 방법을 제안하는 것이 원론적으로 가장 올바른 대응이 된다. 그렇지만 이미 교과서에 수록된 상황에서 교육 내용의 무게보다 교육 방법에서 큰 오류가 발견되었을 때에는 그것을 교육하는 방법을 개선함으로써 더욱더 나은 전래동화 교육의 모습을 추구할 수도 있다. 결국, 본 연구는 〈오늘이〉 텍스트의

뒤, 옥황상제가 〈오늘이〉를 불러 원천강을 돌보게 하였습니다. 그래서 〈오늘이〉는 한 손에는 여의주를 다른 한 손에는 연꽃을 들고 사계절 소식을 전하는 선녀가 되었습니다." 신동흔 (2004). 살아있는 우리 신화. 서울: 한겨레신문사. 113-123쪽.

11 _ "이 설화는 세계적으로 분포된 설화 유형 A.T. 460B. 'The Journey In Search Of Fortune'의 한국 전승 유형이다. 가난하게 사는 집안의 막내아들이 복을 구하기 위해 하늘로 가는 길에, 얻는 남편마다 죽는 여인과 용이 못된 이무기 등을 만나 그들의 문제를 해결해 주고 복을 얻는다는 이야기이다. 이는 인간의 행불행이 이미 정해져 있다는 동양적 숙명론을 전제하였지만, 결과적으로는 주인공이 복을 얻고 있어서 운명은 개척될 수도 있다는 적극적인 사고를 보이고 있다. 한편 이 설화 유형의 한국 자료는 주인공이 복을 얻기 위해 자의(自意)로 길을 떠나고 있어 타의(他意)에 의해 출발하는 서구 자료와 차이를 보인다. 또 서구 자료에서는 복을 가져다주는 존재가 주인공에게 적대적인 지옥의 악마이지만 한국 자료에서는 옥황상제라는 호의적 존재이어서, 운명을 관장하는 절대자에 대한 인식 태도에서 동·서양의 차이를 보인다." 서대석편 (1997). 한국문학총서3-구비문학. 서울: 해냄. 103-106쪽.

내용을 교육하는 측면에 문제가 있다는 점에 초점을 맞추는 것이 아니고 이 텍스트를 현행 국어교육의 목표에 맞게 가르치는 교육 방법 측면의 문제를 지적하고 개선하고자 한다. 그래서 텍스트의 내용을 문제 삼는 것이 아니라 텍스트를 가르치는 방법을 문제 삼아 이를 해결하는 방안을 모색하려고 한다.

III. 전래동화교육 방법으로써의 학습자 구연

임성규는 전래동화의 본질을 과거와 현재 그리고 미래를 이어가는 이야기 문화라고 논의한 바 있다.[12] 전래동화의 향유 방식과 전승에 초점을 둔 논의인데 이는 전래동화교육의 방법과도 밀접하게 관련되어 있다. 사회문화적인 측면에서 나타나는 이와 같은 전래동화의 본질은 동화구연의 역사에 대한 고찰을 통해 확인할 수 있다. 물론, 전통문화의 유구한 역사 가운데 설화 구연의 그것 또한 그 출발점을 가늠하기 어려울 만큼 오래전의 일임이 분명하다. 그에 비해 기록에 남아있는 바에 의하면[13] 비록 성인 중심의 동화구연이긴 하였지만, 1920년대 이후 동화구연이 우리 사회에서 일반화되었다. 동화구연의 대상이었던 어린이들 또한 옛이야기의 향유자에 머무는 것만이 아니라 어느 순간 옛이야기의 구연자가 되었다. 그렇지만 구연 활동의 능동적인 핵심 주체라

12_ 임성규(2007). 초등학교 전래동화 교육의 논리와 구비문학 교육의 시각: 아동 중심 접근 이야기 문화의 회복. 한국초등국어교육, 제34집. 한국초등국어교육학회.

13_ "동화구연이 일반 대중들에게 널리 알려지고 번성했던 시기는 1920년대-1930년대 '동화회(童話會)', '동화 대회'와 같은 대중적 문화 행사가 활발하게 이루어지던 시기이다. 박현숙(2012). 앞의 글. 18쪽.

할 수 있는 구연자에 대한 주목이나 관심은 상대적으로 미흡했던 것이 사실이다. 그런데도 매체 환경의 변화로 인해 공동체적인 놀이나 활동보다는 개인적으로 파편화되는 경향이 현대 사회의 커다란 문제가 되고 있다. 그래서 오히려 구연자와 이를 듣는 청관중 사이에 서로 직접 소통하는 아날로그적인 경험이 현대의 학습자에게 더욱더 절실해졌다. 동화구연의 수용자 또는 관객이라는 학습자의 역할은 그들을 능동적이기보다는 수동적인 청중으로 만들 가능성이 높다. 전통적인 이야기판에서는 구연 방식이 일방적으로 계획적으로 그 안으로 억지로 끌어들이는 것이 아니라, 이야기를 자연스럽게 흐르게 만들었고 단순히 이야기만 전하고 귀로 듣는 것이 아니라, 이야기를 가슴으로 듣고 나누었다.[14] 이런 맥락에서도 학습자 구연이라는 전래동화교육 방법은 주목해야 할 가치가 있다.

국어교육 또는 문학교육의 장에서 읽기 중심의 문학 향유에 문제가 있다는 지적 또한 어제오늘의 일이 아니다.[15] 문학의 폭과 깊이를 확장하기 위해서는 문학 향유 방식에서도 다양성이 확보되어야 한다. 본 연구에서 주목하는 구연(口演)이라는 문학 향유의 방식은 문자언어가 아닌 음성언어로 연행자가 청중에게 서사 내용을 재미있게 들려주는 것을 지칭하고 이때 어조, 표정, 몸짓 등의 보조적인 방법을 사용하여 이야기를 더욱더 흥미 있게 더욱더 실감 나게 들려주는 것이 특징이다.[16]

---

14 _ 박현숙(2012). 앞의 글. 79쪽.

15 _ 이지호는 구연만이 순수한 의미에서 문학적 연행이라고 한 바 있다. 이지호(2004). 연행을 통한 아동의 문학 향유. 문학교육학, 제8호. 한국문학교육학회. 108쪽. 가면극 교육이 문자 텍스트 중심으로 이루어지고 있는 문제점을 지적하고, 초, 중등학생들에게 가면극을 연행 체험할 수 있는 교육 내용과 방법을 제시하였다. 오판진(2012). 가면극 연행 체험 교육 연구. 서울대 박사논문.

16 _ 류정월, 윤인선(2011). 무대에서의 전래 동화 구연에 관한 연구-언어적/비언어적 요소와 콘텍

여기에 인형이나 그림 등의 보조물을 활용하여 효과를 높이는 것이 최근 동화구연의 대체적인 경향이다.

임재해에 의하면 연행에는 구연(口演)과 행연(行演)이 있는데 그 가운데 구연(口演, oral Performance)은 구술적 차원의 연행이고, 행연(行演)은 행위적 차원의 연행이라고 한다.[17] 이지호는 구연과 행연 외에 악연(樂演, melodic Performance)이 있다고 덧붙여 논의를 보완한 바 있다. 지금껏 주목받아온 전래동화교육의 방법에는 네 가지가 있는데 구연 읽어주기 읽히기 교수 학습에 의한 방법이[18] 그것이다.

그런데 이런 전래동화교육 방법들의 특징은 교육의 주체가 학습자가 아닌 성인이라는 점이다. 선행 연구 가운데도 동화구연에 대한 논의들이 있지만 대부분 부모나 교사 등 성인이 구연의 주체이다.[19] 이렇듯 동화구연의 주체가 성인이었던 것은 역사적인 사실이고 성인 중심의 동화구연은 교육적으로도 효과가 큰 것은 분명하다.

그러나 비록 미흡할지라도 학습자 스스로 주체가 되는 경험 또한 능력 있는 성인이 준비한 교육 활동에 참여하는 것과 더불어 교육적으로

스트를 중심으로-. 시학과 언어학, 제20호. 시학과언어학회. 129-154쪽. "동화구연이라 함은 동화를 말의 구연과 최소한의 행연의 방법으로 전달하는 것을 말한다. 달리 말하면 동화 속의 재미있고 유익한 이야기를 목소리 연기와 표정, 몸짓을 통해 감동 있게 전달하는 행위를 말한다." 곽춘옥(2002). 연행의 관점에서 본 동화구연. 청람어문교육, 제25집. 청람어문교육학회, 197쪽.

17 _ "구연은 말의 고저·대소·장단·완급·단속(斷續)을 조절하고, 음색과 휴지를 적절하게 활용하여 말의 의미를 극화하는 것이다." 임재해(1999). 구비문학의 연행론. 그 문학적 생산과 수용의 역동성. 한국구비문학 회 편. 구비문학의 연행자와 연행 양상. 서울: 박이정. 3쪽

18 _ 최운식, 김기창. 앞의 책. 49쪽.

19 _ "문학 체험에서는 어린이들이 주체가 된 연행보다는 교사에 의한 연행이 더 효과가 있을 것이고, 어린이들의 구두를 통한 문학 향유에서는 교사가 핵심적인 역할을 한다고 보기 때문이다." 곽춘옥. 위의 책. 185쪽. 석용원(1982). 동화 구연의 이론과 실기. 서울: 백록출판사. 엄기원(1992). 동화 구연 교실. 서울: 지경사. 장영주(2000). 구연방법론. 교육과학사. 이규원(2000). 교사와 어머니를 위한 동화구연의 이론과 실제. 서울: 유아문화사. 참조.

검토할 가치가 있다. 특히 초등학생들의 경우 피아제가 제시한 발달이론에 의하면 구체적 조작기에 해당하므로 학습자 스스로 직접 구체적인 상황이나 물건 등을 통해 주체적으로 다루고 참여하는 것은 매우 효과적인 교육 활동이다. 그래서 본 연구에서는 전래동화 구연의 주체로 교사가 아니라 학습자를 주목하는 게 필요하다고 주장한다. 다시 말해 동화교육을 교사나 성인들이 주도적으로 하는 것보다 비록 서툴지라도 학습자가 중심에 서도록 교육 방법의 패러다임을 전환하자는 것이다.

전래동화를 비롯하여 설화가 전승된 역사적 사실에 근거해 살펴보아도 학습자가 문화 계승의 주체가 되는 것이 필요하고 무엇보다도 전래동화를 직접 구연하는 경험을 통해 얻을 수 있는 교육적 효과 또한 기대 이상으로 매우 크기 때문이다. 예컨대 서울시립어린이도서관에서 주관하는 어린이동화구연대회가 올해로 34번째인데 이 단체에서 학습자의 동화구연에 꾸준히 관심이 있는 것은 여러 가지 의미가 있겠지만 기본적으로 동화구연이 갖는 방법적인 차원의 교육적 가치를 인정하고 있기 때문이다.[20]

이렇듯 특정 단체에서 동화구연에 대해 꾸준히 관심을 두고 있는 것과는 다르게 학교 교육에서는 어린이가 주체가 되는 동화구연에 대해서 논의가 활발하게 이루어지지 않고 있다. 교육과정은 물론, 교과서나 교사용 지도서 등에서도 학습자의 구연과 관련된 제시를 찾아보기 힘든 실정이다. 그래서 〈오늘이〉라는 텍스트를 교육할 때 학습자의 구연을 통한 교육에 대해 논의함으로써 전래동화교육 방법으로써 학습자

---

20 _ 서울 시내 초등학교 3학년 학생들을 대상으로 해마다 5월에 하여 그 가운데 우수한 성적을 거둔 학생들을 선발하여 시상하고 있다.

의 구연을 공론화하는 것이다.

더불어 성인이 아닌 학습자 스스로 구연의 주체가 된다고 하더라도 구연의 양상 또한, 단일하지 않다. 예컨대 전통적인 구연의 개념이 대표적인데 뼈대가 되는 기본 서사를 기반으로 하여 구연자가 자유롭게 살을 붙여가면서 청자에게 이야기를 들려주는 일반적인 구비문학의 모습인 구연이 있고, 둘째, 책 내용을 통째로 암기하여 들려주는 현대식 동화 구연도 있으며 셋째, 동화책을 직접 보면서 입으로 소리 내 읽는 책 읽기 방식 또한 있다. 본 연구에서 지향하는 구연의 양상은 첫 번째 형태가 되겠지만 학습자의 다양한 경험과 수준 등 여러 맥락을 고려하여 다른 두 가지 구연 양상 또한 허용하는 것이 필요하다고 본다.

1. 교육과정과 교과서에 제시된 관련 내용 분석

<오늘이>를 중심으로 전래동화교육의 양상을 검토하기 위해 먼저 교육과정에서 관련된 부분을 살펴보자 학교 교육은 교육과정에서 제시하는 성취 기준에 맞추어 교육 목표를 설정하고 이어 서 교육 내용과 관련 텍스트 및 교육 방법과 평가 등을 설계하기 때문이다 현행 개정 교육과 정에서 제시하는 전래동화 <오늘이> 교육과 관련된 성취 기준은 다음과 같다.[21]

---

21 _ 교육과학기술부(2010). 초등학교 국어 3-1 교사용 지도서. 서울: (주) 미래앤. 334쪽.

〔작품의 수준과 범위〕	
- 친숙한 세계 또는 상상적인 세계를 배경으로 하는 작품	
성취 기준	내용 요소의 예
문학(3) 이야기의 흐름을 파악하여 내용을 간추린다.	- 이야기의 전개 과정 파악하기 - 시간의 흐름에 따라 내용 정리하기 - 간추린 내용 발표하기

　〈오늘이〉와 관련된 교육과정의 성취기준은 '이야기의 흐름을 파악하여 내용을 간추린다.'이다. 이야기의 흐름을 파악하여 그 내용을 간추리는 능력은 학습자가 갖추어야 할 기본 능력에 해당하고 〈오늘이〉가 이런 교육 목표를 도달하는데 적절한 텍스트로 판단되었기 때문에 텍스트로 선정하였다. 내용 요소의 예를 살펴보면 이야기의 전개 과정을 통해 이야기의 흐름을 파악하고 특히 시간의 흐름에 따라 내용을 정리하도록 하고 있으며, 이렇게 간추린 학습자 개인의 활동이 말하기 듣기라는 음성언어 활동에서 서로 다른 학습자와 소통하면서 수정 보완하도록 하고 있다. 국어교육적인 측면에서 볼 때 무리가 없는 설계라고 평가할 수 있다. 그렇지만 〈오늘이〉라는 텍스트의 내용과 방법에 대한 고려는 뚜렷하지 않다. 다시 말해 전래동화는 국어과 교육의 목표에 도달하기 위한 자료로 이용하는데 그치고 있다.

　다음으로 이와 같은 교육과정이 교과서에 어떻게 구현되어 있는지 살펴보자 3학년 1학기 읽기 교과서를 보면 〈오늘이〉의 한 부분이 실려 있고 이와 함께 일이 일어나는 차례에 따라 '내용을 간추리며 이야기를 읽어 봅시다.'라는 학습 목표가 제시되어 있다.[22]

---

22 _ 교육과학기술부(2010). 초등학교 국어 3-1. 서울: (주) 미래앤. 139쪽.

일이 일어나는 차례에 따라 내용을 간추리며 이야기를 읽어 봅시다.

혼자 낯선 길을 찾아가 보았습니까? 낯선 길을 갈 때에는 어떤 도움이 필요할지 생각하여 봅시다.

오늘이가 부모님을 찾아 원천강으로 가는 차례를 생각하며 '오늘이'를 읽어 봅시다.

오늘이

옛날 아득히 먼 옛날, 강림들이라는 곳에 오늘이라는 아이가 살고 있었습니다. 오늘이는 자기를 낳아 주신 부모님을 꼭 찾고 싶었습니다. 그래서 마을의 한 할머니를 찾아갔습니다. 할머니는 세상을 오래오래 살았으니 무엇이든 알 것 같았습니다.

"할머니, 저는 부모님이 정말 보고 싶어요. 우리 부모님은 지금 어디에 계실까요?"

"네 부모님은 지금 원천강에 살고 계신단다."

오늘이는 뛸 듯이 기뻐서 다시 물었습니다.

"원천강을 가려면 어디로 가야 하나요?"

"원천강 가는 길은 멀고 힘하단다."

"부모님이 계신 곳이라면 어디라도 가겠어요. 제발 가르쳐 주세요."

할머니는 끗끗 혀를 차며 말하였습니다.

139

3학년 1학기 읽기 교과서를 보면 학습자가 〈오늘이〉의 내용을 정리한 후에 일이 일어나는 차례를 생각하며 역할극을 하고 이어질 뒷부분의 이야기를 상상하도록 교육 방법을 제시하고 있다.[23] 학습자가 〈오늘이〉에 쉽게 공감하면서 공부를 시작하도록 돕기 위해 〈오늘이〉의 주인공 〈오늘이〉와 유사한 경험을 떠올리도록 주문하고 있다. 〈오늘이〉처럼 먼 길을 찾아가는 경험이 아닐지라도 백화점이나 학교 건물 놀이시설 등에서 길을 잃고 당황한 적이 있거나 어디를 찾아간 경험을 발표할 수 있어서 제시된 교육 활동은 지협적이라 할 수 있다.

이런 교육적 설계에서 문제라고 여겨지는 점은 두 가지이다. 첫째

---

23 _ 교육과학기술부. 위의 책. 146쪽.

〈오늘이〉라는 텍스트 자체에 대해 어떤 제시도 하지 않는다는 점이다. 전래동화 텍스트와 관련된 기본적인 지식이나 관련 정보가 제공되면서 본 차시의 교육이 이루어지는 것이 필요하다고 판단된다. 전래동화가 어떤 맥락에서 생산되고 유통되는지를 아는 것은 우리의 문화를 계승·발전시키는 것과 관련된 인식을 심화시키고 나아가 한국인의 정체성을 형성시키기 때문이다. 둘째 텍스트를 읽은 다음에 이루어지는 활동으로 역할극을 제시했는데 역할극보다는 학습자 구연이 효과적이라고 여겨진다. 이 문제와 관련하여 교과서 본문을 좀 더 구체적으로 살펴보자.

교과서 본문에는 학습자가 교육 목표에 도달하게 하려고 '장소'와 만난 '인물'을 중심으로 공부하도록 제시하고 있다. 다시 말해 '장소'와 '인물'을 중심으로 〈오늘이〉의 내용을 읽어 일어난 차례대로 파악하게

하고 있다. 그런 다음 이를 바탕으로 '역할극'을 하고 '이어질 내용 상상하기'라는 교육 활동이 이어진다. 후속 활동 가운데 '이어질 내용 상상하기'는 '줄거리 요약'과 관련이 있어서 적절하다고 할 수 있다. 그렇지만 단순히 내용을 확인하는 수준에서 세 가지 질문에 답을 찾아보도록 하는 것과 '역할극'을 하도록 한 부분은 적절하지 않다. 〈오늘이〉 텍스트에 대한 더욱더 깊이 있는 상상과 추론 평가 등이 필요하다. 비록 수업 목표가 줄거리 요약이라 할지라도 축어적인 내용 파악에 머문 것은 문제가 아닐 수 없다.

다음으로 역할극이란 방법을 제시한 것이 문제이다. 물론, 역할극이란 교육 활동은 교육 내용을 심화하고 텍스트를 즐겁게 향유하는 방법으로 그 가치를 인정할 수 있다. 그렇지만 〈오늘이〉라는 텍스트는 구비전승된 맥락을 살펴보면 다인극(多人劇) 보다는 일인극(一人劇)에 가깝다.[24] 그래서 학습자 한 사람이 여러 역할을 맡아 인물과 상황에 부합하는 연행을 하는 것이 전래동화 텍스트의 원형에 더욱더 가까운 문학 향유 방식이다. 그래서 학습자 한 사람이 특별한 도구나 소품을 사용하지 않고 구연을 하는 방법이나 학습자 한 사람이 인형이나 소품 악기 또는 음악 등을 활용하면서 구연을 하는 교육 활동이 더욱더 활용 가능성이 큰 교육 방법이라 할 수 있다. 반면 여러 학습자가 전래동화의 인물을 맡는 역할극 활동은 연극적인 측면에서 교육적 효과와 의미가 있는 것이 사실이지만 학습자가 '일이 일어난 차례'를 생각하도록 하는 데에는 큰 도움이 되지 않는다. 왜냐하면 역할극을 할 경우 학습자는 텍

---

24 _ 신동흔에 의하면, 〈오늘이〉는 제주도 무속인 한 사람이 굿을 하면서 〈원천강 본풀이〉를 연행하던 것을 문자로 채록하였다고 한다. 신동흔(2004). 살아있는 우리 신화. 서울: 한겨레신문사. 113-123쪽.

스트의 전체적인 내용보다는 자기가 맡은 배역에 집중하는 경향이 있어서 전체적인 줄거리에 대한 집중도가 떨어지기 때문이다. 여러 학습자가 서로 다른 역할을 맡는 역할극을 할 경우 학습자 자신이 맡은 배역과 대사만을 기억하는 것은 쉽게 극복하기 어려운 현실이다. 그래서 교육 목표인 '줄거리 요약 능력'을 신장시키는 데는 여러 사람이 등장하는 역할극보다는 일인극이 더욱더 적절하다. 그렇다면 일인극과 유사한 형태인 학습자 일인의 구연 활동은 어떤 방식으로 설계되어야 하는지 논의해 보자.

2. 학습자 구연의 전제와 지향점

초등학생들이 전래동화를 읽는 유형에는 음독하기, 낭독하기, 입체독하기 등이 있다. 이런 유형들 가운데 어떤 것이 적절한 것인지는 학습자의 발달이나 교육 목표 등을 고려해서 판단해야 한다. 초등 교사로 20년 이상 학생들을 교육한 경험치를 근거로 할 때 학습자의 발달 단계상 초등학생 3학년의 경우, 학습자의 개인차가 다양하므로 음독하기는 물론, 낭독하기와 입체독하기 모두 가능하다. 그런데 본 연구에서 관심을 두는 〈오늘이〉의 교육 목표인 '일이 일어난 차례에 따라 내용 간추리기'를 기준으로 한다면 교육 방법으로는 입체독하기 보다는 낭독하기[25]가 적절하다고 본다. 입체독하기는 여러 학습자가 동화의 인물을 맡아서 읽는 방법이어서 텍스트의 내용이나 인물에 대한 심화학습으로

---

25 _ "낭독은 글 속의 분위기, 심정, 상황 등을 고려하면서 발음, 억양, 어조, 단속, 속도 등에 유의해서 읽는 것을 말한다." 최운식, 김기창. 앞의 책. 103쪽.

적절하지만, 텍스트 전체의 내용을 간추리는 활동으로는 적절하지 않기 때문이다.

1) 학습자 구연의 전제 조건

학습자가 전래동화 텍스트를 효과적으로 구연하기 위해서는 몇 가지 전제 조건이 충족되어야 한다. 교육과정에서 제시하는 교육 목표에 도달하는 것뿐만 아니라 전래동화교육의 본질을 실현하기 위해서 필요한 준거들이다.

첫째, 구연하는 전래동화 텍스트의 분량을 학습자의 능력을 고려하여 스스로 조절하도록 해야 한다. 학습자 스스로 판단하여 자기들이 표현하기 어렵거나 꺼려지는 대목은 생략하기도 하고 재미있고 감동적인 부분을 중심으로 확대할 수도 있다. 그런데도 교육 목표가 '줄거리 요약 능력'을 증진하는 데 있어서 핵심적인 내용이 누락되지 않도록 해야 한다. 그리고 모든 학생이 전체 학생을 대상으로 동화구연을 하는 것은 주어진 시간이 한정되어 있어서 불가능하므로 짝 활동으로 동시에 구연하는 방법이 효과적이다. 이렇게 학급 전체 학습자가 집단으로 언어활동을 수행할 때 교사는 전체 학습자 가운데 몇 명을 선택하여 그들 가까운 곳에 가서 구연하는 내용이나 방법 등을 확인하는 방식으로 교육 활동을 진행할 필요가 있다.

둘째, 교육의 장에서 이루어지는 학습자의 동화구연은 경연대회가 아닌 축제가 되도록 해야 한다. 누가 잘하고 누가 부족한지 선별하여 순위를 정하는 과정이 아니라 누구는 이렇게 이해하고 평가했으며 또 다른 사람은 나와 다르게 느끼고 생각하였다는 것을 확인하는 기회가 되도록 해야 한다. 축제 형식의 동화구연을 통해 학습자가 서로에 관해 관심을 두고 존중하는 문화를 형성하도록 끌어야 한다. 교실에서 나타나는 현상을 조사해 보면 학습자 가운데는 관점이 부족하거나 학습자 개인의 잘못된 선지식으로 인해 다른 학습자의 구연 활동에 부정적인 평가를 하여 불필요한 상처를 주면서 갈등을 일으키는 경우가 있기 때문이다. 이런 문제가 있는 상황이 발생하면 교사는 무엇이 문제인지를 지적해 주고 다른 사람을 부정적으로 비난하기보다 긍정적으로 비평이나 비판을 할 수 있도록 끌어야 한다.

2) 학습자 구연의 지향점

첫째, 학습자 구연이라는 교육 활동의 수준을 학습자 발달 단계에 맞게 위계적으로 설정해야 한다. 일반적으로 동화구연이라고 하면 뛰어난 성인 동화구연가의 수준을 최종 목표로 설정하는 경향이 있다. 그래서 학습자에게 이런 기준이 도달점으로 제시되기도 한다. 하지만 이렇게 동화구연 교육 활동의 목표가 설정되면 학습자에게 무리가 되기 때문에 동화구연을 공부하는 시간이 즐거운 문학 향유로 이어지는 데 한계가 있다. 학습자 나름의 방식으로 다양하게 동화구연을 할 수 있도록 지원하고 격려하는 것이 중요하다. 동화구연의 최종 목표를 제시하기보다는 학습자의 수준에 맞는 동화구연의 폭과 깊이를 안내하는 방안이 검토되어야 한다. 예컨대 초등학교 저학년의 경우 '음독하기' 중학년은 '낭독하기'에 초점을 두는 방식으로 동화구연의 방법적 위계화를 제안하는 것이 효과적이다. 물론, 이런 목표의 제시는 학습자의 전반적인 상황을 고려하여 융통성 있게 적용되어야 하며 같은 학급 내에서도 수

준의 차이를 분명히 고려해야 할 것이다.[26]

둘째, 교사나 특정인의 시각에 근거한 목소리 흉내 내기에 치중하지 않고 자연스럽게 구연을 하도록 해야 한다. 심한 경우 별다른 의미도 없는 성인의 특정한 방법적 지식까지 답습하는 일이 벌어질 수 있다. 이런 활동 속에서는 학습자 자신이 전래동화를 어떻게 이해했고 해석하는지 등에 대한 교육적인 측면에서의 평가를 찾을 수 없다.[27] 유형화된 동화 구연 방식에는 지나치게 과장된 언어 활동과 반언어 활동 및 비언어 활동이 많이 있는데 이런 활동은 동화구연을 하는 학습자뿐만 아니라 이를 보는 청관중에게도 부작용이 나타날 수 있다. 왜냐하면, 앵무새와 같이 특정한 형태의 말하기를 반복하므로 학습자의 상상력과 사고력 주체성 등 전래동화교육을 통해 기를 수 있는 의미 있는 교육적 성과를 놓칠 수 있기 때문이다.

3. 학습자 구연을 통한 전래동화교육의 교수 학습 양상

1) 교수 학습의 목표

교수-학습 목표로 제시된 내용을 살펴보면 현행 읽기 교과서 146쪽에

---

26 _ "소리내어 읽기는 읽기 지도의 가장 기초적인 방법이기 때문에 입문기 어린이가 읽기의 기능을 몸에 익히도록 하기 위해서 사용되는 방법이다." 이재승 외, 초등 국어과 수업 방법, 박이정, 2009, 97쪽. 교육과정에서 제시하는 성취기준을 보면, 1학년 읽기에 '소리 내어 읽기'가 제시되어 있고, 2학년 읽기 성취기준에도 '효과적으로 낭독하기'가 명시되어 있다. 아울러 본 연구자는 초등교사로 22년간 서울지역 초등학생들을 지도하고 있어서 이에 대한 경험치 또한 이를 뒷받침해 주는 근거라 할 수 있다.

27 _ "등장 인물의 목소리를 구사하기 위해서 구연자의 목소리를 뒤로 감추어서는 안 된다는 것이다. 구연에서 기대하는 것은 구연자가 등장 인물의 목소리를 흉내 내는 얄팍한 재주가 아니라 구연자가 자기 목소리를 통해서 등장 인물의 목소리를 해석하는 능력인 것이다." 이지호 (2004). 연행을 통한 아동의 문학 향유. 문 학교육학, 제8호. 한국문학교육학회. 129쪽.

<오늘이>에서 '일이 일어나는 차례를 생각하며 역할극을 해 봅시다. <오늘이>가 원천강에 가서 무엇을 하였을지 이어질 이야기를 상상하여 친구들과 이야기하여 봅시다.' 라고 제시되어 있다. 본고에서 검토하여 대안으로 제시하는 목표는 역할극 대신에 학습자 구연이라는 용어를 사용하고 이것과 어울리게 다음 문장을 수정하는 것이다. 다시 말해 '<오늘이>에서 일이 일어나는 차례를 생각하며 학습자 구연을 해 봅시다. 다른 학생들은 자연스럽게 이야기에 끼어들거나 추임새 등의 반응을 하며 이야기를 들어봅시다.' 라는 내용이 그것이다. 학습자 구연에 초점이 있지만, 청자가 구연 활동에 끼어들어 개입하는 것까지 포함하는 학습자 구연 현상을 하나의 문화로 보고 학습자가 함께 어우러져 이야기꽃을 피우는 모습을 지향하도록 하였다.

2) 교수 학습 과정 안 예시

일 시	2012년 6월 12일 (화)		교 실	3-3교실	지도교사	오 관 진
단 원	7. 이야기의 세계		차 시	6/6	학습 시간	40분
학습 목표	'오늘이'를 요약하여 구연할 수 있다.					
본시 주제	내용을 간추리며 이야기하기		교수·학습 자료	국어(읽기) 교과서, 디지털 카메라, 구연 준비물 등		

단계	학습의 흐름	교수·학습 활동		시간	자료(◆) 및 유의점(▶)
		교사	학생		
들머리	동기 유발 (전체 활동) 학습 문제 확인	◐ 지난 시간에 무슨 공부를 했는지 생각해 봅시다. • '오늘이'를 간추려 보자. ◐ 학습 안내 '오늘이'를 요약하여 구연해 보자.	- 옛날 강림들에 살던 오늘이가 부모님을 찾으려고 길을 떠난다. (중략- 여러 문제를 해결) 선녀들의 문제를 해결해 주니 원천강까지 바래다주었다.	5'	◆ 읽기 교과서

단계	학습의 흐름	교사	학생	시간	자료(◆) 및 유의점(▶)
구연 활동	학습 활동 안내	[활동1] 짝 활동하기 [활동2] 전체 활동하기		30'	
	활동1(짝 활동)	◐ 짝과 함께 구연하기 • 번갈아 가며 한 번씩 구연자와 청중 역할을 한다.	- 구연자 : 준비물이 있으면 활용하여 구연을 한다. - 청중의 입장에서 듣기만 하지 말고 중간에 개입해 보자.		◆ 구연 준비물, 디지털 카메라 등
	활동2(전체 활동)	◐ 학급 전체에게 구연하기 • 앞에 나와 학급 전체를 대상으로 구연을 한다.	- 짝과 함께 구연하기를 바탕으로 보다 많은 개입과 그에 대한 반응을 하면서 구연을 해 보자.		▶ 짝이나 학급 전체에게 구연할 때 사진이나 동영상을 촬영할 수 있다.
마무리		◐ 구연 활동 평가 • 학습자 구연 활동의 장점을 지적하고 앞으로 활용에 대해 조언한다.	- 교사나 학생들이 찍은 사진이나 동영상을 활용할 수도 있다.	5'	

3) 학습자 구연의 유형

첫째, 특별한 준비물 없이 구연만 하는 경우이다. 이 유형은 전래동화의 내용을 요약하여 전달하는 데 초점을 두고 있으며 언어 외에도 반언어와 비언어 표현을 강조할 수 있는 부분이 특징이다. 자기 말과 표정, 몸동작을 통해서 전달하므로 전통적인 이야기 맥락과 유사하며 언제 어디서나 준비물 없이 할 수 있어서 가장 손쉽게 할 수 있는 것이 특징이다. 이야기꾼이 전달해야 할 이야기를 모두 암기해서 청자의 반응을 보면서 조절할 수 있도록 교사나 다른 학습자가 적절하게 반응을 하는 것이 필요하다.

둘째, 요약한 내용을 메모한 종이를 보면서 구연하는 경우이다. 이 유형은 이야기의 양이 길거나 질이 심오한 경우 암기에 부담이 크기 때문에 궁여지책으로 나온 것이라 할 수 있다. 따라서 메모지에 지나치게 의존하는 경향이 나타나면 화자의 이야기를 재미있고 풍부하게 전달하거나 청자와 소통하는 이야기 문화를 만드는 데 한계가 있을 수밖에 없다. 가능하면 이런 유형이 나오지 않도록 구연에 필요한 준비 시간을 넉넉히 주는 것이 필요하다. 아울러 집이나 동네에서 친구들과 미리 구연을 해보는 경험을 갖도록 함으로써 교실에서 많은 친구와 할 때 생기는 긴장감이나 특수한 분위기를 슬기롭게 대처하도록 할 수 있다.

셋째, 인형을 사용하면서 구연을 하는 경우이다. 청자의 관심을 유도하고 또한 구연자의 기억을 돕는 측면에서 효과적인 유형이다. 학습자가 실제로 준비한 사례를 살펴보면 도화지에 배경 그림과 나무젓가락에 작은 그림을 붙인 인형을 사용하기도 하고 종이컵으로 등장인물을 만들어서 화자나 인물이 바뀌면 다른 인형을 들고 구연을 하는 학생이 있었다. 등장인물을 아주 크게 만들어온 학생도 있었고 작게 만든 경우도 있었다. 그리고 인형에 막대를 붙여서 막대를 들고 구연을 하기도 하고, 반대로 막대에 붙이지 않고 손으로 들고 조종을 하면서 구연을 하는 학생도 있었다.

4) 교수 학습 시 유의점

앞에서 제시한 학습자 구연의 전제와 지향점을 바탕으로 이를 충실하게 따르면 된다. 첫째, 교사는 학습자의 구연에 대해 다양성을 지적하고 그것이 어떤 점에서 의미가 있는지 평가해 주어야 한다. 잘못한 점이나 부족한 점을 모두 지적하거나 또는 비난하는 것보다는 학습자가 새롭게 시도한 점이나 다른 학습자와 차별화되는 특징에 주목하여 모든 학습자가 자신과 동료 학습자의 다양한 구연 활동을 향유할 수 있도록 해야 한다.

둘째, 교사는 교육과정을 재구성함으로써 학습자가 시간과 정보를 충분히 갖고 구연을 할 수 있도록 여건을 조성해야 한다. 예컨대 2학기 국어과 읽기에서 종이컵 인형 만들기라는 설명문이 있다. 이와 관련을 지어서 종이컵을 만들어 사용하는 방안을 안내 자료로 소개하면 학습자에게 도움이 된다. 또한, 3학년 미술 교과에 움직이는 장난감 만들기라는 주제가 있어서 이렇게 움직이는 인형을 만드는 수업과 연계하여 학습자 구연을 교육하면 효과적이고 풍성한 통합 수업이 이루어질 수 있다. 셋째, 학습자 구연이 이야기 전달을 중심으로 이야기에 대해 구연자와 청자가 서로 대화를 나누도록 할 수 있다. 이야기를 전달하면서 들었던 생각이나 느낌을 서로 질문하고 대답하면서 이를 공유 할 수 있게 하면 이야기 문화가 훨씬 더 풍성해지기 때문이다. 비록 간단하거나 짧을지라도 이런 활동이 이어지면 이야기꾼과 청중들이 서로 소통하며 어우러지는 신명 나는 이야기판이 만들어질 수 있다.

5) 학습자 구연의 내용 사례

서울원O초등학교 학년 3학생들이 구연한 내용 가운데 두 학습자의 사례를 전사하여 제시한다.[28] 비록 부족한 점이 없지 않지만, 전통적인

28_ 2012년 서울O원초등학교 3학건 심O민, 손O영 학생의 구연 내용을 전사하였다.

구연의 개념에 접근할 수 있는 가능성을 살필 수 있다. 물론, 본 연구에서 설정하는 구연의 최고 단계는 전통적인 구연의 모습에 근접하는 것이다. 뼈대가 되는 기본 서사를 기반으로 하여 구연자가 자유롭게 살을 붙여가면서 청자에게 이야기를 들려주는 것이 바로 그것이다. 비록 초등학생들에게 이런 모습을 기대할 수는 없지만, 아래와 같은 사례를 바탕으로 차츰 이를 지향해 갈 수 있을 것으로 판단된다.

아래에 소개한 사례는 〈오늘이〉라는 기본 서사를 기반으로 하여 한 학습자가 다른 동료 학습자에게 이야기를 들려주는 상황인데 특이한 점은 학습자가 모두 이야기의 내용을 알고 있다는 것이 다 그래서 다양한 질문 방식을 사용하여 서로 알고 있는 이야기를 확인하면서 공유하는 양상이 나타나고 있다. 앞으로 이런 소통 양상에 대해 좀 더 고찰해 보면 학습자 구연에 적절한 텍스트가 무엇이고 효과적인 학습자 구연의 전략이 무엇인지 구명할 수 있다.

〈학습자 1의 사례〉

옛날 먼 옛날에 오늘이라는 여자 아이가 살았어. 오늘이의 부모님은 오늘이가 다섯 살 즈음에 집을 떠나 하늘나라에 가버렸어 오늘이는 강림들에 살던 한 할머니에게 부모님 소식을 듣고 부모님을 찾으러 여행을 떠났지. 그곳에서 오늘이는 네 명의 친구들을 만났어. 네 명의 친구들이 누구인지 아는 사람? (한 학습자인 이○훈 학생을 지명하였는데 오답을 말하자 '땡' 이라고 말하고 다른 학습자인 김 ○서 학생에게 기회를 준다. 김 ○서 학생이 이무기 장상도령 매일이 각시 선녀 3명이라고 대답하자 '딩동댕' 이라고 말한다. 그래 맞았어. 매일이 각시 이무기 장상도령은 오늘 이에게 길을 알려주는 대신 소원을 들어달라고 했어. 이것에 대해서 다른 의견이 있는 사람? (진○욱 학생이 질문한다. "자기가 찾으면 되지 오늘이를 왜 시킬까?" 아무도 대답은 못 한다. 매일이 각시의 소원은 왜 책을 무지하게 많이 읽어야 하는지 물어봐 달라는 것이고, 또 장상도령이 나오는데 장상도령의 소원은 무엇일까?(최○수 학생이 대답한다. "왜 집 밖으로 못나가고 글만 읽어야 하는지 알고 싶어." 그리고 이무기의 소원은 자기가 여의주를 많이 모았는데 친구 이무기처럼 왜 용이 못 되는지 물어봐 달랬어. 선녀들의 소원을 들어주어서 바가지를 고쳐주는데 그래서 하늘나라로 들어가게 되었지. 그곳에서 부모님을 만났어 부모님을 만나 기분이 좋은 오늘이가 장상도령 매일이 각시 이무기에게 소원을 들어주었단다. 장상도령과 매일이 각시는 서로 결혼을 하면 책을 그만 읽어도 된다고 알려주었어. 그리고 이무기는 어떻게 하면 될까 여러 학생이 손을 들지만, 그 가운데 손○영 학생을 손가락으로 가리키자 여의주를 한 개만 가지고 있어야 해. 이 말을 듣고 여의주를 한 개만 가지자 이 이무기는 용이 되었어. 그리고 장상도령과 매일 이 각시는 결혼해서 행복하게 살았대. 그리고 오늘이는 선녀가 되었어. 내 이야기를 잘 들어주어서 고마워.

〈학습자 2의 사례〉

애들아, 내가 오늘이라는 이야기를 들려줄게. 먼 옛날 부모님을 찾는 오늘이라는 아이가 있었는데 강림들에서 할머니를 만나 부모님이 원천강에 계신다는 것을 알았어. 여기서 질문 부모님이 어디에 계신다고 했지?(김○빈: 원천강) 그래 맞았어.

길을 가다가 여러 친구들을 만났지. 외딴집에서는 장상도령을 연못에서는 연꽃나무를 푸른 바다에서는 이무기를 여기서 또 질문 어디서 이무기를 만났다고 했지? (이○윤: 푸른 바다) 푸른 바다에서 맞았어. 샘에서는 선녀를 만났지. 각각의 부탁을 들어주고, 오늘이는 부모님이 계신 원천강에 도착하여 행복하게 살았대. 내 이야기 재미있게 들어줘서 고마워.

IV. 결론

현행 교육과정을 포함하여 지금까지 이루어진 전래동화교육의 양상을 검토해 본 결과 전래동화 교육이 전래동화의 특징에 토대를 두기보다는 상위 범주인 문학교육이나 국어교육에서 지향하는 교육 목표를 근거로 하여 교육 내용이 설계되었고 교육 방법에서도 문제가 있다는 것을 알 수 있었다. <오늘이>라는 텍스트를 중심으로 교육 현장에서 전래동화교육이 실현된 교과서와 교사용지도서를 살펴봄으로써 <오늘이> 텍스트 고유의 의미와 전승 양상보다는 '줄거리 요약 능력' 신장에 초점을 두고 효과적이지 못한 역할극이라는 교육 방법을 제시하고 있었다. 본 연구에서 살펴본 전래동화 연구사에 의하면 전래동화교육은 우리 조상들이 남겨 준 문화유산인 전래동화의 바른 이해와 전달을 통하여 전통문화를 계승 발전하고 올바른 사고력과 언어 능력을 갖추게 하며, 한국적 정서와 가치관을 가지고 적극적으로 삶을 살아가는 바람직한 인간을 형성하도록 교육하는 것이다. 따라서 이런 본질적인 측면에 충실한 교육이 되도록 교육 내용과 방법이 새롭게 설계되어야 한다.

아울러 전래동화의 본질 중에는 과거와 현재 그리고 미래를 이어가는 이야기 문화라는 측면도 중요하다. 그래서 이를 위해 학습자 구연이라는 더욱더 학습자 중심의 동화구연 방법이 요청된다는 점을 중심으로 논의하였다. 부모나 교사의 동화구연을 수동적으로 듣기만 하는 것이 아니라 성인들의 실연을 바탕으로 학습자 스스로 동화구연자가 되어 보도록 하는 것이 중요하다. 비록 미흡할지라도 이런 동화구연 경험은 이야기 문화를 창조적으로 향유하고 계승할 수 있는 소양을 길러주기 때문에 국어교육적인 측면에서 그 가치를 새롭게 주목해야 한다.

학습자 구연을 통한 전래동화교육이 효과적으로 이루어지기 위해서 몇 가지 전제 조건과 지향점을 제시하였다. 먼저 학습자 구연의 전제 조건은 첫째, 구연하는 전래동화 텍스트의 분량을 학습자 자기 능력을 고려하여 스스로 조절하도록 해야 한다는 점이고, 둘째, 교육의 장에서 이루어지는 학습자의 동화구연은 경연대회가 아닌 축제가 되어야 한다는 점이다.

다음으로 학습자 구연의 지향점은 첫째, 학습자 구연이라는 교육 활동의 수준을 학습자 발달 단계에 맞게 '음독하기'와 '낭독하기'를 위계적으로 선택해야 하고, 둘째, 교사나 특정인의 시각에 근거한 목소리 흉내 내기에 치중하지 않도록 해야 한다.

본 연구는 전래동화교육의 방법에 초점이 있는 연구이다. 그렇지만 전래동화 자체의 본질적인 내용에 주목하는 전래동화교육의 내용에 초점을 둔 연구 또한 중요하므로 앞으로 이에 관한 연구가 이어지길 기대한다.

◀ 학교 제도 내부의 문학교육과 학습자의 경험
- 초등 학교 교육과정을 중심으로 -[1]

I. 서론

초등 학습자의 문학 경험에 영향을 미치는 제도나 요인이 다양하다. 그 가운데 가장 큰 비중을 차지하는 것으로 학교를 들 수 있다. 가정과 지역 사회라는 제도나 요인도 초등학생의 문학 경험에 적지 않게 영향을 미치지만, 체계적이면서 조직적인 특성이 있는 학교와는 견줄 바가 못 된다. 그리고 초등교육은 의무교육이기 때문에 영향력이 더욱더 크다. 어떤 사람에게는 일생의 문학 경험이 학교 교육과 함께 끝나기도 하고, 또 다른 사람은 학교 교육을 통한 문학 경험 덕분에 평생 행복하게 살아가기도 하는데, 초등 문학교육은 학교 제도 내부에서 이루어지는 문학 경험의 출발점이다.

학교라는 제도와 관련한 초등학생의 문학 경험은 국어 교과 내부에서 체계적으로 이루어지고 있다. 그러나 그 양상을 살펴보면 문학의 본질에 충실한 문학교육보다는 국어교육을 위한 자료로 사용되고 있는 경우도 있다. 물론, 문학 텍스트를 자료로 삼아 국어교육을 할 때 문학의 특성을 고려한 교육 목표와 내용이 제시되지 않는 것은 아니다. 그렇지만 국어교육 대부분은 국어 능력 신장에 초점을 두고 있어서 문학

1_ 서울용0초등학교 000 교사의 글이며 이 도서에 글을 삽입하는 것에 동의하였습니다.

의 본질에 맞는 문학 경험이라고 하기 어려운 부분이 상당히 많다. 그리고 2013년 10월 현재 교과서 개정작업을 진행하고 있어서 국어 교과와 관련한 문학교육의 양상을 정확히 살피기가 쉽지 않은 실정이다.[2]

반면 국어 교과와 같은 교과교육보다는 학교 교육과정이나 학급 운영 또는 방과 후 수업이나 특별 수업에서 경험하는 문학 경험은 변동이 크지 않고, 문학 고유의 본질과 관련하여 학습자에게 유의미하고 긍정적인 사례도 적지 않다. 그래서 이 연구에서는 교과교육이라는 장이 아니면서도 문학교육의 본질에 충실한 교육 프로그램으로 자리를 잡아가고 있는 초등학교 제도 내부에서 이루어지는 문학 경험의 사례를 중심으로 고찰하고자 한다. 이를 통해 학습자의 문학 경험과 관련하여 연구해야 할 새로운 분야에 관심을 두는 계기가 되길 기대한다.

II. 초등학교 문학교육의 장과 학습자의 문학 경험

1. 초등학교 문학교육의 장

초등학교 문학교육에 관한 연구는 상당히 축적되어 있다. 최근에 이루어진 연구 가운데는 질적 연구 중 문화기술지적 방법론을 빌려 초등학교 문학교육 현상에서 학생들의 경험을 탐구한 연구[3]도 있고, 전국의

---

2 _ 2013년에 1학년과 2학년 교과서를 교체하였고, 2014년에는 3,4학년, 2015년에는 5,6학년 교과서를 바꿀 예정이다.

3 _ 진선희, 「학습 독자의 시적 체험 특성에 따른 시 읽기 교육 내용 설계 연구」, 교원대 박사논문, 2006. 염창권, 「문학 수업을 통해 본 초등학생의 문학능력」, 『문학교육학』 제28호, 역락, 2009, 157~191면.

교육대학 국어교육과를 중심으로 내용과 방법이 다른 많은 연구논문이 나오고 있다.[4] 그러나 이런 연구들은 대부분 초등학교 국어교육 내부의 문학교육이라는 영역에 한정되어 있으며, 국어교육 외부의 문학교육에 관해서는 관심이 그리 크지 않다.

그러나 초등학생들의 문학 경험을 살펴보면 국어 교과와 관련해서만 문학교육의 목표가 도달되는 것은 아니다. 예컨대 도서실 사서교사가 주체가 되어 도서실에서 하는 다양한 독서교육 프로그램이 초등학생들에게 훌륭한 문학 경험을 제공하고 있다. 그리고 담임교사 중심으로 학급 단위에서 이루어지는 글쓰기 교육이나 학급문집 제작 등을 살펴보면 거기에도 주목할 만한 사례들이 적지 않다. 더불어 학교 전체를 단위로 이루어지는 학교 교육과정 속 독서교육 또한 학습자의 경험에 미치는 영향이 매우 크다. 물론, 교육적인 설계의 체계화나 위계화를 기준으로 하면 학습자의 경험에 미치는 영향력은 누가 뭐라고 해도 국어 교과에서 제시하는 문학교육이 가장 크다. 그렇지만 문학교육이 지향하는 바를 기준으로 하면 오히려 도서실 또는 학급이나 학교 단위에서 이루어지는 다양한 사례들이 문학교육의 본질에 더욱더 근접한 부분도 있어서 이를 살펴서 그 의미와 가치를 탐구하는 것이 필요하다.

문학을 즐겁게 누리고 생활화하는 것이 문학교육의 중요한 가치 가운데 하나라는 것은 일반화되어 있는 사실이다. 하지만 초등학생 가운데 문학 평가나 중학교 입시와 관련한 부작용으로 인해 학습자와 문학

---

4 _ 신헌재, 「2011 개정 국어과 교육과정 문학영역에 대한 비판적 고찰: 초등학교를 중심으로」, 『한국초등국어교육』 제48집, 2011 ; 박진호, 「책 읽어주기를 활용한 문학적 상상력 신장 방법 연구」, 광주교대 석사논문, 2011 ; 이유미, 「원작동화를 활용한 문학교육 방법 연구 : 초등학교 5학년 교과서 동화 제재를 중심으로」, 전주교대 석사논문, 2009.

사이의 거리가 가깝지 않은 경우도 있다. 국어 교과 내에서도 이를 해결하려는 노력이 상당하지만, 한계는 여전히 남아있다. 그래서 국어 교과 밖의 여러 사례를 참고하여 문학교육의 문제를 고찰하는 것도 의미가 있다.

이 글에서는 국어교육 외부의 문학교육 프로그램 가운데 학교 단위에서 이루어지는 문학교육 사례를 중심으로 하고자 한다. 학교 교육과정이 초등교육의 중심이 된 것이 어제오늘의 일이 아니지만, 학교 교육과정과 관련하여 문학교육의 양상을 논의한 연구는 많지 않다. 물론, 학교장과 담당 교사 중심으로 기획되는 이런 학교 행사는 다분히 일회적인 속성을 갖는 한계가 있는 것이 사실이다. 그렇지만 해마다 반복해서 하고 있고, 시상(施賞)이라 제도가 있어서 다른 학생들과의 경쟁이라는 기제가 작동하므로 초등학생들에게 미치는 영향이 적다고 할 수 없다.[5] 따라서 교과서를 중심으로 한 국어 교과라는 제도가 아닌 또 다른 장에서 이루어지는 초등학교 문학교육 프로그램을 고찰하여 문학교육 연구의 저변을 확장하는 것이 필요하다.

2. 초등 학습자의 문학 경험

이전 교과서와 견주어 2013년 1학기 초등학교 1학년과 2학년 학습자에게 배부된 국어 교과서는 달라진 점이 많다. 내용 체계의 변화도 크지만, 외형적인 변화도 적지 않다. 교과서의 제목이 '듣·말·쓰'나 '읽기'

5_ 학습자가 독서 관련 행사에서 뽑히게 되면 초등학생들의 여러 가지 정보가 기록되는 생활기록부에 기재된다.

에서 '국어'로 변경되었고, 책의 크기와 모양도 달라지는 등 이전 교과서와 다른 점이 많다. 이런 변화에 관해 부정적인 견해도 있지만, 교사와 학습자의 호평이 더욱더 많다. 몇 학교에서 조사한 바로는 현장에서 학생들을 만나는 교사들의 대체적인 의견은 교과서 변화에 관해 긍정적이었다. 교과서가 잘 만들어져서 한 번만 쓰고 버리기 아깝다는 의견이 그것이다.[6] 그림동화를 포함한 것을 비롯하여 학습자가 문학 텍스트를 이전보다 훨씬 더 재미있게 공부할 수 있도록 하는 여러 장치와 배려가 있기 때문이다.

국어 교과서가 크게 달라진 것과 함께 초등학생이 경험하는 문학교육 관련 학교 교육과정의 프로그램 또한 조금씩 변화하고 있다. 물론, 지금도 많은 초등학교에서 하는 학교 교육과정 내의 문학교육 프로그램에는 원고지에 쓰는 독후감 쓰기 대회나 그리기 대회가 대표적이다. 몇 권의 책을 선정하여 독서퀴즈대회를 하거나 다독을 권장하기 위해 독서인증제를 하는 학교도 늘어나고 있다. 그러나 이런 일반적인 독서교육 프로그램만 있는 것은 아니다. 초등 학습자의 문학 경험이 '재미와 의미'라는 원리로 기획되어야 한다고 보고 새로운 시도를 하는 학교들도 많아지고 있다.[7] 학습자가 부담스러워하는 문자 중심의 독후 활동만 하는 것이 아니라 학습자가 선호하는 예술 영역을 활용하거나 통합교과적인 접근을 하는 다양한 독후 활동을 기획하고 있다.[8] 이런 활동을

6 _ 서울 원O초 교사 김균 인터뷰 자료. 2013년 6월. 서울 행O초 교사 양규 인터뷰 자료. 2013년 6월. 숭O초 교사 장영 인터뷰 자료. 2013년 7월. 미송중O초 교사 장란 인터뷰 자료. 2013년 7월 7일. 서울 원O초 교사 박라 인터뷰 자료. 2013년 7월 18일.

7 _ 서울 용O초등학교, 학교 교육과정 계획서, 2012. 서울 용O초등학교, 학교 교육과정 계획서, 2013. 서울 원O초등학교, 학교 교육과정 계획서, 2012. 서울 원O초등학교, 학교 교육과정 계획서, 2013. 서울 행O초등학교, 학교 교육과정 계획서, 2012.

8 _ 물론, 모든 학생이 글로 쓰는 것을 선호하지 않는 것은 아니다. 서울 용O초등학교 4학년과 5학

통해서 학습자의 문학 경험이 의미 중심에서 의미와 함께 재미를 추구하는 방향으로 변화하고 있음을 알 수 있다.[9]

III. 초등학생의 문학 경험 사례 분석

초등학생들이 학교 교육과정에 따라 경험하는 양상을 점검해 보고, 그 가운데 유의미하다고 판단되는 몇 가지 사례를 분석하기로 한다. 대체로 독서교육이라는 이름으로 진행되는 학교 교육과정 가운데 문학교육을 중심으로 하는 경우가 많아서 이런 사례들을 연구 대상으로 삼았다.

1. 책 낭독회

서울 원O초등학교에서는 2013년 학교 교육과정을 수립하는 과정에서 독서교육 프로그램에 큰 비중을 두었다. 초등학교 대부분에서 하는 다양한 독서교육 프로그램을 바탕으로 더욱더 특화된 교육 활동을 설계하였다. 일반적인 독서 관련 행사에는 아래에 제시한 표에 있는 '독

년을 대상으로 조사한 결과 독후 활동으로 일반적인 독후감쓰기나 시쓰기를 좋아하는 학생들도 있었다. "독서록을 쓸 때 내가 좋아하는 형식이나 자주 쓰는 형식에는 자유글쓰기, 줄거리 느낌을 쓰는 일반 독후감상문 형식 등이 있다."(5학년 곽우), "내가 가장 좋아하는 독후활동은 시쓰기이다."(5학년 이욱) "저는 책을 읽고 삼행시 쓰는 것이 좋고 독후감상문은 싫습니다. 왜냐하면, 삼행시는 상상하여 쓰는 것이기 때문입니다." 연극을 좋아하는 학생들의 이유를 살펴보면 다음과 같다. "내가 연극으로 나타내는 걸 좋아하는 이유는 더 재미있고, 내용 이해도 잘 되기 때문이다."(4학년 오현), "내가 좋아하는 독후활동은 연극이다. 연극은 앞에 나가서 해야 하므로 자신감을 길러준다. 또한, 대사를 외워야 하므로 기억력도 좋아진다. 마지막으로 자기가 책에 나오는 주인공을 따라서 하므로 주인공이 느낀 것과 생각한 것을 알 수 있다."(4학년 유민)

9 _ 황정현 외, 『아동문학교육론』, 박이정, 2007 ; 황정현, 『동화교육의 이론과 실제』, 박이정, 2007 ; 신헌재 외, 『아동문학의 이해』, 박이정, 2007.

후감 쓰기 대회'나 '독서 감상화 그리기대회', '독서인증제'와 같은 것들이 있다. 그런데 이 학교는 다른 학교와 다르게 '아침 독서 운동'을 더욱더 체계적으로 하고 있다. 아침자습 시간, 다시 말해 등교한 후부터 1교시 수업을 시작하기 전에 학생들에게 교사나 학생이 '책을 읽어주는 활동'[10]을 한다. 그리고 매달 도서관에서는 읽어주기 좋은 책을 선정하여 목록을 발표하고, '세계 책의 날' 행사의 하나로 책 읽어주기 대회를 개최하여 이를 지원하고 있다. 어머니들과 고학년을 중심으로 '책 읽어주는 엄마 대회'와 '책 읽어주는 언니 대회'를 개최한 것도 같은 맥락이다.

[표 1] 2013년 서울 원O초등학교 독서교육

행사	학년	시기	내용
아침 독서 운동	1-6	연중	아침자습시간을 이용한 독서 교사와 함께 읽기/책 읽어주는 교사(친구) 학년별 권장도서 읽기
독서 우수아 칭찬 활동	1-6	12월	도서관 쿠폰을 많이 획득한 아동을 표창
독서인증제	1-6	연중	학년별 권장도서 읽기
독후감 쓰기 대회	3-6	4, 9월	권장도서 읽기
독서감상화그리기대회	1, 2	4, 9월	-별도 계획에 의함

이렇게 학습자에게 책을 읽어주는 활동은 학교 전체 행사인 '책 낭독회'로 이어졌다. 2013년 4월 말 서울 원O초등학교에서는 특색 있는 독서교육 프로그램으로 '책 낭독회'를 하였다. 자기가 감동한 책을 다른 친구들에게 소개하는 활동인데, 자율성을 강조하기 위해서 자원자만 신청을

---

10 _ 박인기, 「스토리텔링과 수업기술」, 『한국문학논총』 제59집, 한국문학회, 2011 ; 박진호, 「책 읽어주기를 활용한 문학적 상상력 신장 방법 연구」, 광주교대 석사논문, 2011 ; 강백향, 「교사의 '책 읽어주기' 활동이 문학 경험 제공에 미치는 영향 연구」, 아주대 석사논문, 2005.

받은 후에 하였다. 고학년 학생 가운데 몇 명의 사례를 살펴보자.

"너, 글을 아느냐?"

"글을요? 모릅니다."

"배워보련?"

"예? 글을 배워요?"

할아버지가 고개를 돌려 선비에게 일렀다.

"종이와 붓을 가져오너라."

중간 생략

"이게 글이란 것입니까?"

"글자니라. 자, 보아라. 이것은 '기', 이것은 '키'이니라."

할아버지는 'ㄱ, ㅋ'이라 적힌 곳을 손가락으로 집었다.

"이 글자와 요 앞의 점 같은 글자를 같이 쓰면 'ㄱ, ㅋ'라고 읽느니라."

"이상합니다. 윤 초시 댁 대문에 쓰여 있는 글자랑 다릅니다."

"허허, 立春大吉(입춘대길) 같은 글자 말이냐? 다르지 그럼, 다르고말고."[11]

이하 생략

인용한 내용은 한은 학생이 낭독한 「초정리편지」라는 장편동화의 한 부분이다. 인용한 대목에 나오는 할아버지는 세종대왕이고, 그가 글을

11 _ 배유안, 『초정리편지』, 창비, 2006, 26~28면.

모르는 장운이라는 아이에게 한글을 가르치는 장면이다. 초등학교 6학년인 독자는 이 책을 감동적으로 읽었고, 특히 인용한 대목이 좋았다고 말했다. 한글이 왜 훌륭한지를 말로 설명하는 것도 중요하지만, 이렇게 감동적인 이야기를 통해 느끼는 것 또한 매우 의의가 있다. '책 낭독회'는 학습자 개인의 문학 경험을 다른 학습자와 서로 나눌 수 있도록 기회를 제공한다. 물론, 교과 시간인 국어 시간에 교과서를 통해 배울 수 있는 내용이기도 하지만, 한 권의 책을 읽으면서 자연스럽게 경험하는 문학 활동에 주목하여 초등학생들이 친구들과 공유할 수 있는 장을 만들어 주는 일은 매우 고무적인 일이 아닐 수 없다. 이어지는 인용은 한0은 학생과 면담한 내용을 간략히 정리하였다.

책 : 초정리편지   저자 : 배유안

부분(구절) : 27면 ("너, 글을 아느냐?" 부분) ~ 36면.

이 부분을 감동적이게 생각한 까닭 : 세종대왕께서 훈민정음을 창조하셨지만, 사대부와 양반들의 반대로 반포를 하지 못하고 계실 때, 글을 배우는 것이 어렵다고 생각했던 장운이에게 쉽고 편리한 한글을 알려주었다.

한글은 소리만 다 익히면 낱자끼리 서로 합해서 말하고 싶은 것을 글로 쓰고, 쓴 글을 쉽게 읽을 수 있어 장운이는 한글 덕분에 누이와 편지도 주고받고, 글도 읽고, 쓸 수 있게 되었다. 그리고 장운이는 세종대왕과의 약속대로 주변 사람들에게 한글을 알렸다. 세종대왕께서 과학적이고 독창적인 훌륭한 한글을 반포하시지 못하셨더라면, 우리는 아마 우리말도 없이 중국의 한자를 쓰고 있었을 것이다. 세종대왕께서는 장운이의 마음을 이해하고, 장운이를 통해 백성들의 생활을 짐작하시면서 한글을 가르쳐주시는 부분이 가장 감동적이었다.

만약 장운이에게 가르쳐주시지 않으셨더라면, 한글이 반포되기가 조금 더 힘들어졌을 것 같다.[12]

문학의 주요한 기능 가운데 인간과 인생에 대한 이해와 소통이라는 것이 있는데, 이를 경험할 수 있는 문학 텍스트와 방법은 매우 다양하다. '책 낭독회'라는 학교 교육과정 속 독서교육 활동은 생활 속에서 파편적으로 나타나는 학습자의 다양한 문학 경험을 모아내어 서로 나눌 수 있도록 해서 가치가 있다. 학습자의 문학 경험을 더욱더 문학의 본질에 다가가게 하는 측면이 있기에 학습자의 문학 경험과 관련된 모범적인 사례라고 평가한다. 아래에 소개한 내용은 5학년 학생이 낭독한 내용이며, 핵심 사항을 요약하면 다음과 같다.

정O지

제목 : 할머니의 비밀

책 선정 이유 : 주인공과 할머니가 서로 안고 있는 표지의 모습이 감동스러웠기 때문

인상 깊었던 부분 : 미키(주인공)가 할머니의 어릴 적 비밀 일기장을 읽고 할머니를 이해해 가는 부분

그 부분이 인상 깊었던 까닭 : 미키가 할머니의 일기장을 읽으면서 고집스럽다고만 생각했던 할머니의 어릴 적 아픔을 알게 되고, 할머니를 이해해가는 부분이 인상 깊었기 때문

12_ 서울 원O초등학교 6학년 4반 한O은 학생이 낭독한 책의 부분과 그 까닭을 정리하였다.

이0주

제목 : 박테리아 할아버지 물고기 할머니

책 선정 이유 : 과학 특히 생명과학에 대해 자세히 나와 있기 때문

인상 깊었던 부분 : 인간이 박테리아에서 진화하였다는 부분

인상 깊었던 까닭 : 평소에 생명에 대하여 관심이 많았는데 이 책에 자

세히 나와 있었다. 그리고 내용이 흥미로웠다.[13]

독서교육 프로그램이기 때문에 낭독하는 책을 특별히 문학 텍스트로만 한정하지 않았다. 어린이들이 재미있게 읽은 책 중에서 감동적인 부분이 있다면 어느 책이든지 공유하도록 하였다. 비록 원0초에서 이루어진 사례는 학교 전체 차원에서 진행된 '책 낭독회'이지만, 이 행사는 학교 단위에서만 해야 하는 것은 결코 아니다. 학급이나 소집단 또는 친한 친구로 그 단위를 작게 조절할 수 있다. 그리고 기간 또한 일회성 행사가 아니라 두 달에 한 번 또는 한 학기에 한 번 등 다양하게 운영하는 것도 가능하다. '책 낭독회'의 가치와 효과를 신뢰한다면, 방법이나 시기는 다양하게 달라질 수 있다. 이런 문학 경험을 통해 문학에 관심을 두게 되어 평생 문학과 더불어 살아갈 수 있도록 끌어주는 것이 초등학교 문학교육에서 지향해야 할 바이기 때문이다.

---

13 _ 정0지, 이0주 학생은 서울 원0초등학교 5학년 학생으로 2013년 4월 서울 원0초등학교 도서실에서 한 '책 낭독회'에서 발표를 하였고, 그와 관련된 내용을 인터뷰한 결과를 간단히 정리하였다.

2. 주말 독서교실

서울 행O초등학교에서는 2012년 학교 교육과정을 수립할 때 학생들의 독서활동을 권장하고, 도서관 활용을 지원하려는 취지에서 주말 독서교실을 운영하기로 하였다. 물론, 독서의 중심은 문학이다. 옛이야기, 그림책, 동화를 텍스트로 하여 견학과 교육연극, 비평 활동을 통해 수업 시간에 해 보지 못한 또 다른 경험을 할 수 있게 교육내용과 방법을 구성하였다. 아래에 제시한 표를 보면 교육 활동이 이루어진 일시와 주제, 내용 등을 확인할 수 있다.

[표 2] 2012년 서울 행O초등학교 주말독서교실

날짜	주제	활동 내용		
		1~2학년	3~4학년	5~6학년
11/17 (토)	파주 출판 단지 체험	출판도시 및 출판사 견학 및 상설전시 둘러보기 〈책이야기〉책 만드는 과정 강좌		
11/24 (토)	책과 몸으로 놀아요 1	〈옛날 옛적에 1〉 -옛이야기를 몸으로 -옛이야기 나누기	〈내 몸이 예술이다 1〉 -꼬인 손 풀기 -몸으로 만드는 조각	〈동화 어떻게 읽을까 1〉 -동화 읽는 방법 -동화 읽기는 대화하기
12/1 (토)	책과 몸으로 놀아요 2	〈옛날 옛적에 2〉 -그림책과 교과서 속의 옛이야기 -옛이야기 책 만들기	〈내 몸이 예술이다 2〉 -물건이 있는 이야기 상상하기 -즉흥극과 연극	〈동화 어떻게 읽을까 2〉 -서로 다른 텍스트를 연계하여 읽고 토론하기 -비평적 독서의 중요성

이 활동 가운데 주목하고자 하는 것은 3~4학년을 대상으로 하여 옛이야기와 연극을 결합한 교육연극 활동이다. 학습자는 보리출판사에서 나온 『꽁지 닷 발 주둥이 닷 발』이란 책에 실린 「꽁지 닷 발 주둥이 닷 발」이란 이야기를 읽고, 몇 가지 연극적인 활동을 하면서 인물이나 사건에 관해 상상하고 평가하는 활동을 하였다.

아동문학가나 연극인 가운데 어렸을 적에 책과 관련된 경험을 이야기하는 이들을 어렵지 않게 만날 수 있다. 「초정리편지」를 쓴 배유안씨도 그러하고, 교육극단 사다리의 배우 이경씨도 유사한 경험을 얘기한 바 있다.[14] 이렇듯 연극을 활용한 독후활동은 과거뿐만 아니라 현재까지도 초등학생들이 선호하는 대표적인 교육 프로그램 가운데 하나이다.

주말 독서교실에서 학습자가 경험했던 교육 활동 가운데 하나를 골라 좀 더 자세히 살펴보자. '꽁지 닷 발 주둥이 닷 발'이란 인물을 죽인 '아들'을 학습자가 재판관이 되어 심판해 보는 활동이다. 물론, 이 활동을 하기 전에 여러 인물에 관해 탐색하는 활동을 하였고, 특히 아들에 관해서는 찬반 토론도 하였다. 이런 활동을 정리하는 활동으로 참여한 학습자가 모두 재판관 관점에서 판결문을 쓰도록 하였다. 판결문이 완성되자 교실 벽면에 쭉 붙였고, 판결문을 쓴 학습자가 돌아다니면서 다른 학습자가 쓴 글을 읽어 보았다. 그런 다음 마음에 드는 판결문을 선택하여 짧은 댓글을 달 수 있도록 조그만 붙임쪽지를 나누어 주었다. 김찬 학생의 판결문에 많은 학생이 공감을 표시해서 그 내용과 거기에 붙인 다른 학습자의 댓글을 살펴보기로 한다.

---

14 _ "며칠 만에 다 읽었더니 아버지 눈이 동그래지셨어요. '그때 아버지는 돈 쓴 보람이 있다고 나를 기특해하셨을까, 아니면 책값은 몇 달 동안 더 갚아야 되는데 벌써 다 읽어 버렸으니 허망해하셨을까?' 물론, 이건 그 뒤에 생각한 거고 그때는 그저 다 읽어 버린 게 너무 아쉬워서 다시 읽기 시작했어요. 동무들과 보자기 두르고 동화책 내용대로 연극을 하기도 했죠." 배유안, 「작가의 말」, 『초정리편지』, 창비, 2006, 211면. "저는 어렸을 적에 학교에서 연극을 참 많이 했습니다. 책을 읽고 그 내용으로 친구들과 역할을 맡아서 연기한 것이죠. 학교 수업이 끝나고도 교실에 남아서 연극을 하며 놀았던 일이 지금도 생생합니다." 2007년 신당동에서 연극인 이○경씨에게 스펀지 인형 만들기를 배운 후에 인터뷰한 내용.

<김O찬의 판결문>

아들은 무죄이다. 왜냐하면, 꽁지 닷 발 주둥이 닷 발은 아들의 허락을 받지 않고, 아들의 어머니를 훔쳤고, 또한 꽁지 닷 발 주둥이 닷 발이 죽이려고 하는지, 아니면 아들의 어머니를 실험하려고 하는지 말하지도 않았기 때문이다. 그래서 결국은 아들이 꽁지 닷 발 주둥이 닷 발 새 두 마리를 죽일 수밖에 없었다. 이에 대해 억울하게 생각하는 꽁지 닷 발 주둥이 닷 발 새의 딸, 아들들을 모두 터무니없는 소리이다. 그 까닭은 자기 어머니 새는 아들의 허락을 받지 않고, 그냥 훔쳐 갔기 때문이다. 물론, 아들이 꽁지 닷 발 주둥이 닷 발을 죽여서 마땅한 벌을 받아야 하나 꽁지 닷 발 주둥이 닷 발이 먼저 아들에게 큰 잘못을 하게 하여 아들에게 큰 상처를 주게 하였으므로 나는 아들에게 죄가 없는 것으로 판결한다. 끝.

댓글 (김O민 : 이유를 마땅하게 잘 썼기 때문에, 황O원 : 오! 내용이 참 좋구나, 서O욱 : 이유와 의견이 제일 잘 나타냈기 때문에, 이O현 : 까닭을 잘 썼기에), 곽O경 : 글씨를 잘 썼기 때문에 내용도 좋았다, 정O우 : 글씨가 어른 것 같아서 좋다.

수업 시간에 이루어지는 문학교육과는 달리 적은 수의 자발적인 학습자가 서사 텍스트 속의 인물에 관해 여러 가지 생각을 해 보고, 그것을 다른 학습자와 나누는 활동은 학습자의 상상력과 사고력을 증진하는 데 이바지한다. 이런 문학 경험은 의미 있으면서도 재미있게 진행되기 때문에 이 수업에 관한 학습자의 평가는 대부분 긍정적이다. 비록 진도와 학교 행사 등 여러 장애가 있는 것은 사실이지만, 연극적 관점에서 문학을 대할 기회를 학습자에게 주고자 결심한다면 학기 말이나 주어진 시간 내에서 방법을 찾을 수 있다. 이런 사례를 참고한다면,

교사는 학습자에게 즐겁고 유익하게 공부할 방법과 기회를 줄 수 있고, 문학과 학습자 사이의 거리를 가깝게 만들 수 있다.

3. 독서 토론

학습자의 문학적 사고력을 기르는 데 토론이나 토의가 미치는 긍정적인 영향에 관한 연구는 꾸준히 축적되고 있다.[15] 국어교육의 장에서뿐만 아니라 학교 교육과정에서도 토론교육을 중시하고 있으며, 문학 텍스트를 바탕으로 한 사례도 적지 않다. 2013년뿐만 아니라 2012년에도 서울 용0초등학교에서는 독서 토론을 통해 학생들이 좋은 책을 많이 읽고, 또 읽은 책을 충분히 소화할 수 있도록 돕는 교육 활동을 하였다.

아래에 소개한 표에 있는 것과 같이 학생들은 문학 텍스트뿐만 아니라 비문학 텍스트도 독서 토론의 자료로 사용하였다. 그렇지만 문학 텍스트를 가지고 하는 토론이 절반 가까이 되고, 또 그 의미 또한 문학교육의 장에서 볼 때 가치 있게 여겨지기 때문에 살피고자 한다. 이 활동의 핵심은 한 학급에서 6명 내외의 학생이 토론 주제를 바탕으로 찬반으로 갈라 토론을 하는데, 이런 모습을 아침 8시 40분부터 약 10분 동안 전교에 방송으로 내보내면서 토론 활동을 공유하도록 하는 데 있다.[16]

---

15 _ 김상욱, 「문학적 사고력과 토론의 중요성」, 『한국초등국어교육』 제24집, 2004 ; 최인자, 「"서사적 대화"를 활용한 문학 토의 수업 연구」, 『국어교육연구』 제29집, 2007.

16 _ 1학기 때는 1학년이 빠져있지만, 2학기 때는 1학년 또한 독서 토론을 할 예정이다.

[표 3] 2013년 1학기 서울 용0초등학교 독서토론

일시	학년-반	책 이름(저자)	토론 주제	문학
2013. 03.27	6-누리	해리엇(한윤섭)	꿈을 찾아서	○
04.03	6-개척	열두 달 환경 달력 (임정은)	없음	×
04.10	5-협동	어른들이 말하지 않는 돈의 진실 (송승용)	자식에게 주는 재산 상속 옳은가?	×
05.01	4-보람	둥글둥글 지구촌 환경 이야기(장성익)	환경 보전 방법	×
05.08	4-우정	텔레비전이 없어진 날(에밀리 스미스)	텔레비전의 필요성	○
05.15	3-지혜	우리를 먹지 마세요.(루비로스)	어떤 관점이 옳은가	×
05.29	3-성실	반짝반짝 탈무드(문삼석 편)	책에서 얻은 교훈	×
06.05	2-슬기	우리 엄마(앤서니 브라운)	없음	○
06.26	2-사랑	학교 울렁증(조반나 라메라)	학교 울렁증 해결 방법	○
07.03	6-개척	장애, 넌 누구니?(고정욱)	장애인 대하는 방법	○
07.10	6-누리	나의 탄소 발자국은 몇 kg인가? (폴 메이슨)	환경 보호	×

　　독서 토론의 내용이 어떠한지를 살피기 위해 학생들의 토론 내용 가운데 한 반을 선택하여 그 내용을 채록한 다음, 대본 형식으로 정리해 보았다. 서울 용0초등학교 4학년 우정반(1반) 학생들의 사례이며, 중간 부분은 생략하였다. 독서 토론의 내용은 학생들이 먼저 준비를 하였고, 담임교사는 학생들이 준비한 내용을 살펴본 후에 수정하거나 보완할 점에 관해 조언해 주는 방식으로 만들었다.[17]

---

17 _ "이 수업을 위해서는 심리적으로는 학습자를 사고 주체로 권한 부여하며 진정성을 강조하여 개성적인 목소리를 드러내면서도 다른 사람에게 검증받으려는 사회적 책임감이 존중되어야 한다. 또, 사회적 측면에서 교사의 역할은 학습자들의 이야기를 끌어내면서도 다양한 이야기가 교류, 소통될 수 있는 점을 강조해야 한다." 최인자, 「"서사적 대화"를 활용한 문학 토의 수업 연구」, 『국어교육연구』 제29집, 2007.

이O현 : 안녕하세요. 오늘 사회를 맡은 4학년 우정반 이O현입니다. 오늘 토론을 위한 책은 에밀리 스미스의 '텔레비전이 없어진 날'입니다. 이 책의 주인공은 제프라는 아이입니다. 이 아이는 텔레비전에 푹 빠져있습니다. 이 이야기는 어느 날 제프가 가장 좋아하는 텔레비전 쇼를 보고 있을 때 제프의 어머니가 플러그를 뽑으면서 이야기가 시작됩니다. 학교에 가면 제프의 친구 리안, 알, 벤은 온통 텔레비전 프로그램인 사이버넷에 대한 이야기뿐이라 제프는 끼어들 수도 없었습니다. 그래서 제프는 텔레비전 없이 허전하고 이상한 하루하루를 보냈습니다. 엄마는 제프를 도서관에 데려갔는데, 사이버넷 생각만 하였습니다. 그런데 텔레비전이 없어진 뒤로 축궁이라는 새로운 경기도 만들어보고, 체스에도 관심을 두게 되었습니다. 다음날 제프는 도서관에서 디지라는 소녀를 만나 그 소녀로 인해 사이버넷에 직접 출연하게 됩니다. 어느 정도 시간이 흘렀기에 제프는 텔레비전이 있고 없고에 개의치 않게 됩니다. 오늘은 제프와 제프 엄마의 관점에서 토론해 보도록 하겠습니다. 제프 쪽에서는 텔레비전이 왜 필요하다고 생각하시는지 그 이유를 설명해 주시기 바랍니다.

김O의 : 저는 제프 쪽 김O의입니다. 저는 텔레비전이 필요하다고 생각합니다. 교육에 필요한 프로그램을 이용하게 되면 상상력이 향상되고 오히려 어린이 지적성장에 도움을 줍니다. 그리고 안전에 대한 프로그램을 본다면 더욱더 조심할 수 있습니다. 또한, 텔레비전 프로그램에 대해 친구들과 대화가 되지 않아서 소외당할 수 있습니다. 그래서 저는 텔레비전이 필요하다고 생각합니다.

이O현 : 그럼 엄마 쪽에서는 텔레비전이 왜 없어야 한다고 생각하시는지 그 이유를 설명해 주시기 바랍니다.

윤O아 : 저는 엄마 쪽 윤O아입니다. 저는 텔레비전을 없애야 한다고 생각합니다. 왜냐하면 텔레비전을 많이 보면 건강, 시력 등이 안 좋아지고, 텔레비전만 집중하게 되어 공부할 시간이 줄어들게 됩니다. 또한, 텔레비전 앞에 앉아만 있게 되어 신체 운동량도 줄어들고 살이 찔 수 있습니다. 그리고 텔레비전을 많이 보면 리모컨 중독증이라는 병에 걸려 집중력이 떨어지게 됩니다. 또한, 난폭한 드라마나 영화를 보면서 무의식적으로 그 것을 배울 수 있기도 합니다. 그래서 저는 텔레비전을 없애야 한다고 생각합니다.

이O현 : 이번에는 엄마 쪽에서 제프 쪽에 반론을 해주시기 바랍니다.

(중략)

이O현 : 마지막 결론 각 측 부탁합니다. 제프 쪽 먼저 해 주시기 바랍니다.

강O규 : 저는 텔레비전에는 많은 교육 프로그램도 있고, 다양한 지식을 전해주기 때문에 우리에게는 텔레비전이 꼭 필요한 것 같습니다.

이O현 : 엄마 쪽 결론 부탁합니다.

권O린 : 텔레비전을 많이 보면 안 됩니다. 텔레비전보다는 운동이나 책 읽기, 친구들과 놀기 등으로 대체하면 좋을 것 같습니다. 그 이유는 친구들과 자유롭게 활동하는 것을 방해하고, 신체적인 운동 효과도 없기 때문입니다.

이O현 : 제프 엄마도 결국에는 집에 텔레비전을 다시 들여놓았습니다. 그 이야기는 텔레비전 자체가 해로운 것이 아니라 그것을 조절하지 못하는 태도가 위험하고 해로운 것입니다. 그래서 현재 운동도 하고, 친구들과 놀기도 하고, 도서관에서 책도 읽고, 또한 과제를 위해 텔레비전을 이용하기도 하면서 텔레비전을 활용한다면 오히려 유익하게 사용할 수 있을 것입니다. 용산 초등학교 어린이 여러분도 텔레비전에 중독되지 말고,

유용하게 이용하는 지혜로운 어린이가 되길 바랍니다.[18]

4학년 학생 일곱 명이 〈텔레비전이 없어진 날〉이라는 서사 텍스트를 바탕으로 토론한 내용이다. 한 명은 사회자이고 나머지 여섯 명은 세 명씩 한편이 되어 찬반으로 다른 처지에 서 있다. 텔레비전 시청이 왜 필요한지를 생각해 보게 하여 학습자의 모습을 반추하게 하는 효과도 있고, 실제로 이런 교육 활동을 통해 작지만, 학습자의 텔레비전 시청에도 변화가 일어났다.

그런데 이런 학습자의 문학 경험이 모두 눈에 보이는 긍정적인 결과나 효과로 귀결되는 것은 아니다. 독서 토론 과정에서 학습자가 경험하는 바는 간단하지 않기 때문이다. 학습자 대부분이 이런 독서토론에 관해 긍정적으로 평가하지만, 일부 학습자는 시큰둥한 반응을 나타냈다. 그런 학습자를 면담해보니 다양한 독후 활동 가운데 토론을 꺼리는 학생도 있다는 것을 확인할 수 있었다.[19] 토론하는 과정에서 상대편과 경쟁하게 되면 그 과정에서 감정적으로 반감이 생기고, 그 결과 자신과 다른 주장을 했던 학습자와 사이가 멀어지는 현상이 나타났다. 결국, 학습자 개인의 성향이나 양상 등을 살펴서 소집단으로 조직하거나 독서토론의 놀이성을 강조하고, 개별화를 시도하는 등 섬세한 교육적 조처가 이루어져야 할 것으로 보인다.

그리고 전교에 방송하여 공유하는 부분은 장점이 있긴 하지만, 수준

---

18 _ 2013년 5월 8일 서울 용0초등학교 방송실에서 오전 8시 40분부터 50분 사이에 방송한 독서토론 내용 가운데 일부이다.

19 _ "저는 책 읽기를 하고 독서토론을 하면 좋을 것 같습니다. 왜냐하면, (…중략…) 하지만 독서토론을 하면 단점도 있습니다. 그 단점은 다른 친구나 팀이 자기의 주장을 말하면 내 말이 맞는다며 싸우게 될 수도 있다는 점입니다."(4학년 이0현)

차가 클 때는 생략하는 것도 한 방안이다. 초등학교 전교생이 한 가지 책을 읽고 이루어지는 토론을 함께 시청할 때 수준차가 불가피하므로 교사들은 융통성 있게 대처해야 한다. 결국, 수준차가 큰 독서토론 내용을 일률적으로 강요하기보다는 자율적으로 판단할 수 있게 하는 것이 중요하다.

반면 활용 가능한 자료라면 동영상 자료로 만들어서 국어 수업에 활용하는 것도 좋다. 학습자와 친숙한 이들이 등장하는 학습 자료는 효과가 더욱더 크기 때문이다. 물론, 동영상에 등장하는 학습자에게도 같은 학년 또는 같은 학교 다른 학습자가 시청할 것이라고 하면 동기부여가 되어 학습의 효과가 상승한다.

4. 특수아 대상 연극치료 수업

서울 용0초등학교 특수반 교사 정선은 2012년 3월 20일부터 11월 20일까지 5명의 특수반 학생이 연극치료 수업을 받을 수 있게 준비하였다. 이 수업을 진행할 교사는 연극치료 관련 전문가로 활동하는 사람 가운데 선별하여 계약하였다.[20] 일반적으로 특수반 학생들은 장애의 정도에 따라 수업 설계가 크게 달라진다.[21] 서울 용0초등학교 특수반 학생

---

20 _ 2012년 3월 20일부터 5월 29일까지 9회에 걸쳐 수업한 연극치료사 김00은 한국연극치료협회에서 주는 연극치료사 2급 자격을 2008년에 취득하였고, 2009년 수 제닝스 연극치료 워크숍과 2010년 한국설화와 연극치료 적용 워크숍 등에 참여하였다. 6월 5일부터 11월 20일가지 13회 동안 수업한 강사 정00은 2008년 상명대 연극영화학과에서 연극을 전공하였고, 용인대 예술대학원에서 연극치료과정을 마치고 논문을 준비하고 있으며, 여러 학교에서 연극치료 관련 수업을 진행하고 있었다.

21 _ 이 논문 또한 학습자의 장애 정도를 고려하여 문학교육 프로그램을 설계하였다. 함성희, 「그림책 읽어주기를 통한 문학교육 실행연구 - 지적 장애 아동 '민지'의 사례를 중심으로」, 춘천교대 석사논문, 2012.

들은 장애의 정도가 비교적 심하지 않았기에 이 수업을 진행할 수 있었다. 음악치료나 미술치료라는 이름으로 진행되는 다른 특별 수업을 해 본 경험이 있어서 정선 교사는 같은 맥락에서 이 수업을 진행할 수 있다고 보고, 수업을 계획하였다. 아래에 제시한 교육 활동을 살펴보면 수업의 핵심이 옛이야기를 바탕으로 한 교육연극 수업이라는 것을 확인할 수 있다. 이 교육연극 수업은 사이코드라마나 병원에서 하는 치료 개념과는 거리가 있다. 다시 말해 그것은 의학적인 처지라기보다는 교육적인 활동에 가깝다.

[표 4] 2012년 서울 원0초등학교 연극치료 수업

일시	서사 텍스트	교육 활동
2012. 03.20	흥부와 놀부	역할 설명, 역할 동작 표현과 모방, 발표
03.27		역할 기억하기, 역할에 맞는 소리, 대사하기, 형제가 할 수 있는 장면 만들기, 발표
04.03		한 장면 보여주기, 역할 연습하고 발표
04.17		박을 탄 후에 선물 받기, 받은 선물 소중히 하기, 연습하고 발표하기
04.24		인물의 감정 알기, 놀부 표현, 연습, 발표
05.08		놀부가 흥부에게 사과하기, 연습, 발표
05.15		놀부 심보 보여주기, 일상과 관련짓기
05.22		도깨비가 놀부 혼내기, 놀부 뉘우치기, 일상과 관련하여 연극 연습하고 발표
05.29		놀부와 흥부 마음 보여주기, 난 누구와 비슷한가, 어떻게 변화하고 싶은지 연습, 발표
06.05	동물의 왕국	동물 역할로 즉흥극 꾸미기
06.12	외로운 나무	연극 보여주기, 인물의 감정 파악하여 말하기
06.19		즉흥 역할 표현 후에 연기한 느낌 공유하기
06.26		나무에게 도움이 되는 존재 말하고, 역할극 준비하여 발표
07.03	없음	방학에 하고 싶은 일 그리고 연극 준비하여 발표하기
09.04	흥부와 놀부	스토리텔링, 어린 시절 상상하고 역할극 만들어 발표하기
09.25		스토리텔링, 어린 시절 극 보여주고, 인물과 대화하기

10.09	사자와 생쥐	극 보여주고, 가면 만들기, 인물로 살아보기
10.16		
10.23		역할극 만들고, 역할극하기
10.30		
11.13	흥부와 놀부	스토리텔링과 역할극하기
11.20		역할극하고, 인물로 살아보기

이 수업 사례를 살펴보면 저학년 학생에게도 적용할 수 있고, 일반 학생보다 성장 속도가 조금 더딘 학생들을 대상으로 한 문학 교육을 설계할 때도 참고할만하다. 대체로 매주 1회씩 한 달에 4회 정도 수업하는 것으로 설계하였다. 수업은 90분 동안 진행하였고, 표에 제시한 교육 활동은 본 활동이며, 대략 40분 동안 중간에 이루어진다. 본 활동을 하기 전 25분 동안 수업 분위기를 만들기 위해 여러 가지 연극놀이를 하였고, 수업을 마무리하는 15분 동안은 수업을 평가하고 공유하는 것으로 계획하였다.

이 연극치료 수업은 교과 수업이 끝난 후에 이루어지는 방과 후 수업 가운데 하나였고, 소요되는 예산은 교육청에서 지원해 주었다. 특수반을 맡은 정00 교사는 학생 가운데 다섯 명의 학생을 선정하여 학부모의 사전 동의를 거친 후에 수업을 진행하였다. 이 수업을 통해 장애가 있는 특수반 학생에게도 연극과 결합한 서사교육이 가능하다는 것을 확인할 수 있었다. 이 수업 또한 다른 사례와 마찬가지로 학습자 개인의 상황을 더욱더 면밀하게 검토한다면 초등학교에서 이루어지는 문학교육의 양상이 더욱더 다양해지고, 깊이가 더해질 수 있다는 것을 시사하는 사례라고 볼 수 있다.

Ⅳ. 결론

이 연구는 국어교육 외부의 문학교육 프로그램 가운데 학교 단위에서 이루어지는 문학교육 사례를 중심으로 하였다. 학교 교육과정이 초등교육의 한 축을 담당하였지만, 그동안 학교 교육과정과 관련하여 문학교육의 양상을 논의한 연구는 많지 않았다. 교과교육의 장에서 이루어지는 교육활동은 아니지만, 해마다 반복해서 하고 있고, 시상(施賞)이라 제도를 통해 다른 학생들과의 경쟁이라는 기제가 작동하므로 초등학생들에게 미치는 영향이 적다고 할 수 없다.[22] 따라서 교과서라는 제도가 아닌 또 다른 장에서 이루어지는 초등학교 문학교육 프로그램을 고찰하여 문학교육 연구의 저변을 확장하는 것이 필요하다. 연구의 핵심 내용을 요약하면 아래와 같다.

초등학생들이 학교 교육과정에 따라 경험하는 양상을 점검해 보고, 그 가운데 유의미하다고 판단되는 네 가지 사례를 분석하였다. '책 낭독회'와 '주말 독서교실', '독서 토론', '특수아 대상 연극치료' 수업이 그것이다. 첫째 '책 낭독회'는 자발적으로 참여한 학생이 스스로 감동한 책을 다른 친구들에게 소개하는 활동이며, 생활 속에서 파편적으로 나타나는 학습자의 다양한 문학 경험을 소통하는 기회를 준다. 둘째 '주말 독서교실'은 학습자가 자발적으로 서사 텍스트 속의 인물에 관해 이해하고 평가하는 활동을 통해 상상력과 사고력을 증진하는 기회를 제공한다. 셋째 '독서 토론'은 문학 텍스트 속에 등장하는 사건이나 인물,

---

22 _ 학습자가 독서 관련 행사에서 뽑히게 되면 초등학생들의 여러 가지 정보가 기록되는 생활기록부에 기재된다.

주제를 토론하는 과정을 통해 학습자의 생활이나 생각 등을 반성적 사고를 하게 함으로써 크지는 않지만, 의미 있는 생활의 변화를 관찰할 수 있는 교육 프로그램이었다. 넷째 '특수아 대상 연극치료' 수업은 장애가 있는 특수반 학습자를 대상으로 한 교육활동이었다.

이처럼 초등학교 내부에서 실현하는 문학교육의 양상과 초등 학습자의 문학 경험은 계속 다양화되고 있다. 위와 같은 문학교육 활동을 바탕으로 더욱더 특성화되고, 개별화된 문학교육 프로그램, 맞춤형 교육활동이 국어 교과와 같은 교과교육 이외의 장으로 확대되길 기대한다.

이 연구에서는 비록 초등 문학교육의 중핵인 교과로서의 국어라는 장은 아니지만, 문학교육의 본질에 충실한 교육 프로그램으로 자리를 잡아가고 있는 초등학교 제도 내부에서 이루어지는 사례를 살펴보았다. 이 연구를 통해 학습자의 문학 경험과 관련하여 연구해야 할 새로운 분야를 개척하는 데 관심이 확대되길 기대한다.

참고문헌

🔖 자료

서울 용0초등학교, 학교 교육과정 계획서, 2012.
서울 용0초등학교, 학교 교육과정 계획서, 2013.
서울 원0초등학교, 학교 교육과정 계획서, 2012.
서울 원0초등학교, 학교 교육과정 계획서, 2013.
서울 행0초등학교, 학교 교육과정 계획서, 2012.
마송 중0초 교사 인터뷰. 2013년 7월.
서울 용0초 교사 인터뷰. 2013년 5월.

서울 원0초 교사 인터뷰. 2013년 6월.

서울 행0초 교사 인터뷰. 2013년 6월.

숭0초 교사 인터뷰. 2013년 7월.

서울 용0초 교사 인터뷰. 2013년 7월.

서울 행0초 학생들 인터뷰. 2012년 11~12월.

서울 용0초 학생들 인터뷰. 2013년 6~7월.

서울 원0초 학생들 인터뷰. 2013년 4월.

연극인 인터뷰 자료. 2007년 4월.

배유안, 『초정리편지』, 창비, 2006.

🔗 논저

강백향, 「교사의 '책 읽어주기' 활동이 문학 경험 제공에 미치는 영향 연구」, 아주대학교 석사학위논문, 2005.

김성진, 『문학비평과 소설교육』, 태학사, 2012.

김창원, 「시교육과 정전의 문제」, 『한국시학연구』 19, 2007, 63~85면.

박인기, 「스토리텔링과 수업기술」, 『한국문학논총』 제59집, 한국문학회, 2011.

박진호, 「책 읽어주기를 활용한 문학적 상상력 신장 방법 연구」, 광주교육 대학교 석사학위논문, 2011.

신헌재 외, 『아동문학의 이해』, 박이정, 2007.

신헌재, 「2011 개정 국어과 교육과정 문학영역에 대한 비판적 고찰: 초등학 교를 중심으로」, 『한국초등국어교육』 제48집, 2011.

염창권, 「문학 수업을 통해 본 초등학생의 문학능력」, 『문학교육학』 제28호, 역락, 2009, 157~191면.

정재찬, 「문학교육사회학을 위하여」, 『한국초등국어교육』 14, 한국초등국어 교육학회, 1998. 94~107면.

정재찬, 『문학교육의 현상과 인식』, 역락, 2004.

진선희, 「학습 독자의 시적 체험 특성에 따른 시 읽기 교육 내용 설계 연구」,

교원대학교 박사학위논문, 2006.

최미숙, 「대화중심 현대시 교수학습 방법」, 『국어교육학연구』 26, 국어교육
학회, 2005.

최인자, 「"서사적 대화"를 활용한 문학 토의 수업 연구」, 『국어교육연구』 제
29집, 2007.

함성희, 「그림책 읽어주기를 통한 문학교육 실행연구-지적 장애 아동 '민지'
의 사례를 중심으로-」, 춘천교육대학교 석사학위논문, 2012.

황정현, 『동화교육의 이론과 실제』, 박이정, 2007.

황정현 외, 『아동문학교육론』, 박이정, 2007.